杭氏易学七种（下）

学易笔谈二集　易数偶得　读易杂识
愚一录易说订　沈氏改正揲蓍法

杭辛斋　撰
郑同　点校

九州出版社　全国百佳图书出版单位

目 录

学易笔谈二集

学易笔谈二集序一 …………………………………… (341)
学易笔谈二集序二 …………………………………… (343)
学易笔谈二集卷一
 《易》有太极，是生两仪 ………………………… (345)
 《文言》释义 ……………………………………… (350)
 《杂卦》举例 ……………………………………… (353)
 男之穷 ……………………………………………… (357)
 制器尚象 …………………………………………… (358)
 中孚生，大过死 …………………………………… (360)
 鹤鹙 ………………………………………………… (361)
 畸象 ………………………………………………… (362)
 苋陆 ………………………………………………… (364)
 蛊为变化之卦 ……………………………………… (366)
 先甲后甲　先庚后庚 ……………………………… (369)
 七日来复 …………………………………………… (372)
 出入无疾 …………………………………………… (374)
 高尚其事 …………………………………………… (376)
学易笔谈二集卷二
 先后天八卦平议 …………………………………… (379)
 河洛平议 …………………………………………… (386)

太极图新说 …………………………………… (389)

进化新论 ……………………………………… (391)

燮理阴阳 ……………………………………… (395)

十有八变 ……………………………………… (398)

孟子之《易》 ………………………………… (399)

蓍法占例辨惑 ………………………………… (401)

《火珠林》 …………………………………… (403)

《参同契》 …………………………………… (405)

学易笔谈二集卷三

履礼豫乐 ……………………………………… (407)

叠字 …………………………………………… (410)

暌革 …………………………………………… (411)

鼎象 …………………………………………… (413)

井养 …………………………………………… (415)

反生 …………………………………………… (417)

血气 …………………………………………… (418)

再说乾坤为《易》之门 ……………………… (419)

《易》逆数 …………………………………… (421)

五行化合 ……………………………………… (422)

五音六律 ……………………………………… (433)

六子男女 ……………………………………… (434)

数之体用 ……………………………………… (436)

三反四复 ……………………………………… (439)

内外上下相反说 ……………………………… (441)

卦有小大 ……………………………………… (442)

乾坤艮巽时 …………………………………… (443)

阳一阴四 ……………………………………… (445)

参伍错综 ……………………………………… (447)

学易笔谈二集卷四

大有 …………………………………………………………… (453)

释无 …………………………………………………………… (457)

风自火出 ……………………………………………………… (459)

蓍圆卦方 ……………………………………………………… (461)

二八易位 ……………………………………………………… (463)

六峜 …………………………………………………………… (465)

卦象进化之序 ………………………………………………… (466)

雷电噬嗑 ……………………………………………………… (474)

同人而人不同 ………………………………………………… (476)

天地相遇 ……………………………………………………… (477)

七巧 …………………………………………………………… (479)

星曜神煞释义 ………………………………………………… (480)

中和 …………………………………………………………… (483)

象义琐言 ……………………………………………………… (485)

民极 …………………………………………………………… (491)

易数偶得

易数偶得卷一

绪言 …………………………………………………………… (495)

数由心生 ……………………………………………………… (497)

本一始一 ……………………………………………………… (499)

一数不变 ……………………………………………………… (501)

奇偶 …………………………………………………………… (502)

一三五 ………………………………………………………… (503)

二四六 ………………………………………………………… (505)

七 ……………………………………………………………… (506)

九六 ··· (507)
五六 ··· (508)
半 ··· (509)
平等 ··· (513)
中数不变 ··· (514)
盈虚消息 ··· (515)
卦爻合天地之体数 ·· (516)
勾股 ··· (517)
四十五 ·· (522)
甲己乙庚 ··· (523)
六合三合 ··· (525)

易数偶得卷二

数名数量 ··· (527)
阳顺阴逆 ··· (530)
五干六支 ··· (533)
乾易坤简 ··· (535)
圆方互容 ··· (537)
其用四十有九 ·· (539)
龙图之分合 ··· (540)
反返 ··· (542)
始一终六 ··· (543)
坎一震一 ··· (544)
乾始巽齐 ··· (545)
七九易位 ··· (547)
立体立方 ··· (549)
时三位四 ··· (550)
声律生应出于圆方 ·· (551)
琴徽距离之度 ·· (553)

读易杂识

读易杂识序 ………………………………………… (557)
读易杂识
 《易》以道阴阳 ………………………………… (562)
 老子之《易》 …………………………………… (564)
 《易纬》 ………………………………………… (566)
 诸子之《易》 …………………………………… (567)
 《九师易》 ……………………………………… (568)
 《参同契》 ……………………………………… (569)
 《火珠林》 ……………………………………… (570)
 《子夏易传》 …………………………………… (571)
 汉有两京房 ……………………………………… (572)
 《易》遗论九事 ………………………………… (573)
 宋古《易》五家 ………………………………… (574)
 蔡广成 …………………………………………… (575)
 六大卦 …………………………………………… (576)
 八音异同 ………………………………………… (577)
 王俭之谬对 ……………………………………… (578)
 制器尚象 ………………………………………… (579)
 天地十二马 ……………………………………… (581)
 姤之鱼 …………………………………………… (583)
 离木科上槁 ……………………………………… (585)
 巽木之精 ………………………………………… (586)
 咸艮之象皆取诸身 ……………………………… (587)
 咸感兑说 ………………………………………… (589)
 逆数 ……………………………………………… (590)

屯七夬七 ………………………………………………… (591)
光为气始 ………………………………………………… (592)
历数卦气 ………………………………………………… (593)
八卦合天地之象 ………………………………………… (594)
礼数 ……………………………………………………… (595)
《周官》皆本于《易》 ………………………………… (596)

愚一录易说订

愚一录易说订序一 ……………………………………… (599)
愚一录易说订序二 ……………………………………… (601)
愚一录易说订卷一 ……………………………………… (603)
愚一录易说订卷二 ……………………………………… (621)

沈氏改正揲蓍法

沈氏改正揲蓍法序 ……………………………………… (639)
沈氏改正揲蓍法 ………………………………………… (641)

学易笔谈二集

学易笔谈二集序一

客难余曰："理莫邃于《易》，物莫大于天地。今者行星之说发明地球绕日，月绕地球，众见确凿。吾子治《易》。《易》说'天动地静'，'天圆地方'，'天地日月对待'，多与现象午。其何说之辞？"余曰："唯唯，否否，不然。《易》言天，元也，无也。故曰'乾元用九，见群龙无首'。又曰'乾元用九，乃见天则'。天之苍苍，其正色邪？吾人视力穷极之际线，构此浑圆虚状。其实无之所在，即天之所在。无极也，大极也。北辰也，大一也。天，元也。无在无不在，故曰天在山中。天本大虚，可见者日之实。离也者，万物皆相见。故日代表天为主体，所生为星。星绕地行为月。"

后天离居乾位，坎居坤位。乾坤升降成离坎，大极生两仪。老阳退居西北，故王育说天屈西北为无，《说文》曰"东，日在木中也"，"果，日在木上也"，"杳，日在木下也"。帝出乎震，相见乎离，滋荄乎明夷。大有之"火在天上"，革之"火在泽中"，明夷之"明入地中"，言日，言火，言明，皆以离代乾之作用，故曰"天与火同人"。建寅之月辟泰，次大壮，次夬，次乾，次姤，次遁，次否。十二辟中，具乾体者七卦。及观而乾消，及复而乾息。复之《象》曰"七日来复"，乃"七乾来复"。故恒言以几日为几天。"至日闭关，商旅不行，后不省方"，乃全世界休以待息之通义。临倒为观，观辟八月，故临之《象》"至于八月有凶"。"至"者，鸟飞自高下至于地，"倒"之古文。此圣人观象之微旨也。若夫动静方圆，《易》说极显。坤之《象》曰"坤至柔而动也刚"，明言地体之动，至静而德方。方限于德，则形圆可知。又曰"承天而时行"，承天即绕日之确诂。"时"于古文为旹，从日从㞢。㞢训往，地绕日往东西转动为昼夜，南北升降成寒暑，故曰"与时偕行"，"与时偕极"。《三统历》曰："大极元气含三为一。"天也，日也，乾也。元也，无也，义一而各有所指也。虞翻氏以元诂乾。故六爻发挥旁通之正，归本于乾元用九，要成于既济定。公羊氏以元统天，故《春秋》张三世，文致太平，拨乱反正。《文言》之"各正性命，保合太和"，地球百年之运，必有一日实现。知几其神，经将为谶。余闻诸先兄沭羲氏之论《易》如此。

海宁先生通古今中西以治《易》，为今世哲学家。余读其《笔谈》，汋忽其邃也，肃乎其未有涘涯也。逃空虚者闻人足音跫然而喜，况有謦欬其侧者乎？兹迺其《二集》脱稿，问叙于余，书以质之。

民国八年十二月新化罗永绍

学易笔谈二集序二

辛斋老友，别三十年矣。在光绪丙申丁酉间，创《国闻报》于天津，实为华人独立新闻事业之初祖。余与夏君穗卿主旬刊，而王菀生太史与君任《日报》，顾余足迹未履馆门，相晤恒于菀生之寓庐。时袁项城甫练兵于小站，值来复之先一日，必至津。至必诣菀生为长夜谈。斗室纵横，放言狂论，靡所羁约。时君谓项城他日必做皇帝，项城言我做皇帝必首杀你。相与鼓掌笑乐。不料易世而后，预言之尽成实录也。次年《国闻》夭殂，政变迭兴，遂相契阔。去夏偶于友人案头，获睹《学易笔谈》，云为君之新著。展卷如遇故人，携之而归，未暇读也。冬寒多病，拥炉摊书，阅未终卷，惬理餍心，神为之旺。而友人又致君意，谓《二集》亦已脱稿，乞为序言。自维素未学《易》，而君之所言，乃与吾向所学者靡不忻合。忆当年余译斯宾塞尔《勤学编》，暨《原富》诸书，皆发表于《国闻旬刊》，修辞属稿，得君净论，益我良多。今我顾何益于君之书？言之奚为？然声应气，求又乌得无言？呜呼！予怀渺渺，慨朋旧之多疏；千古茫茫，欣绝学之有托。述陈迹，证夙闻，亦聊况于雪泥鸿爪云尔。

庚申冬日，几道严复。

学易笔谈二集卷一

《易》有太极,是生两仪

孔子《系传》"《易》有太极,是生两仪"一节,实总挈全《易》之纲领。而"《易》有太极"四字,尤为神化之笔。后之人千言万语,所不能尽其形容意义者也。伏羲一画开天,则《易》固始于一画。至一画以前,则伏羲未尝示其象,文周未尝系以辞。后之人何从而测之?孔子读《易》至韦编三绝,极深研几,以追溯文王演《易》以前,伏羲画卦之始,必有立乎其本,以亭毒万象含盖一切者。在此一画之先,是非可言语以形容之,非可以物象拟议之者也。于是假定其名曰"太极"。夫极者,至极而无对之谓。如阳之至曰"阳极",阴之至曰"阴极"。六爻之动,有天地人之三极,故特加"太"字以别之,以示更无可加乎其上者矣。宋儒于"太极"

之上，妄增"无极"二字，曰"无极而太极"，是皆误于太极之有图①。

　　夫太极岂可以图见哉！太极果可图，则伏羲又何必画卦？文王亦即图以衍《易》可矣。岂非较乾坤更简更易乎？维其无可见，故不得不以两仪四象八卦以明之耳。汉人注太极，说各不同。马融曰"太极北辰也"，虞仲翔曰"太极太一也"，郑康成曰"极中之道，醇和未分之气也"。而其注《乾凿度》，则又同马说，曰"太一北辰之神名也"。按《礼运》曰"礼必本于太一，分而为两仪"，盖汉以前太极与太一相并称焉。韩康伯注"有必始于无，故太极生两仪。太极者无称之称，不可得而名。取有之所极，况之太极者也"，语极明晰，意亦确当。孔颖达《正义》，谓"天地未分以前，元气混而为一，即太初太一也。老子'云道生一'，即此太极是也"。是解太极虽未甚误，已落言诠。至周子直曰"无极而太极"，竟与"《易》有太极"之语意，之妙用，全不相顾矣。宋儒太极图说，累千万言，愈说愈见支离。朱子与陆梭山、象山二氏，辩驳之书，往复数四，究未免强词夺理。总由心目中既存有黑白分明之图，太极之真面目，早已失却，更何从辨其是非？余《笔谈》前集中，曾辨其误，略而未详。今欲详说"《易》有太极"之一句，不能不将太极之真际，更明辨之也。是故太极之上，断无能更加以字者。维孔子神化之笔，纯用逆笔倒提而上，曰"《易》有太极"，于太极上更加"《易》有"二字，是岂寻行数墨者梦想所能及哉！学者往往将

---

① 宋人所传太极图，皆周子动静阴阳五行之图上作一圈，以象无极，下为黑白三层交互之圆形，更缀以金木水火土。而下联作二圈，为乾道成男，坤道成女，以象化生万物。原出自《道藏》。至近时所传黑白交互各半，黑中有白点，白中有黑点之图，则宋末始出。云蔡季通入蜀访求得之。隐者秘为至宝，故朱子亦未之见。至明初始大行于世。来知德氏更画一图，亦黑白交互各半。去其两点而空其中，亦谓之太极图，而以此为古太极图。两图均较周子所传之图为简明切当，且阴阳交互循环不绝，而自微而著而盛，亦与先天卦画相准。然即有黑白，有阴阳，只可名之曰两仪，不能称之谓太极矣。今北方俗称此图曰阴阳鱼儿，盖以其形似两鱼相交午也。辛斋以谓易鱼字为仪字，曰阴阳仪图则名称为至当矣。

"《易》有"二字，忽略读过。古今注家，亦曾无于此二字加以诠释者，是可憾焉。

夫"《易》有太极"一句，当先以四字连下二十四字一气读之。曰"《易》有太极，是生两仪。两仪生四象，四象生八卦，八卦定吉凶，吉凶生大业"。可见无太极，便是无两仪无四象八卦与吉凶大业，并无《易》矣。故四象八卦吉凶大业，皆涵育于太极，而全《易》皆太极所产生者也。此所谓以逆笔倒提而上者也。更当以"《易》有"二字重读之。此有字，即是《序卦》"有天地，然后有万物。有万物，然后有男女。有男女，然后有夫妇。有夫妇，然后有父子。有父子，然后有君臣。有君臣，然后有上下。有上下，然后礼义有所错"诸"有"字相一贯，世界万有皆由此"有"字发生者也。孔子赞《易》，特于此表"《易》有"二字，以明立教之旨，以示与老子之《易》以无立教之不同。盖伏羲之《易》，涵三为一者也。神农之世，去伏羲之教未远，故《连山》之《易》，用艮成始成终，兼有无以立教，尚能用其全者也。黄帝《归藏》，首坤，以藏用为主。尧舜乾坤，垂裳而治，则即《周易》首乾之所本也。首坤藏用，则以离归于坎。首乾用九，则帝出乎震。藏用则主无，出震则主有。此《易》教派别之不同，亦即立教宗旨之所在。故孔子特以"《易》有"二字，郑重以明之。又于上下《序卦》不惮反复而申言之。而《序卦》《上经》不序乾坤，首受之以屯。《下经》不序咸，首受之以恒。屯者震未出坎，明用九之始。恒者震出巽齐，明久道之化成。且咸，无也。恒，有也。去咸而序恒，更以明有之义焉。此"《易》有"二字，又何可轻易读过而不加思索乎？然三《易》之派别虽异，而卦象爻义则一。所谓观变于阴阳而立卦，发挥于刚柔而生爻，和顺于道德而理于义，穷理尽性以至于命。则无勿同者，但取用各别，有重轻先后之分耳。俗儒读《易》，卦义象数之未明，动辄以诋老子。自谓翼圣，又乌知孔子所以赞

《易》之意哉！①

"《易》有太极"之下，继之曰"是生两仪"，此"是"字，又是极重要之字，不容忽略读过者也。而学者均以虚字目之，向之注《易》者亦从未有诠释及之者，更何怪注释之无有是处哉！乾初爻之《文言》曰："不见是而无闷。"未济之上九之《象》曰："有孚失是。"试问周孔二圣人，何故以此两"是"字，为三百八十四爻之初终，为全《易》之首尾？是岂无故而适相巧合哉？盖此两"是"字，即"是生两仪"之是。于文，日正为是。立表日中，则天地定位，东西分焉。东为阳仪，则西为阴仪。故曰是生两仪。乾初一爻，于十二辰为子。潜伏坎子之下，故曰潜龙。未济上爻为离午。日中立表，子午正，则影不见。故乾初曰"不见是"，而未济上曰"失是"。其初难知，其上易知。此全《易》首尾，续终以是之义，即"是生两仪"之是。经传明显可见。读者不求甚解，忽略看过，而《易》义不可见矣。青田端木氏有图，惜其文奥衍，似故为艰深不令人解者，特凿其意。学者能熟读详玩此八字，则全《易》殆迎及而解矣②。

《老子》曰："有物混成，先天地生。寂兮寥兮，独立而不改，周行而不殆，可以为天下母。吾不知其名，字之曰道，强名之曰大。"《佛经》曰："有物先天地，无形本寂寥。能为万象主，不逐四时凋。"《庄子》曰："夫道有情有信，无为无形，可传而不可见。自本自根，未有天地，自古以固存。神鬼神帝，生天生地。在太极之先而不为高，在六极下而不为深。先天地生而不为久，长于上古而不为老。"《列子》曰："气形质具而未相离，故曰浑沦。"此佛老诸子之言太极也。其意虽是，而皆有语病。盖救之太深，反着迹

---

① 数始于一。一生二，二生三，三生万物。故三《易》之首乾首坤首艮，犹三统之建子建丑建寅焉。子一丑二寅三，乾一坤二艮三。知三统之所以异，即知三《易》之所以同。其理一焉。今读《周易》，当知《周易》之下所伏者即《归藏》。是合《周易》《归藏》，而始终之，即《连山》是。然则《连山》《归藏》其书虽亡，即谓之未亡也亦可。

② 参看本集卷二《太极图新说》。

象，不如韩康伯之注为简切著明也。然韩氏所谓有必始于无，实为周子无极而太极之所本，亦不免以词害意也。盖太极无有无可言，言有者固非，言无者亦未为是。宋儒断断致辨，终难得当者，因认定太极为理，曰"太极者理而已矣"。故虽累万千言，愈说愈歧，却总不肯自认为错，而力斥言气者为非。不知太极亦无理与气之可言。若可指之为理与气，又何名为太极乎？若太极果理而已矣，则天理者可云天太极乎？朱注"天命之谓性"，曰"性即理也"。然则性亦即太极乎？故专言理与专言气，其蔽一也。邵子言天地一太极，而万物各有一太极，最为通论。孔子曰"《易》有太极"，此《易》之太极也。万物之生，无不各有其阴阳，即无不各有一太极。故太极者，可大可小，无声无臭。非但不可方之以物体，亦不能拟之以形容。《笔谈》前集曾以譬喻明之，兹不赘述。

《文言》释义

《文言传》为"十翼"之一,亦有以《乾文言》《坤文言》分而为二者。自王弼以后,皆编入乾坤二卦之下,不复分篇。然"文言"二字之义,古今注释者数十家,各执一说,无一是处,良可慨也。

姚信曰:"乾坤为《易》门户。文说乾坤,六十二卦皆放焉。"刘瓛曰:"依文而言其理,故曰《文言》。"《正义》曰:"《文言》者,是夫子弟七翼也。以乾坤《易》之门户,其余诸卦及爻,皆从乾坤而出,义理深奥,故特作《文言》以开释之。"陆德明曰:"文饰卦下之言也。"梁武帝曰:"《文言》是文王所制。"《程传》曰:"它卦《彖》《象》而已,独乾坤更说《文言》以发明其义。"朱子《本义》曰:"此篇申《彖传》《象传》之意,以尽乾坤二卦之蕴。而余卦之说,因可以例推云。"任钓台《周易洗心》曰:"孔子欲明乾坤二卦之蕴,首述文王语以发端,故谓之《文言传》。"惠氏《周易述》注曰:"《文言》,乾坤卦爻辞也。文王所制,故谓之'文言'。孔子为之传,故谓之'文言传'。"毛西河《仲氏易》曰:"绎文王所言,故名'文言'。"阮氏《研经室集》曰:"《左传》云'言之无文,行而不远',孔子以用韵比偶之法,错综其言,而自名曰文。"综以上诸家之说,姚孔程朱,均以乾坤为《易》之门户,故特加《文言》以阐发其义蕴,意亦良是。然何以名曰《文言》,仍未能解也。刘氏谓依文而言其理,则"十翼"又何一非依文而言其理者?乃独以此一篇曰"文言",其说之不可通也审矣。

陆德明谓文饰卦下之言,则六十二卦,皆有其卦下之言。毛氏谓绎文王所言,则《彖传》《大象》,皆绎文王所言也。何以不名曰"文言"?其失亦与刘氏等耳。梁武帝谓文王所制,则全《易》卦下《彖》文,皆文王制也。何以反谓之"彖",而不谓之"文"?况《传》中"子曰"凡数见,非文王所制可知。任氏特加首述文王语以发端，以矫梁武之失。然"元者善之长也"数语，虽曾为穆姜所称引，以何所据而确指为文王之语乎？不足征也。阮氏之言，似较近理。然六十四卦之《小象传》，与《杂卦传》，无不有韵。而《彖传》之用比偶者，如泰否坤谦豫贲等卦，既指不胜屈。而上下《系传》之比偶错综，亦无异于《文言》。其不能以此为《文言》之证也，亦断可识矣。

历来之注释既未得当，以致疑论百出。或以为六十四卦皆有"文言"，因简编残阙，独存乾坤二卦。《系传》中如"鸣鹤在阴"，及"憧憧往来"诸爻，皆各卦之《文言》也。于是有将此诸爻，竟移窜各本卦之下者矣。或以为《文言》本在《系辞》之中，先儒因其六爻完备，故摘出以归乾坤二卦矣。瞽说谬论，不可枚举。明季之乔行中、清初之黄元御等，竟敢妄逞己见，将孔子《系传》颠倒错乱，另为编次。渎经侮圣，更为肆无忌惮之尤。易学之晦盲，诚非一日矣。

然则是篇独以"文言"称也，曷故？曰：孔子之《文言》，孔子已自言之矣。证之他人，不如仍证诸孔子；证之他书，不如仍证之于《易》为确当也。此文字，非文辞之文，不能以偶句韵语当之。阴阳杂，谓之文。孔子之《系传》曰："爻有等，故曰物。物相杂，故曰文。"乃此文字之确诂也。盖六十二卦之爻，无不阴阳相杂。惟乾坤为纯体之卦，爻不相杂。爻不相杂，则人将疑为无文也。故特著《文言传》以发明之。

夫乾坤二卦，虽为纯体，而六爻之位，则仍有等。有等，则仍相杂而成文。故"文言"云者，"杂物撰德"，皆以其阴阳相杂言之。以明乾坤为阴阳之统，乃六子所自出。文虽系于乾坤，而爻则震巽艮兑坎离也。故乾有"乐行""忧违"，与"风虎""云龙"，"水湿""火燥"之文。坤有"敬内""义外"，"直方""草木"及"黄中通理""阴疑于阳"之文。皆非指一卦而言也。乾父三索尽于艮，艮成言。坤母三索尽于兑，兑说言。有艮成言，兑说言，于是乎有乾坤之"文言"。乾为六十四卦之宗，而阳出于阴。纯阳之内，含有真阴。故乾"元亨利贞",自具四德。地以承乾,阴非得阳,则文不著。故坤"元亨利牝马之贞"。初六履阳阴始凝,六三含阳则称章,六五正阳则文在中。皆阴阳相杂,而阴有待乎阳。是以《乾文言》繁而《坤文言》简也。乾坤《文言》,结以"天地之杂也"一句,又申之曰"天玄而地黄",《文言》之义尽于此矣。

至自屯以下六十二卦,无一卦非阴阳相杂,即无一卦非乾坤相杂。既相杂则其文已见,各爻之象,固已杂撰乎阴阳。初不待别著《文言》,而义已显著矣。此《文言》之所以独见于乾坤二卦也。

孔子"十翼",终以《杂卦》,以明全《易》之无一文不杂。杂之即文之也。《易》之杂字,皆阴阳相杂,实兼文章二字之义①。曰"天地之杂也",犹之曰"天地之文章也"。自后儒以俗义诂经,释杂字以为夹杂,为杂乱,皆非美义。遂有疑《杂卦》非孔子所作者;有谓《杂卦》但取各卦相杂,无甚意义者。"杂"字之义不明,宜"文言"之名亘古莫能解矣。

---

① 青与赤谓之文,赤与白谓之章。文章亦杂撰而成也。

《杂卦》举例

《杂卦》者，卦之杂。《文言》者，爻之杂。《文言》与《杂卦》，皆卦爻精义之所在。能明乎《文言》之义，则可以言六十四卦之爻。明乎《杂卦》之义，则可以言上下二篇之象数矣。

自汉以来，经师大儒于《杂卦》之义，均未有发明。孟氏曰："杂，乱也。"虞仲翔曰："《杂卦》者，杂六十四卦以为义。其于《序卦》之外别言也。昔者圣人之兴，因时而作，随其时宜，不必皆相因袭，当有损益之意也。故《归藏》名卦之次，亦多异于时。王道踳驳，圣人之意，或欲错综以济之。故次《序卦》以其杂也。"韩康伯注曰："《杂卦》者，杂糅众卦，错综其义。或以同相类，或以异相明也。"孔氏《正义》曰："《序卦》依文王上下而次序之。此《杂卦》，孔子更以意错杂，而对辨其次第，不与《序卦》同。"王夫之曰："杂者，相间之谓也。一彼一此，一往一复，阴阳互见，而道义之门启焉。屯蒙以下四十八卦，二十四象，往复顺逆之所成也。乾坤坎离大过颐小过中孚，综而不失其故，则以错相并。否泰随蛊渐归妹既济未济，四象而成八卦，则错综同轨。《周易》以综为主，实则错综皆杂也。错者幽明之迭用，综则用其明者也。"

以上诸家，语无一当。孟氏所谓乱，非杂乱之乱，乃篇终之意。后人误解杂字，实先因误解孟注之乱字也。虞君颇有所见，惜未能畼发其意。韩孔以下，皆意为揣测而已。郑少梅东卿曰："《上经》起乾坤至坎离三十卦，《下经》起咸恒至既未济三十四卦。此《序卦》所述以为二章也。《杂卦》虽合为一章，无上、下《经》之分。然自乾坤至困亦三十卦，自咸恒至夬亦三十四卦。由是推之，则其杂之也，岂无说而苟然哉！是必有如卦气先一之说而《易》师失其传矣。"万弹峰曰："《说卦篇》专言象数，《序卦篇》专言义理。《杂卦》与《系辞》，则象数义理兼而有之。八卦皆言其象，余卦皆言其理。大过以下举互卦之义，以明六十四卦之根皆自此起也。"刁蒙吉曰："《易》之有《序卦》，学之始也。博文约理，有序而不可杂也。《易》之有《杂卦》，学之成也。变化从心，虽杂而不失其序也。《序卦》分也，《杂卦》合也。由分可以得合，既合其中仍分也。何以合而分也？首以乾坤，一大男女也，而万事万物无不在其中矣。终之以男女，一小乾坤也。而类聚群分，不能外乎是也。此起止之合也。然《上经》三十卦，《下经》三十四卦，其界限未尝不分。自师比八卦而以《下经》之损益交合之，自咸恒八卦而以《上经》之否泰交合之。此枢纽之合也。损益后历大畜无妄而合之以萃升，否泰后历大壮遁而合之以大有同人，此对待之合也。列震艮于前，而以巽兑等六卦分足三十卦之数。留大过颐于后，而以坎离等六卦合居三十四卦之中。此错综之合也。至大过以下，则以分为合矣。"王困翁曰："先儒谓《杂卦传》为反对作是也。然五十六卦皆反对，后八卦偏不反对，可知不专为反对作也。"胡云峰谓"为互卦作是也。然六十四卦只互得十六卦，每八卦互两卦。若专为互卦作，何不以类互？则知不专为互卦作也"。刘芸庄谓"为卦变作，以互为次是也。然自随以下十二卦，偏不以互次，则知不专为卦变作也。愚谓反对之义，杂见于卦变之中，而互卦因之。兼是三者，故名《杂卦传》"云尔。以上诸家之说，似较前者为有进矣。然于《杂卦》精义，仍鲜发明。此外如胡炳文、李光地、胡煦诸氏，大意皆主互卦，要皆未能悉其蕴也。其妄疑《杂卦》为非孔子作者，更无论矣。须知孔子"十翼"，《彖》《象》《系辞》诸传，皆以阐发《周易》，以明列圣相传之道。《说卦》取象，亦皆有所受，所谓述而不作者也。惟《杂卦》一篇，乃孔子独抒己见，不相沿袭。虽每卦仅系以一字或数字，而仰观俯察，无一不与羲圣画卦之精神相契合。而理象气数，无一不包孕其中。顺逆相推，更寓数往知来之微旨。朱子所谓"伏羲自是伏羲之《易》，文周自是文周之《易》，孔子自是孔子之《易》"。斯语也，以论《周易》，则未见其是①。若以论《杂卦》，诚哉为孔子之《易》矣。然非熟读六十四卦而贯通其意，不能知《杂卦》之妙。非研求全《易》之象数而会其通，亦不能悟《杂卦》之妙用也。胡李诸氏，以互卦测之已窥见一斑。欲观全豹，当仍于经文及《系传》中求之。辛斋致力甚浅，何敢妄语高深？况高深者，又实未易以笔舌尽之。今略举数则，以发其凡。善学者当无难隅反也。

凡"刚柔乐忧"与"求起止见伏"诸字，皆以隐括一卦之义，所以为六十四卦絜其纲领者也。各卦之《彖》，《象》之有其字者，必与其卦有所系属，无一字为闲文也。如乾之乐行忧违，即指师比。颐之观颐，剥之观象，及咸之观其所感，恒之观其所恒，萃之观其所聚，皆与观有关，皆合与求有关。而震起艮止，巽伏兑见，咸速恒久等义，尤为全《易》《大象》之总纲，八卦变化之原则。而历象纳甲飞伏纳音之术，悉基于此矣。噬嗑食也，如需困之酒食，讼之食旧德，泰之于食有福，大畜之家食，明夷井鼎之不食，无不相关也。而噬嗑与贲相对，则食与色对。食色性也，又另为一义。此一字一义之精微奥衍，神变莫测，言之不能尽，书之不能罄者也。其余诸卦可类推矣。

其系于数者，剥次二十五天数极，困次三十地数穷也。革次四十五，一卦之候四十五日而革也。丰次四十九，蓍之数也。五十四为凶数，故不处。五十六为厄数，故不亲。而屯见姤遘，尤历象之所宗。其余诸卦，或以爻象，或以卦位，无不各有精深之意义。非贯通全《易》以求之，推演象数以合之，未能测其神妙也。至大过以下八卦，则非独象数。知天知人，数往知来，寓《春秋》之微意，垂万世之教诫。其道甚大，夫岂仅八爻迥环交互而已哉！

其系于象者，或与先后天卦位相发明，②或与上下《经》、《序》

---

① 文王演《易》即与羲画一贯。周孔象赞，更无不推本于羲文。一字一义，皆有象可象，有数可稽。未尝于象数之外，有单辞只字之增益，更何得强为分析之也。

② 汉学家排斥先天之说，一由于门户之见太深，一由于不察象数之天然。余另有说以明之。

卦》为体用，仍各以本卦大义为归宿。故先后次序，及上下反复，无不各有奥义。非但大过以下八卦不可更动，① 即其两卦相对，而与《序卦》上下易次者，如比师无妄大畜井困解蹇睽家人否泰大壮遁大有同人小过中孚等卦，亦皆不可移易。盖分之一卦有一卦之义，合之此卦与彼卦，均有相互以见之义。如随无故也，丰多故也，革去故也，如同人亲也，讼不亲也，亲寡旅也，小畜寡也，此相互见义之最显者也。大有众也，与《序卦》之师同义。而师之忧，又与经文临之既忧、丰之勿忧，及本传之小人道忧，相互见义。他如而字，之字，则字，其字，及相始去取等字，均非闲文虚字，均各有其象数。则字之关系尤重，更宜详察深玩。非特一字一义，不可忽略，即其无字之处，更耐寻味思索，尤不可忽略也。

　　右所述者，尚其浅显而易见，明白而可言者。尚未能尽其万一也。但学者循求敦之，则见深见浅，自有所得。且能有无穷之意味。更读全经，必觉另易一番境界矣。善读者当不河汉斯言。

---

① 苏子瞻、蔡元定诸氏，以大过以下八卦与前不同，概照两卦相对之例为之移易。明儒来知德诸氏，均从之，贻误后学不浅。朱子以其韵合，疑其非误，不敢擅动。尚谓能阙其疑者也。

男之穷

或问：《杂卦传》，"未济男之穷也"，究作何解？曰：大过以下八卦，联属一气，固未易以一句分析言之。但分之合之，皆各有义。先儒解此者，意虽未尽，然大致尚不甚相远。程子于成都市遇箍桶叟，见其担有《易经》，因举此语问之。叟曰："三阳失位，安得不穷？"程子甚为心折，谓能发前人所未发，其实不尽然也。若以失位论，则未济六爻皆不当位，不仅三阳之失位也。考虞注曰："否艮为男位，否五之二六爻失正，而来下阴未济，主月晦，乾道消灭。故男之穷也。"此以消息及纳甲言之，与本传之否泰反类，意尚贯串。其余注者虽多，均无甚发明。项平甫谓"既未济皆主男言。水能留火故定，水不能留火故穷。阴阳不交，而阳独受穷者，生道属阳，死道属阴也。终与穷不同。终者事之成，穷者时之灾"云云，说亦芜杂。此"男之穷"三字，正对"女之终"言也。《易》之道，天地男女而已。孔子《杂卦》，以人事为主。故乾坤不曰阴阳，而曰刚柔。此其大眼目也。归妹为六十四卦归魂之终，故曰天地大归魂卦。未济为《序卦》之终，此穷字正对《序卦》"物不可穷也"穷字而言也。合此二义观之，则所重专在穷字终字，男女二字不必重读也。男女者，即《序卦》"物不可穷"之物字耳。凡人之情，非至时穷势竭，不能自觉猛然为最后之决断。平日之辨是与非，或感于情，或累于欲，而不能决者，至此死生俄顷存亡呼顷之间，而毅然决矣。故即断之以"夬决也，刚决柔也"。能刚决柔，则情欲去而天理复。君子道长，穷以变而能通，即终以续而复始。《易》道于以无尽矣。

制器尚象

《系传》曰："以制器者尚其象。"又虑后世之无所则也，特举"作结绳而为网罟以佃以渔盖取诸离"之十三卦，以示其例。又虑后人之不能通其变也，特于乾坤二卦明示之，曰："通其变使民不倦，神而化之使民宜之。《易》穷则变，变则通，通则久。"又虑通变者之不能得其道也，于是于后三卦特加"易"字，以示《易》穷则变之道。曰"上古穴居而野处，后世圣人易之以宫室"，"古之葬者厚衣之以薪，后世圣人易之棺椁"，"上古结绳而治，后世圣人易之以书契"。此三者皆所以通变宜民，而致世道日进于文明者也。孔子不惮烦复，一再言之，深望后之人能变通尽利。凡古人所制而未尽完备，与完备而未能精美者，各援据象数易而新之。庶"变则通，通则久。自天祐之，吉无不利"。圣人之忧天下后世者，可谓至矣。

乃三千年来易学晦塞，讲汉学者溺于训诂，宗宋学者空谈性理，视制器尚象之一道，以为形而下者，不屑深究。于是网罟仍为结绳，不能易之以新法。耕稼仍为耒耜，不能易之以机器。日中为市，仍守墟集之旧，不能易之以通商。舟楫仍刳木剡木，不能易之以机轮。引重致远，仍赖牛马，不能易之以汽机。重门击柝，不能易之警察。臼杵之利，不能易之以滚轮。弧矢之威，不能易之以枪炮种种利器。古圣既尚象作之于先，吾人乃不能变通改进以后，而一一皆让西人占其先着，我更学他人之步，尚不免邯郸之消。其昧古圣设卦垂象之深意，负孔子谆谆指示之苦心。呜呼！虽百喙不能自辞其咎矣。

虽然，《易》道至无穷也，象数本无尽也。世界进化，无止境也。西人未尝见吾圣人之象，但得其数，极深研几，已能尽制器之能事，极物质之文明。吾人既能师西人之所长，以极数致其用，则由数而求象，亦已事半而功倍。更变而化之，以合穷变通久之道，则由物质文明而进于精神，由形下更进而形上。古圣之轨辙可循，四圣之仪型未远。近取诸身，远取诸物，必有"神而化之自天祐之"之一日，以远驾乎西人之上者。不禁跂余望之，拭目俟之矣。

中孚生，大过死

　　中孚之义，前集已详之矣①。卦气起自中孚九二，以中孚为生气之所始也。故扬子云《太玄》八十一首，亦起于中孚。此象数之不可易者也。中孚之中，本于以五合十，故为生。泽风大过，则以十合五，乃死象矣。中孚上巽，于后天卦为东南。下兑，于先天卦位东南。后先同位，故曰"孚"。孚者，合也。与噬嗑同人节比，同一例也。中孚中之气，天施地生，其益无方②。始于坎之中心③，为天地之恒气。而大过位西北乾④，戌亥数无，故棺椁葬，取象大过。乃西北乾坤父母入藏，离日下地入坎穴。东南巽木，于西北乾周，棺周身，椁周棺，丧期以二十五月，乾天数尽也。夫五与十皆中土象，五而十，气以出而生。十而五，气以入而藏。出入变化，其凡甚微。数虽同，而吉凶相去如霄壤焉。言数者可于此而隅反矣。

---

① 卷二第二条。
② 东南风雷益卦。
③ 卦气中孚，居坎子，值冬至。
④ 卦气大过，居西北乾亥。

鹤鹄

《中孚·九二》：鸣鹤在阴，其子和之。《荀九家·逸象》："震为鹄。"鹄与鹤通也。故吴草庐曰："鹄当为鹤是也。今武昌有黄鹤楼，实以黄鹄山而得名者也。"可见鹄之为鹤，由来旧矣。九二互震，故取象于鹤。鹤为泽鸟，兑为泽也。鹤鸣于秋，兑正秋也。而曰"鸣鹤在阴，其子和之"，则所以形容"孚"字之义，精绝无伦矣。孚从爪从子，本取鸟抱卵之象。天下情意相孚真切诚挚，有逾于母子者乎？然情意不可见，曰"鸣"，曰"和"，则情意见矣。以此言孚，无余蕴矣。然而象之义犹不止此。鹤羽洁白，以比君子。鹤性善警，喻能知几。中孚九二互震，一阳来复，生气之始，故《上系》拟议七爻首此，而曰"君子之枢机"。"其子和之"，所谓同声相应同气相求，故《象》曰"其子和之，中心愿也"。泰之六四"翩翩不富以其邻不戒以孚"，《象》曰"翩翩不富，皆失实也。不戒以孚，中心愿也"，正与此应。泰失实，故"不富其邻"。小畜九五则"有孚挛如，富以其邻"，而中孚九五，则亦曰"有孚挛如"。合而观之，可广其义矣。虞氏主卦变，以离为鹤。鸣在坎中，则阴阳交孚，声应气求，为义亦同。后儒驳之，甚无谓也。

畸象

《易》象只见于一卦或一爻，而他处不再见者，谓之畸象。如上文中孚之鹤与豚鱼、燕、翰音，及屯之鹿、解之隼、革之豹等象是也。不必定为动物之类，若莩若几若梐若苋陆若颒等等，不胜枚举，皆谓之畸象也。然鹿隼豹之为象，前人尚有言之者。而有它不燕之燕，则均以为假借字，训为燕安之燕，不复求之于象矣。夫《易》之《象》《爻》，无一不根据于卦象而演绎者也。有象所有，而《象》《爻》或略而阙者有之矣。未有象所本无，而象辞爻辞空增入者也。故全《易》经文，无一字虚设。无论为虚字，为助辞或假借字，断无不与卦象相关。况明明为物象，岂可因其假借之义，而置其本象于不论哉！若仅以安训之，则当元圣系爻，何不竟曰"有它不安"，或曰"有它不宴"，而必以燕字为假借乎？是大可思矣。旧注惟冯氏椅以两义诂燕，以虞人诂虞，谓："虞人不能专志防护，而有它志，则群鸟不安。燕或取燕雀之象。兑之初，七月末，社燕犹在也。过此之它，则巽在东南，又明年矣。社过则无燕，故有不燕之象。"其释经之当否兹姑不论，即燕之取象，亦曲折附会之甚。不知圣人之象，虽极其精深，微妙入神，但必出于自然，断无如此之委曲比附也。盖燕之象，即在中孚之互卦。初之四互雷泽归妹，三之上互风山渐。渐全卦皆取象于鸿，归妹则取象于燕。燕与鸿，去来有定时，鸟之有信者也。故中孚信也。此象之微妙而极自然者也。或曰：妙则妙矣，其如归妹一卦，初未尝有燕，何也？曰：何为其无也？帝乙归妹，乙即燕也。泰二至五互归妹，故五曰"帝乙"，四曰"翩翩"。翩翩亦燕之象也。此燕之取象于归妹，可釐然无疑者也。至屯之鹿，虞氏谓山足称鹿[①]，三当互艮之初故称鹿。义极精当。或以为麋鹿之鹿，于象亦不悖。但论用之如

---

① 鹿麓古通。

何可也，固不必是彼而非此也。圣人作《易》，以言之不能尽意，而立象以尽意者，正以言难两歧，而象可通变。但通变而得其当，无悖于圣人立象之旨斯可矣。象之屡见者，以有可比较推类，尚易别其是非。惟此畸象者，只此一见，他无足征，尤非精审不易得当也。故因鹤而类举之。

苋陆

《夬·九五》曰"苋陆夬夬",旧说伙矣,均未得当。孟喜《章句》曰:"苋陆,兽名。"夬有兑,兑为羊也。许慎亦治孟氏《易》,故《说文》"莧"字,曰:"兔足苜声,读若丸,山羊之细角者。"是孟本之苋陆,当作莧陆,应于莧字下加一点方合。但"苋陆"二字为连文,今《说文》但言莧而不言陆,则所谓山羊细角者,其为莧欤?抑莧陆欤?虞仲翔世传孟氏《易》者,乃曰:"苋说也。苋读若'夫子莞尔而笑'之莞。和睦也。"今《释文》:"一本作莞,华板反。陆蜀本又作睦。睦亲也,通也。"皆宗虞说也。马融、郑康成、王肃,皆云"苋陆一名商陆",犹以苋陆为一物。至董遇云"苋人苋也,陆商陆也",宋衷亦云"苋苋菜也,陆当陆也"。则皆以苋陆为二物。且当陆为何物,尤莫详其义。马、郑、王、董、宋五家,因皆治费《易》者也。康成虽亦兼治京《易》,京出于孟,而此则从费不从孟也。朱汉上谓"苋为蒉。商陆,叶大于苋"。《程传》以苋陆为观齿苋,朱子于《本义》从《程传》,曰:"苋陆,今马齿苋。感阴气之多者。"而《语类》则曰:"苋陆是两物。苋者马齿苋。陆者章陆,一名商陆。药中用商陆治水肿。其子红,其物难干。"是皆与马、郑诸家大同小异,同为费《易》也。独项平甫、吴草庐,皆宗孟说。项曰:"莞音丸,山羊也。陆其所行之路也。犹鸿渐于陆之陆"。吴谓:"苋子上从艹,羊角也。中从目,羊目也。下从儿,羊足也。故宽字谐苋声。羊群之行,山羊居前,谓之引路羖。"是皆能阐发孟氏之义。项氏能注意于陆字,尤能得闲。盖苋于《易》为畸象,无他卦可引证。而陆则明明见诸渐卦,则以经证经,自非恙无故,实非望文生义者可比。近儒焦氏之《易通释》,亦以渐之两陆字为证,固其是也。惟焦以"苋"为"见"字之假借,则引经而又改经,不免自相矛盾矣。项、吴二家之说,于象无讹。惟陆字之解释未明,故不能发挥经义,畅达其旨。夫陆与水对，平地曰"原"，高平曰"陆"，高而降者曰"阜"。陆有高意，故从阜。而阴阳二字，亦均从阜。阜者，象天地阴阳之事也。而陆亦含有天地阴阳往来之义。四时错行，日月代明。而日月之行，有南陆北陆东陆西陆之称。天地节坎一至兑十①，坎北陆，兑西陆也。渐为仪，阴阳一二，始天地南北之候。渐之陆，北陆也。夬决阴，兑月望，日月东西之候。夬之陆，西陆也。兑为羊，其类艮，亦为山羊。羊群行于高平之原，其状夬夬，此正与九三之夬夬，相对举以见义。三之夬夬为独行，五之夬夬则群行也。群行故象羊。孟氏之说，不可废也。后儒异论，徒滋纷扰，无一是处。虞氏读苋若莞作亲睦之意，则揆诸卦义，殊未安也。

---

① 水泽节。

蛊为变化之卦

蛊者，变化之卦也。天地与人事，非蛊不生变化。六十四卦，亦非蛊不成变化。故《周易·序卦》以蛊次十八。二九十有八变，六十四卦无穷之变化，胥由于此矣。今欧西之学说，谓凡物之变化，皆微生蛊为之。非但物质之变化如造酒制酱等类，皆因微生虫之酝酿。即植物之滋长，土质之改变，亦无一非微生虫之作用。而生物之体，与空气及水中之微生虫，更不可以形求而数计。盖非微生虫，则变化之机能止。变化止，则生理亦将与俱止，而人物或几于息灭矣。甚哉！虫之所以变化，其关系之重且大也。然此种科学之发明，要在近百年以内。百年以前，无此说也。自显微镜之制造益精，而微生虫之形状与功用，发明乃益多。在古圣作《易》之时，既未尝有此精细之科学，更何来此百倍千倍之显微镜，以窥示目力能所不能见之虫，而知其功用？而乃于天地人物变化枢要之一卦，命之曰蛊？而蛊乃从虫。且其象数变化之作用，之意义，更在在与今之新学说相合。而简当精要处，彼化学家所实验而得者，或无以加焉。呜呼！圣而不可知之为神，诚哉其不可测矣。

或曰：卦虽有其象，古圣之意，或未必如此是。殆子附会新说，曲意迁就而适相巧合耳。曰：古今之适相巧合者，于事诚有之。然可一而不可再，决不能事事相巧合，而反复皆适当也。《象》曰："山下有风，蛊。"山为艮象，风为巽象。风者，气之动也。止而不动则虫生，故风亦从虫。岂造字者亦相巧合乎？山下有风乃天地之气为山所阻遏，不能流通，而于是乎生虫。故《诗》曰"蕴隆虫虫"。在滇黔两粤，气阻于山岭。在昔交通未便之时，恒苦瘴疠，而之为患亦甚。今虽稍愈，而尚未能尽绝也。瘴疠与蛊，实无一非虫为之也。

或曰：山下有风之义，固如是矣。若六十四卦，则八卦所因而重之焉。何待于蛊而始变哉？曰：因而重之者，八卦成六十四卦之形式，即两仪生四象四象生八卦，亦但言生卦之次序也。若论八卦变化之实际，则八卦实只六卦。乾坤坎离各为一卦，而巽反即兑，震反即艮。震巽艮兑，名为四卦，实只两卦也。若言其变，则八卦实只有四变。乾坤为纯阳纯阴不计外，乾初变为巽，上变为兑，则中一爻不变，而当然为坎矣。故乾两变而得三卦。坤之变艮也亦然。故邵子用数，每以四变，以变之实数仅只此也。乾坤既四变为震巽艮兑，而震巽艮兑，反复又实只两卦。则此两卦者，即所以变化乾坤之原则，亦即变化六十四卦之原则也。震巽艮兑之合为随蛊渐归妹四卦，何独以蛊为变化之枢要？则少男承父长女代母，后天之乾退居艮位，坤退居巽位。阳以上为极，阴以下为极。阴阳极而后变化生焉。此所以艮巽为蛊也。古之训蛊为事，亦以天下之事，俱由变化而生。不动不变，则何事之有？《尚书大传》曰"乃命五史，以书五帝之蛊事"，蛊事即故事，谓继续不绝之事，如艮巽之继乾坤焉。《序卦传》曰"以喜随人者必有事"，《诗》曰"王事靡监"。监亦虫也。尔疋康谓之蛊。《春秋左氏传》："医和曰于文皿虫为蛊穀之飞亦为蛊。"此训诂之最古者也。卜徒父之筮也，曰"千乘三去。三去之余，获其雄狐"，则以变占而言，非蛊之本义。医和又曰"女惑男，风落山"，亦以占之象而言。惑者谓少男血气未定，而惑于长女，则于象为蛊，非谓蛊之有惑义。至伏曼容，乃直曰"蛊，惑乱也"，而义始歧矣。向来说《易》者，皆未明蛊为变化之所由。或以为败坏，或以为蛊惑，于卦义均未有当也。美哉孔子之释蛊之《象》也！曰"巽而止蛊。蛊元亨而天下治也"。六十四卦《象传》言天下治也者，未之有也。仅《乾·文言》曰"乾元用九天下治也"，与此正相应合。岂败坏惑乱之卦，而足以当此哉！盖《周易》六十四卦，皆乾元用九以变化之。蛊即所以尽乾九之用，而生变化者也。故亦曰"元亨而天下治也"。乾曰"大明终始"，而蛊曰"终则有始"，与恒之"终则有始"皆指巽而言也。夫《易》之所谓事者何？即天地人之事也。乾天坤地艮人，而巽以齐之。则天事地事人事之不齐者齐，而元亨利贞之时用①，乃循环而不已也。蛊虽艮巽二卦，实兼具乾坤二卦之材。故爻皆取象于父母。此非详玩先后天八卦，与六十四卦之所以变化者，不能得融会贯通之妙，非言词所能尽也。

或曰：圣人既以此卦为变化之宗，而又知虫为万物变化所由，何不竟名其卦为虫，而乃曰蛊也何居？曰：虫之变化，物质上之事也。而蛊则含乎意志②，更兼精神上之变化也。妙哉！匪夷所思矣。

---

① 坎离震兑。
② 初爻曰意，上爻曰志。

先甲后甲　先庚后庚

《蛊·彖辞》之"先甲三日，后甲三日"，与巽五爻辞之"先庚三日，后庚三日"，古今诠释者，不一其义。而为之图者，亦钩心斗角，各极其致，亦谓尽极深研几之能事矣。然求其说之当者，寥寥可数也。《子夏传》曰："先甲三日者，辛壬癸也。后甲三日者，乙丙丁也。"[①] 郑氏亦同此说，谓"辛取自新，丁乃丁宁之意"。《程传》《朱义》大率本此意，而推衍之，又曰："庚更也，事之变也。先庚三日丁，后庚三日癸。丁以丁宁于变之前，癸以揆度于变之后。"按之经旨卦义，殊多牵强。夫孔子赞《易》，本所以明道而垂教万世。果有此意，何妨竟曰自新曰丁宁？或竟曰辛曰丁，岂不明白了当？乃故为隐语寓词，以待后人之揣测，决无此理也。虞氏以变卦纳甲言。马氏以甲在东方，艮东北故先甲，巽东南故后甲。以卦位言，朱子发张竣宗虞说，胡寅来知德宗马说。虽详略不同，而大致无异，似均较郑与程、朱为切实也。苏东坡曰："阳生于子尽于巳，阴生于午尽于亥。一日十二干相值，支五干六而后复。先甲三日，后甲三日，所谓六甲也。先庚三日，后庚三日，所为六庚也。甲庚之先后，阴阳相反。先甲三日子戌申，申尽于巳而阳盈矣。盈将生阴，故受之以后甲。后甲三日午辰寅也。寅尽于亥，然后阴极而阳生，势穷而后变。故曰终则有始。先庚三日，午辰寅也。后庚三日，子戌申也。庚之所后，甲之所先。故先庚三日尽于亥，后庚三日尽于巳。先阴而后阳，故曰无初有终。"郭子和曰："《易》之爻，兼三才而两之故六，阴阳不过六而尽矣。复称七日，自姤六爻至复初九而七也。临称八月，自复经六爻至遁六二而八也。蛊先甲后甲，亦六日之义。先甲三日者，蛊之先也。新之终而弊之始也。后甲三日者，蛊之后也。蛊之终而新之始也。是为蛊之

---

① 此《子夏传》乃后人伪托，非孔子弟子所作也。

反也。二者之象兼于先甲后甲之中，相与循环而已。甲即蛊也。"齐梦龙曰："推马融先甲后甲之说，曰卦震东为甲，兑西为庚，蛊互震而四居震中，故言甲。巽互兑而五在兑上，故言庚。十干戊己土，余八日为万物始终。甲者始之始，庚者终之始。蛊言始而称甲，巽言终而称庚，语固各有当也。"钱一本曰："先后甲以中爻震木为象。震震出，日之甲，春之始，而反终以原其始，所以饬蛊之坏。先后庚以中爻兑金为象。兑之说，日之庚，秋之中，裁其过以归于中。所以制巽之事，蛊之甲言于卦，合上下而共其事。巽之庚言于爻，申命行事之主独五也。"胡翘元曰："十干六甲主生，六庚主变化。有甲以生之，无庚以变化之，非造化全局。"万弹峰曰："以纳甲言，蛊自否来。否上为乾。乾纳甲，故曰甲。巽之五爻变则为蛊。蛊上互震。震纳庚，故曰庚。"综以上诸说观之，觉后胜于前。东坡之说，尤为冰雪聪明。虽未能尽合于象数，而已得其窾窍。盖东坡固未尝研究象数者也①。此外如王引之、焦理堂诸氏，均非确有心得，可置不论。盖经文既明明曰甲曰庚，则自当从干支以求其义，未可以形声相隐射也。文王当殷之末世，殷《易》，《归藏》，以干支纳音为主②。末流之弊，重鬼而轻人，故文王矫之。《周易·系辞》，特重人道。然《易》本阴阳，虽有偏重而无偏废也。值象数变化枢要之处，仍不能不以干支挈其纲。故于《上经》之蛊，特言甲。《下经》之巽，特言庚。而又于革言己，泰及归妹皆言乙，方甲己乙庚，则其未言者可推而知矣。甲者震之位而乾纳甲，庚者兑之位而震纳庚。天雷无妄，而震兑随时。故无妄元亨利贞，随元亨利贞。随反为蛊。蛊九五变重巽，故"甲""庚"于蛊

---

① 近德清俞氏《茶香说经》说"解七日来复"及震与既济之"七日得"，谓即先甲后甲先庚后庚之义。先甲三日辛，后甲三日丁。自辛至丁凡七日。先庚三日丁，后庚三日癸。自丁至癸亦七日。甲木克于辛金，辛金历七日为丁火，所克则甲木来复矣。庚金克于丁火，丁火历七日为癸水，所克则庚金来复矣。复即得矣。是较东坡为更进一层。且足药丁宁揆度诸旧说之腐，而仍不畔古训。

② 说详《三易备遗》。更观殷之遗器及其历代帝王之名，无不以干支者。可见其一代之风尚矣。

巽二卦言之。先甲三日辛，巽纳辛。后甲三日丁，兑纳丁。巽兑中孚，故中孚曰"孚乃化邦也"，曰"应乎天也"。先庚三日丁，后庚三日癸。坤纳癸，坤兑临，故临亦"元亨利贞"。《临·彖》曰"大亨以正，天之道也"，《无妄·彖》曰"大亨以正，天之命也"。故中孚"乃应乎天"。乾坤泰否反覆，否则天下无邦，而孚乃化邦，化邦而天下治矣。故蛊曰"元亨而天下治也"。先后三日则为七日。"七日来复"，复者，剥穷上而反下者也。故蛊曰"终则有始，天行也"。而剥与复，亦皆曰"天行也"。而巽则为德之制，以人合天，故君子以申命行事。巽称而隐，巽以行权，皆巽乎中正以合天之道，无违于天之命者也。此甲庚先后之义，非仅就一卦一爻以言之，所能尽也。至蛊之利"涉大川"，更与巽之"利有攸往""利见大人"相针对。皆甲庚先后反覆。学者循此以求之，则知孔子《彖》《象》《系传》，无一字不与象数相合，无一义不与他卦相贯。参伍错综，皆有线索之可寻。然后再阅先儒之注释，则是非无难立辨矣。

七日来复

明先甲后甲先庚后庚之义，则七日来复，可不烦言而解矣。先儒注此者，说皆不甚相远。徒以汉宋之争，驳诘辩难，甚无谓也。郑注："建戌之月，以阳气既尽。建亥之月，纯阴用事。至建子之月，阳气始生。隔此纯阴一卦，卦主六日七分。举其成数，而云七日来复也。"说本无讹，徒以六日七分一言，遂开辩驳之端。如王昭素、王洙、宋咸诸人，各逞词锋。后又牵及于邵康节冬至起复之说。又与起自中孚之卦气，分茅别菆，互争雄长。而揆诸卦义，均无当也。京氏注本言复主冬至，中气起于中孚。自中孚之后七日而复，故曰"七日来复"，极为明白了当。《正义》既守京说，以卦气为言，而兼采郑注隔坤一卦六日七分之说。李氏鼎祚，引《乾凿度》轨数，说亦相同。但《易》隔坤之一卦六爻为六日，复来成震一阳爻生为七日，以弥郑氏之阙。复申言之曰："天道玄邈，理绝希慕。先儒已论，虽各捐于日月；后学寻讨，犹未测其端倪。今举约文，略陈梗概，以候来哲。"如积薪者也，似预知后人之攻击者。夫阳七阴八，特据阴阳之生数而言。复一阳初生，数自为七。由剥而复，数亦为七。阳日阴月，故临称"八月"，复曰"七日"，理极浅显。刘氏遵曰："天行躔次有十二。阴行其六，阳行其六。当阴六阳失位。至于七，则阳复本位。此周天十二次环转反覆，其数如此。施之于年月日时并同。故一日之中，七时而复。一月七日而复。一年七月而复。一纪七岁而复。今云七日者，取其中而言。则时月年从可知也。"此固通论。然古人言日，非必定指一昼夜之日也。《诗·豳风》"一之日""二之日"，皆谓一月二月也。故"七日来复"，但谓阴阳之数极于六，至七则必复矣。震之七日，既济之七日，皆此义也。

或谓：阴阳之数既极于六而复于七，则阴亦当言七矣。何以临言八月也？曰：此则指阴之生数也。阳生数七。阳主进，故七而九。以九为变。阴生数八。阴主退，故八而六。以六为变。阴阳之数，固各有体有用有正有变。不究极其理，而妄自尊大，是己非人，曰京房郎颛关子明辈，假《易》之名以行其壬遁卜说阴阳术数之学，圣人之旨则无有焉。呜呼！此易学之所以终古长夜也。

出入无疾

《复·象》"出入无疾",虞注:坎为疾。十二消息不见坎象,故"出入无疾"。王弼注:入则为反,出则刚长,故无疾。疾犹病也。《程传》"出入无疾",谓"微阳生长,无害之者也。既无害之,而其类渐进而来,则将亨盛,故无咎也"。是王以疾为病,程以疾为害。害亦犹病也。然按之于象,揆之于理,均有未安。而《程传》语意尤为滑突。微阳生长,谓一阳之来复也。无害之者,其语从何而来哉?经文曰"出入无疾",若曰"出入无害之者",更成何文理?夫说经必有所据,宋儒每以意为之,自谓吾心即圣人之心,吾言即以明圣人之心,往往不假思索,不暇证之于经传,而成笑柄。如此类者,盖不胜枚举矣。夫孔子"十翼",所以释经也。经文有未明者,必当救诸"十翼",此一定之理也。《系传》曰"唯神也,故不疾而速,不行而至",此"即阴阳不测之谓神"。复为阴极阳生之卦,阳之来复,亦"不疾而速不行而至"者也。故"出入无疾"之疾,正"不疾而速"之疾,决无疑义者也。若以训疾为病为害,则不病而速,不害而速,更成何文理乎?

然则《易》之"疾"字,固无病与害之意乎?曰:有诸。《易》之"疾"字,取象于坎。坎为耳痛心病。故经之言"疾"者,有速与病之二义。有言速者,有言病者,亦有速与病之两义兼言之者。《杂卦传》曰"咸速也",故凡卦有速义者皆咸象。咸者人心相感,其效最速。人之思想,"憧憧往来"亦最速。《西游记》孙悟空一觔斗翻十万八千里,即咸速之象也。咸之对为损,两象易亦为损。"损其疾",此"疾"字速与病之两义均有之也。咸损皆少男少女之卦,故孔子于《损·六三》曰:"天地絪缊,万物化醇。男女媾精,万物化生。"以言其相感则疾为速;以言病即痘疾,俗所谓天花是也。痘疾根于先天,为父母媾精所遗之热毒蕴久而发者也。圣人作《易》,其字义章句之妙,神化不可思议。惟孔子神化之笔,足以赞之而互相发明。如此疾字，岂寻常拟议思虑之所能到哉！

此外如豫之"贞疾"，鼎之"我仇有疾"，丰之"疑疾"，均有病意。明夷之"不可疾"，遁之"有疾"，与此"出入无疾"，皆不可训为病者也。《需·六四》曰"出自穴"，上六曰"入于穴，有不速之客"。曰"出"曰"入"，曰"不速"者，即此"出入无疾"之义也。复之初爻在坎子，坎为亟心。阳之本性，本迅疾而不可遏者也。惟当复之初，不可不沈潜涵养以蓄其势。故屯之初曰"磐桓"，亦此义也。势以蓄始壮。近今所用之枪炮，其膛中均有螺旋线。令子弹在内盘旋蓄势，则其出也更速而猛。此线译称曰"来复线"，即复初"出入无疾"之确实意义也。物理各有一定，皆出于天地之自然。时不问乎古今，地无间乎中西。至理所在，罔有不合。宋儒以圣人之道，为方头巾者所独占，排斥百家，颂言翊圣，实自隘自锢而并以隘人，以锢天下后世。佛氏之徒，力矫其失，曰"道在矢橛"。虽未免亵道，实亦宋儒对症之良药也。

高尚其事

　　蛊之上九，"不事王侯，高尚其事"。向来注者，多不着眼于"其事"二字。致"高尚"二字，亦均落空，毫无实际。此与世界之人心风俗关系极大，不可不辨也。虞氏以卦变言，于"其事"二字之精义，不能发挥，无足怪也。王注"最处事上而不累于位。不事王侯，高尚其事也"，亦只说得上一句。《正义》云："不以世事为心，不系累于职位，但自尊高慕尚其清虚之事。"如此说"高尚其事"，实谬且妄矣。《程传》专注重于义理，则于此等重要之经文，自当研究其精意之所在而发挥之。乃亦仅援据世应，望文生义，敷衍其辞。其言曰："上九居蛊之终，无系应于下，处事之外，无所事之地也。以刚明之才，无应援而处无事之地①。是贤人君子，不偶于时，而高洁自守，不累于世务者也。故云'不事王侯，高尚其事'。古之人有行之者。伊尹太公望之事，曾子子思之徒是也。不屈道以徇时，既不得施设于天下，则自善其身，尊高敦尚②其事，守其志节③而已。士之自高尚，亦非一道。有怀抱道德不偶于时，而高洁自守者。有知止足之道，退而自保者。有量能度分，安于不求知者。有清介自守，不屑天下之事，独洁其身者。所处虽有得失大小之殊，皆自高尚其事者也。《象》所谓'志可则者'，进退合道者也。"无论《象传》之"志可则者"四字，另于象义有关，未能如此带讲；即其解"高尚"二字，仅曰"尊高敦尚"，硬嵌一尊一敦字，余皆闲文。且经文明明曰"其事"，乃一则曰"处无事之地"，再则曰"守其志节而已"，是显与"其事"之义

---

① 明明曰"高尚其事"，何谓无事之地？
② 此四字联属为义，殊为费解。
③ 经文明言"其事"，未尝言其志节也。

相背，亦即与经义相背也。朱子《本义》及郭氏忠孝、吕氏祖谦、胡氏炳文，虽详略不同，大意皆祖述《程传》，以为无事清高之象。呜呼！我国千余年来之士风，除仕官利禄外，不知有所事事。其患得患失之鄙夫无论矣。间有自好者，不甘同流合污，伏处丘园，无所事事，亦惟啸傲烟霞，吟弄风月，优游终老，无界于世。下焉者或藉高名以欺世，猎衣食以偷生。坐耗民财，为世之蠹。要皆此等学说阶之厉也。夫人生于世，非衣不暖，非食不饱，非宫室不安。非养欲给求而无缺不适，而不能自为衣自为食自为宫室与种种营养之生植制造也。则必有所事或劳心，或劳力，以尽其一己之材，以供献于社会，为衣食住暨其他取给者之代价，而为之报酬。斯天地不虚生此一人，社会不虚耗此一分之物力，而一己方无负责于社会，无愧怍于天地。苟所抱负者宏，所建树者大，或什百千万倍于一身之所需，则崇德报功，社会又隆其报酬焉，斯古今中外不易之定理也。故《经》曰"不事王侯，高尚其事"。夫不事王侯，无所谓高也。自举世奔竞于利禄，奴颜婢膝于王侯之门，有一二矫其失而夷视王侯者，则流俗竞称其为高，而若人亦斤斤自诩焉。实则王侯人也，予亦人也，予何为而事彼哉？不事王侯，乃当然之事。世儒解经，眼光竞射于"不事王侯"一句，震而惊之，希而罕之，遂以"高尚其事"四字，为"不事王侯"之注脚，忽略带过。此大误也。夫曰"其事"者，乃各人所切己之事，为己所审择而从事者是也。无论为农为工为商，为科学，为美术，必得其一而专精焉。"高尚"者，无以复加之谓。必专心一致于其事，而更无他事焉可以尚之，而足动其歆慕者。斯其事始精，其业始高。近日欧美学者之所谓神圣，如劳动神圣，职业神圣者，亦即"高尚其事"之意也。故必人人能不事王侯，人人能高尚其事，而"蛊元亨而天下治矣"。此圣人所以系此象于蛊之上九也。《程传》之言虽无当，仅偏于一面，未说到"其事"二字耳。《正义》竟曰"但自尊高慕尚其清虚之事"，直不知所云。非率天下不耕而食不织而衣不可也。呜呼！道之不明也，知者过之，愚者不及焉。所谓"高尚其事"之一言，近几为习用之流行语，非必读《易》而始知者。以讹传讹。其贻害于社会，实非浅鲜。故不惮辞费，举而正之。非好辩也。

学易笔谈二集卷二

先后天八卦平议

先天八卦，不始于邵子，前集已述其略矣。但先后天之关系甚大，不明先天后天之义，无以明八卦变化之由；不明八卦变化之由，无以知六十四卦变化之序，与重卦名义，暨各卦爻位当名辨物之妙。《系传·说卦》一篇，言之甚详。而"天地定位"，与"雷以动之"两节，指陈先天卦位，更明白晓畅。只以唐宋以前，《易》家之传授均未有图，至邵康节始悟一二三四五六七八之旨。以乾兑离震巽坎艮坤之次，绘为先天八卦之图。更依"帝出乎震"一章指陈之方位，绘为后天八卦之图。而先天后天之名，遂传于世。康节更以先天八卦，依次重之为六十四卦。分为七级：第一级为太极，二为两仪，三为四象，四为八卦，五为十六事，六为三十二，七为六十四。所谓一生二，二生四，四生十六，十六生三十二，三十二生六十四，加一倍法之先天大横图以成。又即横图对剖，规而圆之，为先天大圆图。又即八重卦依次叠之，成为方图。并后乾坤生六子，与后天八卦方位，合河图洛书共为九图。朱子采之以弁于《本义》之首。后之读《易》者，遂无不有图书与先后天八卦，犁然于心目之中，几以为《周易》之所固有者。而汉学家之排斥攻击，亦由此而生。元明以来，聚讼纷纭。尤以清初之顾亭林、王梨洲、毛西河及胡东樵、王引之诸氏为甚。毛之阅览既博，又雄于辨，论河洛先天，既为驳斥无遗，而胡东樵又广毛意，更著《易图明辨》，全书十余万言，专为攻击朱邵，并推及纳甲纳音，自谓扫荡一切，扩清伪学，为易学之功臣矣。无如《易》之有象，经既明著之。《易》之有数，孔子既明言之。《易》既有其象数，则由象推数，以数合象，自有确定之范围。详密之数理，而数往知来，又均各有其征验，决非以一人之私意可改易，崇宏之空论所能驳斥也。先天之图可驳，而先天之象数终无以易也。河洛之名义可改，而天地之定数无可更也。彼驳斥者，亦非不知康节数理之精密，无懈可击也。特以汉宋门户之不同，攻击朱子，不能不兼及于邵子。而又以邵说之确有根据，其象数又悉出于天然，不加造作，于是不得不为平情之论。曰："九图虽妙，听其为《易》外别传可也。不当列之经首以为结案。"夫既知其妙矣，自应广为传布，令人人皆知其妙。则列之经首，又何不可？此外之毛举细故者，则以乾一兑二之数，乾南坤北之位，及复姤生卦等说，以为皆圣人《说卦》所无。谓六子既生自乾坤，何能更生于复姤？此所谓吹毛求疵，欲加之罪何患无辞者也。孔子明言"书不尽言，言不尽意"，故圣人立象以尽意。若《易》之象数，必纤悉皆载于《易》。虽百倍其《彖》《象》之辞，亦不能尽。必一一详举于"十翼"，虽千倍《系传》《说卦》诸传，亦未能罄也。况言各有当，若不论辞意之所在，但断章取义，为以矛攻盾之举，则孔子之《系传》，亦将体无完肤。如既曰"八卦成列"矣，是八卦皆同列也，何得又以乾坤生六子？经文明明以龙为乾象，《说卦》何得"震为龙"？若此者，盖不胜枚举。汉学家之攻击先天者，大类乎此。承学之士，震其名而眩其说，其为易学之幛也，非细故矣。然则康节先天之说，固无可议乎？曰：是又不然。康节以先天为伏羲八卦，后天为文王八卦，而朱子仍之。此说则窃有疑义。夫无先后天则已，既曰先天后天，则一体一用，同源共贯，如形之与影，如灵魂之与躯壳，当然不能相离。伏羲画卦，当然先后天与六十四卦同时并有。使伏羲而仅画先天八卦，将何以施之于用？而炎黄之《连山》《归藏》，又何以"经卦八而别皆六十有四"乎？而后天八卦定为文王所画，求诸经传，实无依据。先儒有疑及此者，乃改伏羲八卦为天地定位图，文王八卦为帝出乎震图。以为根据《说卦》，较为典切。第名称虽当，然按诸象数，证诸经传，确有先天后天之别。而"天地定位"与"帝出乎震"，只能表其方位之由来。而成象变化之义，与错综参互之妙，未能赅焉。故乾一兑二一图，只能正其名曰"先天卦"。震东兑西图，只能正其名曰"后天卦"。不必系之曰"伏羲""文王"，名斯当矣。

乾南坤北，离东坎西之位，虽经无名文，然证之他经，可据甚多，前集已言之矣。但先天八卦之妙，尚非南北东西之位所能尽之。邵子当日发明此图，不得不用四方四隅之位，以与后天之方位相参互，以见义而明用。然又特标圆方两说，正以补图所未尽之义也。夫天圆而地方，先天圆而后天方，学者亦详闻其说矣。乃罕有悟其妙用者，则因向之所谓圆者，乃即书上所画之圆。则为一圆圈，是平圆而非浑圆耳。先天八卦之圆，乃浑圆也。既浑圆矣，则南北东西之方位，自与后天之四方者不同。故泥于南北以求先天之方位，虽不可谓之非，亦未能谓之是也。妙哉！孔子之言也！曰"《易》有太极，是生两仪"①，两仪之生，不曰"南北"，不曰"东西"，不曰"中"，而特曰"是"。"是"者，无定而有定。定之维何？即定之于日正。日正则不言南北东西，而自有南北东西。不言中而自有中，却不可泥南北东西中以求之。所谓活泼泼地，无丝毫沾滞执着。必由此以观先天八卦，方能悟其妙用。《系传》所谓"天地定位"，定之于是矣。《易》与天地准，准之说是矣。

康节之先天大圆图，所谓"阳生于子中，尽于午中。阴生于午中，尽于子中"者，于阴阳之义相合也。而离曰"春分"，坎曰"秋分"，则与卯酉不相应也。盖康节之《易》，根于数者也。故其

---

① 参看卷二第一条。

圆图，亦所以推数，与孟氏京氏之卦气不同，未可强二氏而合之也。后人不察，言汉《易》者，斥邵图为牵强；宗邵学者，并欲以邵图定卦气，而废中气起自中孚之古法。皆偏而无当，未足与言《易》者也。明人之《易占经纬》，更取后天八卦，亦仿邵图重为六十四规而圆之，以候卦气。谓冬至起涣，是直以《易》象为七巧图矣。

纳甲者，实康节先天图之所本。然自汉以降，虽传其说，未始有图也。若按说以求之，则乾坤列东，艮兑列南，震巽列西，离坎居中。此后人言虞氏《易》者所拟之卦位，与先天八卦又迥然不同。康节能神明其法，故不袭其迹。而自依据《说卦》，另绘此图。又从一二三四五六七八，悟用九之旨，得体用之源。于是推骊得珠，扩充推衍，左右逢源，无往不合。故《皇极经世》之象，不必与《易》同而无非《易》也。正王弼所谓"得意忘象"。惟得其意，乃可忘象。后人误会王说，未窥其意，即曰"扫象"。又何《易》之可言乎？

或曰："天地定位"一章，既为邵子先天八卦所依据，与纳甲迥不侔矣。又云本于纳甲焉何居？曰：天地定位一章之言八卦，实皆两两合言。曰"天地"，曰"风雷"，曰"山泽水火"，下又曰"八卦相错"，未可分而画之。然欲绘为图，既两卦不能并成一卦，乃以乾南坤北分布其位，不得已也。而所谓八卦相错，乃八卦相错，非仅乾坤坎离对错之谓。维纳甲之义，实尽相错之用。观《中庸》之"四时错行，日月代明"，可以知纳甲矣。震东也，而纳西之庚。兑西也，而纳南之丁。康节深悟八卦相错之理，而得逆数之用。故纳甲卦象虽不合先天八卦，而先天八卦，则确合纳甲之象。非神明乎此，不能知纳甲之真，并不能知先天八卦无方无体之妙也。

《说卦传》"雷以动之，风以散之"一章，舍先天方图，无能为之注者。故汉学家纵力攻先天，而于此节，亦不能不谓之适相巧合也。然象固巧合矣，而犹有其义也。乃义亦相合，宜无辞矣。而辩驳诸家终不认之者，以汉《易》相传皆无此图也。第又不能以他说更阐明此章之奥义，学者但就孔子之传，以求之经而合诸象，自能有悟。无谓之辩驳，置之不论可也。

自宋以来，主张先天之说者，自蔡氏父子而外，莫详于张行成。既著《皇极演义》，以明《观物》内外二篇之义，更著《易通变》四十卷，以补经世图说之所未备。惜鲜刊本。现所传者，皆由《永乐大典》录出。清修《四库全书》，主之者为汉学家。故于此类之书，皆编入术数类，而不入甲部。实则其中尽有独到之语，非章句之儒所能道者，未可以邵氏一家之言而少之也。亦学《易》者所宜知焉。

先天后天之疏证，《易学启蒙》及《周易折中》，与《周易函书》《易问》《观易外编》诸书，亦详备矣。但《启蒙》皆节取经世原文，《折中》又采录《启蒙》《函书》等编。或虚言其理，或浑言其用，鲜能据本经以证之者。且《启蒙》久为众矢之的，更未足箝辩驳家之口矣。综观排斥先天诸论，一言蔽之，曰"经无明文。孔子'十翼'，亦未尝有此"。兹特举经及翼以证之。

《周易》，《上经》首乾坤，《下经》首咸恒。非天地定位，山泽通气，雷风相薄乎？《上经》终坎离，《下经》终既未济，非水火不相射而相逮乎？是《周易》全经，固以先天卦位为体也。重卦水地曰比。比，亲也。天火曰同人。同人，亦亲也。火雷曰噬嗑。噬嗑，合也。水泽曰节。节者符节，亦相合之意也。夫水地何以比？天火何以同而皆曰亲？非坎坤乾离，先后天同居一位乎？火雷曰"合"，水泽曰"节"，非离震坎兑，先后天同居一位乎？后天东南巽，即先天兑位，故风泽曰"中孚"。孚者，交相孚也。后天东北艮即先天震位，故山雷曰"颐"。先天西南巽，即后天坤位，故风地曰"观"。颐观皆有上下相合之象。此以卦之名义，可证先后天卦位之不妄者也。蛊卦称"干父之蛊干母之蛊"，本卦无父母之象。虞氏以卦变言，谓由于泰卦之乾坤。然卦自泰变者，不尽称父母也。观于先后天之八卦，先天之山风，即后天乾坤之位。此父母两象所由来，不较虞说明确乎？同人之"同人于宗"，睽之"厥宗噬肤"，皆离与乾先后天之同位也。此爻象足为先后天卦位之证也。

《乾·文言》曰"先天而天不违，后天而奉天时"，实先天后天名义之所本。或为"先天不违"之"先"字当读去声，非先天之义，古人实无此读法也。《损·六五》曰"弗克违"，《益·六二》曰"弗克违"。山泽通气，雷风相薄，皆先天相对之卦。此先天不违者也。损曰"与时偕行"，益曰"与时偕行"，皆乾三之"终日乾乾，与时偕行"。后天东震西兑随，"天下随时"。归妹"迟归有时"。此"后天奉时"者也。同人五曰"先号咷而后笑"，《象》曰"同人之先，以中直也"。旅五之"先笑后号咷"，震之"后笑言哑哑"等"先""后"字，求之卦象，无不与先后天卦位相关。此先天后天之名，不可更易者也。至《说卦》"乾为大赤"，"坤于地也为黑"，及他卦之取象，属于先天卦位者尤多。潜心求之，其义自见。有神妙莫可思议，为康节所未言者。又乌可执一以求之哉！

向之言先后天者，曰"先天为体，后天为用"。固也。然体中有用，用中有体。执一端以为体用，仍滞而不通也。曰"先天对待者也，后天流行者也"。此但卦位之形式则如是耳。若言其象，先天之天地雷风水火山泽，曰"相薄"，曰"通气"，曰"不相射"，曰"相错"。岂但流行，实极有往来飞舞之势。而后天之五行分位，反有固定之状也。故八卦之妙，不但阴阳交错，体用相互，而一动一静，亦无不各有交错相互为用之妙。故泥于象者不能言象，胶于数者不能得数。执着先后天以论先后天，貌虽是而神则非。必不能尽先后天也。此在好学深思者，心领神会，默喻于无言，非楮墨所能罄也。

先后天八卦变化。宋元明清诸儒，立说者甚多。然其要不出二义：一即邵子所谓先天乾坤纵，后天震兑纵。一则离火亲上，坎水就下，成后天之局。坎升离降，取坎填离，而后天复反于先天。其余皆以阴阳往复，敷衍成文。图说虽多，等诸自桧，罕见精义。青田端木氏，据《杂卦》"震起，兑见，巽伏，艮止"，以释先后天卦义。实能合前二说而会通之，而言有典则。非凿空而谈者可比。学者能神明其意，则先天后天无余蕴矣。

　　盖先天与后天，往复相循，如环无端。泰否反类，先后天之无往不复，亦如是也。譬如于后天为否者，而先天为泰。后天为泰者，而先天为否。兑见巽伏震起艮止，皆先后互相循环。故吉凶得失进退，无不互相倚伏。盈于此者必绌于彼，得于前者必丧于后。莫之致而致，莫之为而为。天且不违，而况于人，况于鬼神？圣人但就象数之自然，以显明天地自然之理。故学者玩索先后天之卦象者，必将阴阳变化之理，烂熟于胸中。则先天后天分之合之，均各得自然之妙。扫象者妄，泥象者凿，皆未为知《易》者也。

河洛平议

河图洛书之争议，其辩驳纷纭，亦无异于先后天。而河洛又多刘牧范谔昌辈九图十书之说，于是同一言河洛者，又各有其辩驳争论，较先天又多一重纷扰矣。夫"河出图，洛出书，圣人则之"，孔子《系传》固明言之。而"河不出图"，又见于《论语》。天球河图，亦陈于《顾命》。是河图洛书之非妄，与圣人作《易》之取则于河洛，虽苏张之辩，不能蔑其说也。顾自汉以后，未传其图。但"天一地二"至"地十"之数，孔子固明白言之。又申之曰"天数五，地数五。五位相得而各有合。天数二十有五，地数三十"，则亦不啻形容如绘矣。而一六二七三八四九五十之合，与东木南火西金北水中土之位，杨子云、郑康成，均所传略同。虽无河图与洛书之名，而舍此以求河图洛书，更无有象数确当，而又与《易》相合如此者。且五十五与四十五两图，其数之纵横加减，千变万化，其为象数不祧之祖，虽反对者，亦无以难也。故言汉学者，虽极力排斥，只能不认其为河图洛书。而象数之妙合，无可辨也。于是顾亭林毛西河诸氏名五十五者曰"天地生成图"，名四五十者曰"太乙九宫图"。然二图之妙，固在于象，在于数。而其名之异同，初无碍也。邵子先天之学，实探源于此。云"传自希夷"，而希夷亦必有所受。与传周子之太极图，皆出自《道藏》之秘传①。盖自老子西行，为关尹所要，仅留《道德》五千言，传于中土。其余秘书法象，为三代所传。而藏于柱下者，皆随而西去。故道藏诸图，皆出陕蜀。而蔡季通之三图②，亦入陕始得。朱子所谓本儒家故物，散佚而落于方外，得邵子而原璧归赵，非无见而云然也。邵子之书，未确指何者为图，何者为书。朱子以蔡元定之考订，以五十五者为

---

① 唐《真元妙品经》有太极先天图，与周子《通书》之图无异。
② 古太极图其一也。

河图，四十五者为洛书，冠于大《易》之首，遂开是非之门。刘牧亦托名于希夷所传授，易置其名，以四十五为河图，五十五为洛书。宋元说《易》者，遂分两派，各宗其说。至明太祖以《程传》《朱义》课士，刊诸太学；明清两代学者，皆宗朱子，而刘牧之说，几无闻矣。惟汉学家益藉以为攻击之利械，实则朱子说《易》，固未能满意。《启蒙》以先后天八卦，生吞活剥，配合河洛，牵强补凑，益资攻者之口实。至以五十五为河图，四十五为洛书，确较刘牧之说为长，未可非也。夫图书之名，邵子虽未分言，而希夷之龙图，非刘牧之所祖述者乎？龙图之数，固五十五，而非四十五也。既称曰"龙图"，则五十五为图，又何疑乎？刘牧之《钩隐图》，肤浅已甚。以视康节，其相去不可以道里计，而崇信之者，尚比比焉。则震于希夷之名，而好奇之心又乘之也。故读古人之书，无定识定力以凿核之，受古人之欺多矣。夫天地五十五数，孔子所谓神变化而行鬼神者也。今以二图考之，其体用相生，参互交错，与先后天八卦之体用变化无不妙合。即纳甲纳音，五运六气，与大乙、六壬、遁甲，及后世之子平、风鉴，无一能越其范围。所谓建诸天地而不悖，质之鬼神而无疑者，殆谓是矣。故但得其数而神其用，固无投而不合。至其名称之如何，宜可无问焉。然以施诸用而称诸口，终不可无名以别之。则五十五为河图，四十五为洛书，自以从朱子所定者为差胜焉。至此河图洛书，是否即《系传》所称之河图洛书，载籍既无可征信，又乌敢臆断？然其为天一地二至地十，孔子所谓通变化而行鬼神之数，则断断然其无可疑也。夫学《易》能至通变化行鬼神，亦庶几矣，又奚为舍其实而名是竞哉！至两图象数之推衍变化，宋之丁易东、张行成，元之张纯，清之江慎修，及朱子之《易学启蒙》已阐发极详。虽精粗不同，皆具有条理。学者循此求之，引伸触类，已足应用而不穷。兹限于篇幅，不赘述焉。

余姚黄氏易学《象数论》，其排斥河洛先天及《皇极经世》诸说最力，为毛西河胡东樵诸氏之先驱，实则皆梨洲先生违心之论焉。盖先生非不知象数者，少壮之时，泛滥百家，于阴阳禽遁等学，实有心得。至晚年学成而名亦日高，恐平日之研求术数，近于小道，足为盛明之累，故撰此书，极力排斥，以存大儒之身分。是以言之甚详，斥之正所以存之也。即毛氏胡氏之书，虽极端辩驳，然所断断以争者，亦仅于名称。而其援引之博，考据之详，且适足为河洛先天之疏证。较宋学家之崇奉河、洛，而空谈性理，羔无故实者，力且倍蓰焉。于是知天下事物之理，愈辩驳则愈精。究其真理所在，则颠扑不破。天地鬼神所不能违，而况于人乎？然人之知识，本极有限，又蔽于物欲，惑于习染。遂明明真理当前，亦瞠乎莫辨。是则读书之大患也。

太极图新说

宋儒有《太极图说》矣，故曰"新说"，所以别于宋儒之《太极图说》也。"无极而太极"之误，《前集》既辨之矣，且明言太极之决不可有图，兹何以复为"太极图新说"也？曰：太极图新说者，非谓太极之可以有图。实以自宋以来相传之太极，既皆有图，且不止一图，更习俗相沿，家喻户晓。虽村夫俗子，几无不能举太极图之名而识其状者。是变太极之本而加之厉，将《易》有太极之精义，沦胥殆尽，习非浸以胜是。而《易》道之大本大源，更无人能识焉。乌得不为之说？以明各家太极图之源流。庶太极之真理，且藉此图而益显也。宋儒之《太极图说》，以说周濂溪之太极图也。图载《周子通书》。濂溪得自陈希夷，希夷得自《道藏》。唐《真元妙品经》，已有此图，名曰《大极先天图》。上一圆图，分黑白三层，左右相错；中分金木水火土五行；下为两圆圈。与周子之图正同。可见此图相传已古。宋儒恐其出自道家，有异端之嫌，故讳希夷而不言，谓周子之所发明，其实可以不必也。此一太极图也。朱子晚年，颇信道家之说。既注《参同契》，而悟其功用，知源流悉出于《易》，必尚有秘传之图箓，为世所未见者，故嘱蔡季通入陕蜀以求之。季通于蜀得三图，珍秘之甚，其一即今世俗习见之太极图：一圆圈内分黑白环互之形，而白中有一黑点，黑中有一白点，为阴阳之互根，故状如两鱼首尾之交互，北俗谓之阴阳鱼儿者是也①。此图朱子已不及见，至元时由季通子孙传出，逮明初始盛行于世，今则家喻户晓，人人能知之识之。周濂溪之图，已为所掩矣。来瞿塘氏自绘一图，以明所心得，亦曰太极图，乃名此曰"古太极图"。此又一太极图也。来氏之图，大体亦与蔡氏所传无异。惟空其中为一圈，以象太极。其黑白者为太极所生之阴阳。又改两

---

① 阴阳鱼之"鱼"字，改为"仪"字，则其名甚当矣。

点为黑白两直线，为阳极生阴，阴极生阳之状。此又一太极图也。今日濂溪之图，仅存于《周子通书》。朱子于图说虽极推崇，而作《周易本义》，独取邵子之九图弁于经首，而不及此。故承学之士，未见通书者，亦莫辨此图之作何状矣。来氏所作，虽苦心孤诣，自谓有所独得，然亦未大行于世。今所盛行，仅蔡氏之一图。以辟邪镇恶之用，与八卦并传。而无远勿届，实借道家之力，与《易》道无关。然《易》道变借此而普被，使人知此太极图，尚非《易》有之太极。而辟邪镇恶之效，已宏大广远如是。则孔子所称"《易》有太极"者，其神妙不可思识，当较此更十百千万也。道本无形，即物而寓。然则此阴阳交互之图，虽非太极，亦未始不可谓太极之理所寓也。因势利道，使夫人而知之，夫人而识之，岂非《易》道广被之一助哉！此《太极图新说》之所以不得已而作也①。

---

① 参看前集《辨无极而太极之误》与后卷《易有太极是生两仪》，可以互证。

进化新论

《易》者进化之书也。进化者何？随时变易以从道也。穷则变，变则通，通则久。自有天地以来，气运之迁移，殆无日不变，无时不变。但变之微者，人不自觉。积微成著，阅时已千百年，人之寿又不能待。是以世之人，恒不能睹其变之迹。而穷变通久，征之历史，无以见焉。世界之有史，莫古于中国。而中国之书，又莫古于《易》。观《系传》"制器尚象"之十三卦，由游牧①而进于农商②，由穴居野处而进于宫室，由衣薪葬野而进于棺椁，由结绳为治而进于书契。上古进化之迹，因历历可考焉。西儒达尔文氏著《世界进化论》，乃谓世界万物，皆由渐而进化，由简而进于繁，由劣而进于优。天地生物之始，只如爬虫类之下等动物，逐渐进化而至于高等动物。高等动物，如猿猴猩猩类者，已略具人形，或能人言。又进化即为人。故猿猴猩猩，乃人类之初祖也。呜呼！此谵言也。乃西俗好奇而喜新，奉为名言。赫氏《天演论》，"物竞天择，优胜劣败"之说，又从而和之。靡然从风，欧美政俗为之一变。余波荡漾，且及东亚。二十年来，一因朝鲜而酿日俄之大战。再因塞尔维亚，而酿联邦与协约国之互争。劳师逾千万，血战经五年。名城为墟，白骨蔽野，流毒几遍于全球，损失数难以亿计。皆此不经之学说阶之厉也。近日欧美学者，有悟其非而改正之者矣。而我国青年，尚有执十年以前之译本，而矜为创论，以互相传习者，是又乌可以不辩哉！夫物之进化，固物之理也。孔子之《系传》，曰"方以类聚，物以群分"。夫既有类有群，故其进化也，自有其类别限度，不能越也，不相紊也。禽不可进为兽，兽不能进为人也。故物之同一类者，可进而及者也。如同一枣也，实之小者，味之酸者，

---

① 以佃以渔取诸离。
② 耒耨取益，日中为市取诸噬嗑。

因栽接培养之得宜，小者使大，酸者使甘，此可能者也，即枣之进化也。若欲使枣进而为桃为李，此决不能者也。以枣与桃李，非同类也。如同一羊也，南方之羊恒肉瘦而毛薄，且孳乳不繁。若改良其种，而注意其饲育，使其茁壮而繁息，毛厚而柔，如北方之羊，或如美利诺之羊，亦事之可能者也，即羊之进化也。若欲使羊而进为牛为马，此决不能者也。以羊之与牛马，非同类也。夫枣不能进而为桃李，羊不能进而为牛马，岂有猕猴猩猩能进而为人之理乎？果猴与猩猩能变为人，则溯自有人类以迄于今，至少亦将一万年矣。则猕猴猩猩，应早已变化净尽，无复遗迹。何以至今日猕猴自猕猴，猩猩自猩猩，仍于人类之外而别为一类乎？且以达氏之例，充类言之，则太古初生之青苔，经此万年千年之进化，至今日当尽化蔬稼百谷矣。太古所生之蒲柳，经此万年千年之进化，至今日当尽化为松柏梗楠矣。其他虫豸与无血无脊诸下等动物，经此万年千年之进化，至今日亦当尽化为高等之动物矣。乃何以青苔如故也，蒲柳如故也，虫豸诸下等动物亦悉如故也？此其说之不经，亦确然而可见矣。

然则人类既非猕猴猩猩所进化，果自何而来乎？其如旧史所称，女娲氏抟黄土而为之乎？抑如西教所谓天主造人，先造一男，又折男之肋骨为女而配之乎？曰：非也。天地初分之始，盈天地之间者，气而已矣。气胜于形，故盈天地间之万物，无不以气化而成形者也。孔子曰"天地絪缊万物化醇"者是也。逮物既成形，则气为形夺，气化不胜于形化。形有阴阳，自相匹偶，生生不已。孔子曰"男女媾精万物化生"是也。迄于今日，形化虽胜，而气化之物，亦仍不绝于世。但只化生微细之虫类。其赋形较巨者，则悉为形化矣。或曰：今日虽尚有气化之物，但与形化者迥不相侔，又安见形化之人类，最初悉出于气化乎？曰：形化之继乎气化，非理想之词。今日之气化虽微，然其开形化之先，以成物之始者，为例正多，不胜枚举也。空庭积雨，苔莓生焉。净水贮器，孑孓育焉。皆非有其种而诞育者也。皆气化也。逮苔莓又生苔莓，孑孓成蚊遗子又生子了，则继气化而形化矣。人身之虮虱，水中之鱼虾螺蛤亦然。可想天地生物之初，万物之忽自无而有也。亦若是而已矣。盖物无巨细，皆感天地纲缊之气以生。而气分五行，又各有其清浊厚薄之殊。故秉其气以成形者，自各有大小灵蠢之异。惟人类则备乎五气之全，故独灵于万物。天地之气，得人而通。万物之用，得人而彰。此理之昭然而莫可违者。佛氏之说，与《易》旨略同。可证达氏进化论之妄矣。

至赫氏"物竞天择，优胜劣败"，与"天演淘汰，惟适者存"等说，较达氏意，似差圆满。近世学者尊之为天演之公例。讲《易》者或引"惟适者存"一语，以为与《易》之"当位者吉"相互证者，其实望道未见。其蔽与达氏等尔。皆所谓知其一而不知其二者也。夫所贵为人者，以其异于万物也。人之所以异于万物者，固不仅以其知觉运动之灵于万物也。实有其所以为人者，在古今中外圣贤之立教立政，与发明种种之学说。凡皆以为人也，非以为物也。又惧人之不能自立，而堕落其人格以侪于物，故《书》曰"人心惟危，道心惟微"，《孟子》曰"人之所以异于禽兽者几希"。盖人禽之界，相去一间。操舍存亡，不可稍忽。故《易》于乾之三爻，曰"君子终日乾乾夕惕若厉无咎"，以此爻为六十四卦人爻之始，特于此发其义也。

达、赫二氏之误，在混人物而一之。谓人之竞争，等于物之竞争。人之优劣，等于物之优劣。是已自绝灭其人道，无怪弱肉强食，卒之有强权而无公理，安得不陷人类于惨境，遗世界以荼毒哉！吾作《易》之圣人，在距今七千年以前，忧天下后世，必有生齿日繁，非争不能自存之一日。故参天两地而倚数，观变阴阳而立卦，发挥刚柔，穷理尽性，乘示《易》象，以树之准，以立万世精神上之宪法。使强权无可恃之道，而公理有必伸之日。使弱肉强食之祸，不能蔓延于世界。而天下万世，胥莫能违其则焉。文王当殷纣暴虐之世，演《易》明道以救之，首曰"乾元亨利贞"。孔子当春秋衰乱之日，复著"十翼"以阐明之，首以四德释元亨利贞，以明立人之道。与今日欧美崇奉之《救世箴言》，所谓"博爱""自由""平等"者，隐然不谋而合也。

夫元者善之长仁也，博爱则近乎仁矣。尊重自由，不侵他人之自由，则协乎礼矣。平等则裒多益寡，称物平施，事无不当而合于义矣。具此三者，则贞固干事，自绰乎有余裕矣。故博爱自由平等，与文王元亨利贞，孔子立仁与义之旨，均异地而同情，殊涂而同归。均所以范围天地，曲成万物，以维持人类以不敝者也。是以变化莫备于《易》。天地间万事万物，由变化而进化之理，亦莫备于《易》。《易》之进化，各有其类，而不相越；各合其时，而不相违。《易》六十四卦，三百八十四爻，无一卦不变，无一爻不变，而卦有类，爻有等，变有时。象无定而有定，数可测而不可测，理无在而无不在，气无至而无不至。虽万变而不离其宗。是非深明夫乾元广大之义者，未足与语也。今后世界之人，若甘心蔑其人格，自侪于物类，则竞物之竞，择物之择，以取精用弘，兼弱侮亡为优胜；以纵恣情欲，恢张物质为进化。虎炳豹蔚，汶汶以终。吾《易》诚无能为之筮，果不愿自绝于天，则良知自在，顿觉顿悟。应知吾人之身，除肉体精神而外，必有超乎肉体精神之上，而为肉体精神之主。所以特殊于万物。特灵于万物者，果安在哉！反而求之，存养而扩充之，庶乎人类之真进化可期。所谓优胜劣败者，更不在物竞，而在人之不竞。不在天择，而在人之不自择耳。

燮理阴阳

颂相业者曰"燮理阴阳"。丙吉置杀人者不顾而问牛喘，以为治杀人者有司之事，牛非时而喘，阴阳失调，乃宰相之责。后之论者，或称其知大体，或讥为迂腐而远于事情。讥者固昧昧，称者亦未能悉调燮阴阳之理也。大抵两汉学士大夫，承三代之遗，古传阴阳秘书，尚未尽亡，故均能明晰其义。观《史》《汉》所载章疏论著，已可见一斑矣。惜纬书真伪杂出，渐流于怪诞不经。而妖言讹语，朋与附和，浸为世害。于是纬书禁，而阴阳之书亦连类殃及。即有存者，承学之士，咸不敢齿及以取罪戾，为世诟病。降及典午，流风益炽。辅嗣说《易》，遂并象数而尽去之。乃名振江左，称为摧陷廓清之功。当时之风尚可想见矣。自是而后，占卜、历象、医巫、推算诸术之不能离阴阳以立言者，乃各自为说，以相依托。支离恍忽，而尽失其本矣。隋萧吉著《五行大义》，甄录虽详，然肤浅已极。至有宋邵子书出，阐数理之原，探阴阳之本，而微显阐幽。两汉之坠绪，赖以复振。管、墨、尹、列、老、庄、《繁露》《淮南》《抱朴》诸子之说，得此互证，而意义愈显者，不胜枚举。循流溯原，而大《易》一阴一阳之道，始有线索可寻。其他经语之涉于阴阳，向未得解，或解之未悉者，以《易》之象数证之，均无不豁然贯通矣。其指甚繁，非一二端可罄。兹第就"燮理阴阳"之一语，而概括言之。

阴阳之数，天五地五，共五十有五。然五十有五之中，阳数得二十五，而阴数乃三十。阳少阴多，故宇宙之间，恒君子少而小人多，治世少而乱世多。一人之身，恒快乐少而忧患多，天理少而人欲多。此实天地生成之数如是，而无可如何者也。然循此而进，无变通救济之方，则天地不几无功，而人道不将绝灭乎？故圣人观变阴阳，以参天两地。天地所缺憾者，惟人能补之。阴阳所乖戾者，亦惟人能和之。故执两用中，消息以时。一地五十有五之数①为体。以之入用，变为四十有五②则阳数得二十有五，阴数只二十。阳少而阴多者，一转移间阴少则阳多矣。体不可变，而变其用。数不可变，而变其象。理不可变，而消息之以时。此阴阳变化之妙用，象数消长之纲领也。观河图之与洛书，一三七九二四六八之数悉相间也。惟中宫之五与十，则去十而存五。然十虽去而未尝去也。书之相对者，一九三七二八四六，固无往而非十也。无往非十，而十之象不见，更无往而非十五。十与五之用，仍不少阙。如天下之小人虽多，能消纳之，得其用而不见其害。则天下皆见为君子，而似无小人之迹矣。则乱世即反为治世，又何忧乎小人之多，又何忧乎世乱之不已哉！一身亦然。欲虽多，吾理能胜之，则天君泰然，忧患皆化为快乐。而转移之用，则惟在乎一心。心非他，即数之五与十。即天地之心也。五能用十，则阳息阴消，君子进而小人退，世无不治。五不能御十，而为十所胜，则阴阳衰，人欲肆而天理日亡。身且不保，况万国天下乎？此治乱消长之机也。爕理阴阳者，允执厥中。以五御十，即能握其要矣。故孔子曰"五十以学《易》"，言五与十也。又曰"言行者君子之枢机"，行言者君子之所以动天地者也，可不慎乎？言行出于中孚，中孚巽五而兑十，亦五与十也。所谓体不可变，而变其用也③。

曷谓数不可变而变其象也？数者自一至九，无可更焉。易其位，则象变矣。洛书变化之中枢在五，而握其要者，则在二与八。二与八即十也。如洛书之位。若以二与八互相对易，则自下而左上为一二三四，自上而右下为九八七六，即先天之象数也。若二八不易而一与九，三与七，四与六，互相对易，则自上而右下为一二三四。自下而左上，为九八七六。则与先天象相交错也。今皆不然，

---

① 河图。
② 洛书。
③ 河图为体，则洛书为用；五为体，则十为用。

而独易二八两位。所谓数不可变而象变。于是丑未相交，地山为谦①。孔子曰"谦为德之柄"。雷风相薄②，孔子曰"君子以立不易方"。观孔子之言，于变化之道，可思过半矣。昔儒尚有谓河图洛书，与《易》道无关者，盍即孔子之"十翼"而深长思之哉！曷谓理不可变而消息之以时也？曰：阳先阴后，阳上阴下，理也。而消息盈虚，在得其时。地天交泰，而以阳下阴。二气感应，而男下女。故一阴阳之谓道，而一阳一阴之谓非道。洛书有五无十。二与八，即五与十。故卦以坤艮居之。二五之精，妙合而凝。其理玄妙，非言可尽。兹姑不赘焉。今泰西科学家骤睹吾阴阳五行之说，以为诞妄不值一笑。乃细按之，知其种种学说，皆无能越乎阴阳变化之范围者。始叹中国上古学说之精，虽于五行之说尚多怀疑，但其所持理论，已有高出吾冬烘先生之上者。则因彼一无锢蔽，以天然之眼光，睹天然之至理。纵仅得其表面，自已非蒙首嶂目者所及也。吾国之学者，可自省矣。

---

① 坤二谦八，地山谦也。
② 先天西南巽，东北震，雷风恒也。

十有八变

　　或问：十有八变而成卦，以一卦而必变至一十有八，始备其象。不亦烦乎？曰：此所谓极数也。孔子曰"极数知来之谓占"，此以占筮揲蓍求卦而言。故不得不备此数也。或曰：数之用繁矣夥矣。即推而至百千万亿，更有百千万亿以继其后，亦未可云极。何乃以一十有八当知来之极数？亦有说乎？曰：数之极，不以多寡言也。占之数，尚其变，必一十有八，而始尽其变之用，故曰"极"。非谓数之极于此也。

　　或曰：一十有八，何以尽变之用？可得闻乎？曰：天地之数，自一至十，十复返为一。故数之用者只九①。数之变者，各有阴阳，故偶之。倍其九而为十八，其自一至九之变化，已备前人河洛之说。及揲蓍挂一分二象三揲四之义，可无赘述。惟倍九而为十八，已变奇为偶。自一阴一阳，又各生一阴一阳。邵子以体言，则自二而四而八而十六，但用加一倍法，已足推演于无穷。变占以用言，则非加一倍所能尽。以十八变而成六爻，参天之数也。分十八为二九，两地之数也。八卦而小成，引而伸之为六十四。而六十四卦，反覆仅为三十六。三十六者，即两其十八也。乾坤各十有八变，合之为三十六。故乾坤之策，已足当蓍之数，而为《易》之门也。乾之策二百一十有六，十二其十八也。坤之策百四十有四，八其十八也。十二其十八，乃三其四。八其十八，乃两其四。亦参天而两地也。其余六十四卦，无不参两其十八之数，以成变化。故曰"十有八而尽变之用"也。不仅揲蓍求卦为然也。凡知来藏往，无不以此。参天以为用者，则两地为体。两地以为用者，则参天为体。合参天两地而为用者，亦合参天两地而为体。古今来历象占候壬禽遁风角诸术，均莫能外此焉。是故孔子曰"参天两地而倚数"，又曰"极数知来之谓占"，已举无穷无尽之数理，一言以蔽之矣。

---

① 《周易》六十四卦皆乾元用九。

孟子之《易》

《孟子》七篇，引《诗》者二十六，论《诗》者四。引《书》者十七，论《书》者一。论《礼》及《春秋》，亦屡见于编。独未言《易》。后人因疑孟子为非深于《易》者。李榕村《语录》，竟云"孟子竟是不曾见《易》，平生深于《诗》《书》《春秋》，《礼经》便不熟"。呜呼！榕村自命大儒，乃为此言！非但不知孟子，亦并不知《易》矣。赵邠卿《孟子题辞》，明明曰"孟子通五经，尤长于《诗》《书》"。虽孟子之时，未尝有五经之名；邠卿之言，未可据为实录。但《孟子》七篇，微言大义，荦荦具在，安见为不知《易》哉？夫《易》者固非仅乾坎艮震巽离坤兑焉。有立乎乾坎艮震巽离坤兑之先者，所谓道也。圣人以通神明之德，以类万物之情，和顺于道德而理于义，穷理尽性以至于命者，皆此道也。道不可见，以一阴一阳之象显，以参天两地之数倚之。于是无形之道，俨备然有迹象之可求，厘然有数度之可稽。畀后之人得所指归，不致迷惘。此古圣作《易》之深心，亦孔子赞《易》之微旨焉。

犹虑学者误以为象与数之即道也，又分别言之。曰"形而上者"，"形而下者"，可谓详且尽矣。故乾坤坎离震巽艮兑，形而下者也，器也。健顺陷丽动入说止，形而上者也，道也。然健顺陷丽动入止，又有主宰乎健顺陷丽动入说止而为之纲维者。则此主宰纲维者又形而上；健顺陷丽动入说止，又形而下矣。维下学上达，非先得乎形而下者，无以进乎形而上。孔子生衰周之世，当道统绝续之交，憨人心陷溺之深，故微显阐幽，作"十翼"以明先圣之道。以人合天，由仁义而上跻道德。孟子继孔子之后，七篇之首，即揭明仁义大旨，而归体于性善及经正。孔子立人之道，曰仁与义，及继善成性之嫡系也。安见孟子之不知《易》哉！孟子曰"天之高也，星辰之远也。苟求其故，千岁之日至，可坐而致焉"。又曰"天下之言性也，则故而已矣"。故者以利为本，此则随蛊丰革诸卦之确诂。后之言《易》者,莫能尚焉。非深得象数之精,乌能语此哉!

　　《孝经》曰"先王之法言,先王之法行"。夫所谓法言法行者,何哉?皆参天两地,准乎刚柔阴阳,而契合先王之道者也。先王之道,莫不准乎《易》象。故凡古人之立言,非苟焉而已也。一言一字,莫不有轨有则。以上合乎法象。六经之文,靡不若是。孟子之文,虽波澜壮阔,而准诸《易》象,亦各有其节文度数之可言①。降及西汉,遗风未殄。迁固歆雄,藻不妄抒。文以载道,庶乎犹近。东都而后,渐离其宗。当涂典午,自桧而降矣。榕村道学,袭宋儒之皮毛。观其所著,深浅毕见,乃敢诋孟子为"竟未见《易》"!其谬妄更逾于李泰伯矣②。

---

　　① 庄子之文,波谲云诡,读者不解,以为寓言十九。孰知皆准诸《易》象,有轨有则。且细针密缕,绝非天马行空,不可捉摸者。当另论之。
　　② 李泰伯喜驳孟子。其《原文篇》云:"人非利不生,孟子谓'何曰利',激也。"又《策问》云:"天子在上,而孟子游于诸侯,皆说以王道。汤、文、武所以得天下之说,未闻一言以奖周室。"其持论皆类此也。《榕村语录》又有云:"万章好论古,大抵博观杂取一切稗官野史,都记得多,却不知其人连大禹、伊尹、孔子都疑惑一番。"可谓明以观人,昧于观己矣。

蓍法占例辨惑

蓍所以筮。《系传》曰："幽赞于神明而生蓍。"蓍草中空，略如木贼，丛生百茎。古有长丈二尺者①，今罕见矣。今伏羲文王周公孔子四圣人陵，皆产蓍。长者约三尺，未及古之半也。

古言卜筮，约有三类：有龟与蓍合用者。先灼龟以求兆，更以其兆为占。或先揲蓍得卦，即以卦兆画于龟，灼视其坼，以验吉凶是也。有筮与龟并用而分占者。《左氏传》所谓"卜之不吉，筮之吉。卜人曰筮短龟长，不如从长"是也。有独用卜或独用筮者。筮则专以《易》断，或亦称为卜。如《左》《国》诸书所载诸卜筮是也。此皆最古之法，今已不可得详②。《周礼》筮人所掌，亦均失传。蓍法之得以仅存者，赖孔子《系传》"大衍之数"一章，详载挂一分二揲四归奇之序，明白如画。后人得依据而推衍之耳。然因再扐而后挂之挂，与挂一象三之卦相复，又为聚讼之因。唐宋以来，辩论纷纭，各执一是。因此又生"三揲皆挂"，与"初揲挂，二三皆不卦"之异议。其实京氏注"再扐而后挂"，明明言再扐而后布卦，而虞氏注亦极详明。后之争论皆因未读古注。况卦本以挂取义，挂一之挂，与再扐后挂之挂，古文当皆作卦字。字同义异，经文类此正多，无足异也。唐毕中和据一行禅师《大衍历》而著《揲法》，三揲皆卦，说甚明备。刘禹锡顾象诸氏皆从之。至宋张横渠、郭子和，始力主第二第三不挂之说。朱子驳之，谓恐非横渠之言。其《启蒙》揲法，绘图列说，引据极详。胡氏《本义通释》，更推阐无遗。《周易折中》亦主三揲皆卦。盖二三两次皆不卦，则所得九六七八之数，多寡悬绝。阴阳太不平匀，事实所决不行也。惟初揲之挂一作数，与归奇之数并算。二次三次之所挂之一，则不作数，即合于归奇数中。然不能因此谓二次三次之不挂一也。《折中》宋录《本义》，图说甚备，兹不

---

① 古尺约视今十分之六。
② 胡沧晓侍郎有《卜法详考》四卷，皆言古龟卜者。

复赘。但揲蓍之法，虽经辨正，可得明晰。据以求卦，而得卦以后，或一爻变，或两爻变，或三四五爻变，或六爻全变全不变。究应如何占断以定吉凶？《启蒙》虽有定式，各举其例，实皆以意为之。证之于古，既不尽合，而所谓前十卦后十卦者，乃指卦变图之次序而言。卦变图即为朱子所推定者，朱子以前之决无此占法，断可知矣。使其确有至理，则古虽无征，而数有可验。因时创法，未为失焉。邵子之数，似因而实创者多矣。要皆确有征验，推诸数而悉合，考诸象而皆通，故能信之人，而自有其可信者在焉。朱子之占例，则未尝由象数而推其法，实欲立一法以断其吉凶。如布算者，不问法实，而探筹以断其得数，不待智者而知其惑矣。是以《启蒙》揲蓍之法，则精确可信。而占例则恍惚无据，未敢盲从者也。

《火珠林》

《火珠林》未知撰自何人，然其法相传甚古，《朱子语类》中屡言及之。且谓今人以三钱掷卦代蓍，乃汉京房焦赣之学，项平甫亦云。以京《易》考之，世所传《火珠林》即其遗法。考《宋史·艺文志》，载有《六十四卦火珠林》一卷。马贵与《文献通考·经籍志》，亦有《火珠林》一卷，均不详撰人姓名，是此书当为唐以前人所作。盖焦氏有《易林》，郭璞有《洞林》。其称林之义，或仿诸此。今坊刻之《火珠林》，托名麻衣道者。麻衣固五季之隐者，为陈希夷所师事者也。世传有《麻衣心易》一书，凡四十二章。辞甚芜杂，朱子已发其覆，谓湘阴主簿戴师愈所撰。朱子曾亲见其人，及其别稿，与《麻衣心易》词理正同。盖宋时希夷之名，倾动一世。麻衣为希夷所师事之人，更足取重于人，而其人又别无著作，名仅附于希夷传中。伪托其书，无可辨证。用心亦云巧矣。然罅漏所在，终难尽掩。使《火珠林》果出自麻衣，则宋人书中，岂无称述？且朱子既见《心易》而知其伪，安有不以《火珠林》为取证之理？何以《语类》屡言之，而不及麻衣？而《宋史》与《通考》，皆佚其名？以理考之，决无是也。今其书中屡称"元龟"，当为卜筮元龟。乃宋以后之书，而结尾又录邵子一诗，则伪迹更显而易见矣。然书虽伪而法则甚古。

盖卜筮之道，非精神专一，无以取验。揲蓍之四营成易，十有八变成卦，事既繁重，而需时甚久，欲意志不纷，终此六爻，殊非容易。乃易之以钱，则以一钱代四营之用，三钱得一爻之象，减十有八而为六，缩短时间三分之二，庶心志不纷，精神易贯。而阴阳变化，仍有合于大衍之数，而得乾元统天之义。是以后世习用不废。间有好古者，遵用蓍策，而效反不著。岂蓍果有逊于钱哉？亦以素未习用，心手既不相应，精神自难专一也。故卜筮实精神之学，未可徒以形式求之焉。今日京氏之《易》，虽无完本，然所传者，犹见大概。《火珠林》虽不尽用京法，而与京合者，固十之七八也。讲学家强以术数与《易》道划分为二。言及焦京,辄曰方技小道。不知世应飞伏纳甲辟卦诸法,《周易》经传固尽有之。但偶举一二,又未著其名,后之读者未能深求。概以为经所未言而尽斥之,实则象固曲成不遗,经亦无法不备。有未尽者,孔子"十翼"必补及之。世有好学深思者,必能自得于经传,以证余言之非妄也。

《参同契》

《参同契》，原名《周易参同契》，汉魏伯阳撰。虽非以注《易》，然两汉说《易》之书，存留至今，未大残阙者，实只此一书。魏为今上虞人，虞仲翔生与同里。故虞氏《易》袭用伯阳之说最多。原书三卷，《旧唐书·经籍志》两部，与《新唐书·艺文志·五行类》，皆客作二卷。另有《周易五相类》一卷，亦魏伯阳撰。伯阳密授青州从事徐景文，徐为之注。桓帝时复授同郡淳于叔通，遂行于世①。五代之末，蜀彭晓又为之注，分为十九篇②。且为图八环，成于广政丁未，乃蜀孟昶广政十年，后汉高祖之天福十二年也③。嗣后传者，注与本文混杂不分，篇帙亦参差不一。朱子之注，托名邹䜣，而削其图。杨升庵所序。称为《古文参同契》，分上中下三篇。徐景休《笺注》亦三篇。淳于叔通《补遗三相类》上下二篇，后序一篇，合为十一篇。明万历甲寅间，余姚蒋一彪，据杨本为准，并节录彭晓、陈显微、陈致虚、俞琰四家之注于本文之后。此为最完善之本矣。《易》家虞氏之纳甲，荀氏之升降，其原固悉出于此。即邵氏先天八卦太位，此书亦已隐发其端。其日月为易之义，所传尤古。许叔重说文，易字下引《秘书》"日月为易"，而不言《参同契》，可见魏君亦必有所受。杜征南谓汲郡发古冢者，得古书甚多。《周易》有上、下《经》无"十翼"，而另有《阴阳秘书》一卷。则此冢所藏，必在孔子以前。其所谓《秘书》者，未知是否为伯阳所受，典叔重所引。要之为《易》之古义，可断言也。汉人说《易》，及《易纬》所述，当不乏《秘书》所传之故训。惜原书久佚，无从质证，良可憾焉。今日《易》注流传虽多，要皆宋以后之书。盘旋于程朱脚下者，十居七八。求其能参考古训，引证明确者，已如凤毛麟角。而又墨守一家，鲜能会通其说。不知古人文字单简，非荟萃各家之说，

---

① 据彭晓《参同契序》。
② 杨升庵《序》谓分九十篇以应火候之九转，又与此异。
③ 见陈振孙《书录解题》。

参观互证,往往不能喻其意义所由来,及其精妙之所在。故得宋后之书百,不如得汉人之书一。汉人之书,虽单辞只义,首尾不完,亦必有所取证,足为引伸充类之助。况其首尾完备如《参同契》者,可不宝哉!

学易笔谈二集卷三

履礼豫乐

《履·象》曰:"上天下泽,履。君子以辨上下,定民志。"豫之《象》曰:"雷出地奋,豫。先王以作乐崇德,殷荐之上帝,以配祖考。"此孔子于羲文象义,观察入微,始有此发明,以默契夫天人合一之旨也。《汉书》:"上天下泽,春雷奋作。先王观象,爰制礼乐。"故礼乐者,先王之所以垂教万世,维持人道于不敝者也。自经学衰废,曲儒阿世。缘饰礼乐,以为羔雁。而历代帝王,乃利用之为巩固其富贵尊荣之具。愚民未获蒙礼乐之福,且或滋其隐痛焉。于是礼崩乐坏,世衰道敝。先王制作之精意,澌灭殆尽。仅存浮文虚器,等诸告朔之饩羊。欲图民族之日昌,人群之进化,乌可得哉!犹幸古籍虽亡,而《易》象之昭示者,既明且晰。又得孔子之赞辞,以阐发之。则礼乐之大本大原固亘古如新,求治者尚不患无所藉手也。夫先王之制礼乐,岂为涂泽耳目,文饰太平也哉!盖详察于天人之故,而有迫于不得不然者。先王知人者好动者也,动而无以止之必蹶,故制礼以止之;人者好群者也,群而无以和之必乱,故作乐以和之。要皆顺夫人性之自然,而参天两地以为之准。其准维何?曰"中"曰"和"是已。《中庸》曰:"喜怒哀乐之未发谓之中,发而皆中节谓之和。"礼也乐也,皆所以为之节,陶融其未发,而范围其已发者也。故曰致中和。天地位焉,万物育焉。履之与豫，胥本此中和而立极也。两卦注疏，及诸家之注释者，繁而鲜当。甚或附会经文，以媚上胁下。曰上天下泽，斯上者益上，下者益下，尊卑之分秩然不可逾越。呜呼！斯岂孔子原文之意哉！孔子但言辨上下定民志耳。若上者益上则亢，下者益下则伏。安所谓中，又安所谓和！不中不和，又安所谓礼乐哉！自叔孙通辈，假天泽之名，为干禄之具，制朝仪以媚汉高。历代号称经师大儒者，靡不推波助澜，尊君卑民。君日以尊，民日以卑。至物极而反，世界遂趋重于民主。作《易》之圣人，早已洞瞩此必至之势也。爰本中和为礼乐之原则。孔子六十四卦之大象，皆以中爻绾上下二象①。所谓以人合天，参天两地者也。首以乾三坤四两爻发其例②，此履豫两卦之关键，亦悉在履六三、豫九四之两爻。礼以消极为用，故取阴爻。乐以积极为用，故取阳爻。履以一阴处五阳之中，是以愬愬危惧，如履虎尾，方能免咎。故礼之本在谦③。必高而能下，尊而能卑，始当于礼焉。豫以一阳出三阴之上，奋迅莫御，故有发扬蹈厉之容。然而乐之本在于畜④，孟子曰"畜君何尤"，必抑而能扬，顿而能错，始合于乐焉。然履以六而居三，豫以九而居四。阴阳皆不当位，故心损益得中而礼乐始立。履以乾在上，豫以地在下。礼出于天，乐本于地。天地定位，礼乐之体也。然天地之大用在坎离，故后天以坎离当用，居乾坤之位。离南坎北，中也。震东兑西，和也。天泽履乾兑，而下中爻互离。雷地豫震坤，而上中爻互坎。离礼坎乐，而合乎震仁兑义。中之极，亦和之至也。且礼之本在谦，而谦之反易即为豫。⑤乐之本在畜，而小畜之反易即为履。更足以见礼与乐之互相维系，不可斯须离也。礼本乎太乙，九位离宫。乐起自黄钟，生于坎子。是以立表者必取影于火而始正，则度者必取准于水而始平。故和平中正，关其一不

---

① 中爻者，三四两爻。上天爻，下地爻。中三四人爻也。
② 说详《笔谈初集》。
③ 谦为履之对也。
④ 小畜为豫之对也。
⑤ 反易即上下两卦相互易。

足以言礼乐也。而卦象之昭著者如此！然此犹其迹耳。若精微之蕴，推阐无尽，更非芜陋所能详。参之《礼运》《乐记》，与乐器图谱诸书，多相说以解者。当世博雅之君子，必能循流溯源以极其致焉。

叠字

　　《易》之用叠字者，悉本于象。见于阳卦与互卦之重本卦者为多。八纯卦用叠字者，离坎震。乾曰"终日乾乾"，因上乾下乾，而互卦又是重乾也。坎曰"来之坎坎"，以上坎下坎也。震曰"震来虩虩"，以上震下震也。皆阳卦也。阳主进，故卦爻之辞意皆进一层。重艮虽亦阳卦，以阳止于上，无可再进，与乾坎震微有异焉。他如蹇之"王臣蹇蹇"，以中爻又互蹇也。夬之"苋陆夬夬"，以四至上之又互夬也。惟谦之"谦谦君子"，非关互卦。以初六居谦之下，谦而又谦，故曰"谦谦"。他如贲之"戋戋"，旅之"琐琐"，渐之"衎衎"，泰之"翩翩"，履之"愬愬"，家人之"嗃嗃""嘻嘻"，皆各因其象义。而贲与旅渐三卦，则皆有艮象，尤耐人寻味思索也。圣人作《易》，无一字轻下。故读《易》者，不可有一字忽略含糊过去。必字字研求，务各得其实在下落。有不得者，必反覆思之，参互求之。不得于本卦者，可索之互卦。更不得，则索之覆卦对卦。又不得则索之变卦。又不得则索之于先后天之图与爻位卦位之数，及时训卦气。必求其确当切合而后已，自然逐字逐句皆了然于心目之间。以读全《易》，无不迎刃而解。较盘于古人脚下，钻研故纸以讨生活者，其得失不可以道里计，而苦乐亦迥不侔矣。

睽革

火泽睽，泽火革。《象》曰"泽上有火睽"，"泽中有火革"。此所谓"上下无常，不可为典要"者也。夫火之与泽，泽之与火，本不相蒙。曰睽曰革，其取义实不在火泽泽火。然其象则明明为上火下泽，上泽下火。《象传》本取上下两卦之象，以证天人相合之理，而示学者以人合天之方，势不得舍本象而别树一义。此所以仍以火泽泽火为言。他卦类此者甚多，读者不可以辞害意也。至《彖传》则一曰"二女同居，其志不同行"，一曰"二女同居，其志不相得"。则卦象与名义皆相合矣。睽与家人反，家人由巽而离，于后天卦位，顺行而相比。且六爻除上九外位皆正当，如一家之人，男女长幼各得其当，相亲睦而不相凌犯，故曰家人。至反而为睽，则由离而兑。位相隔，而性又相害。且除初九一爻外，五爻皆不当位，截然与家人相反。又乌得而不睽？然尚不至于革者，则情虽睽而势尚顺也。至易为上泽下火，则由兑而离，且倒行而逆施矣。势处于不得不革。比而观之，可见古圣人《序卦》命名精审致密，轻重悉当，断非寻常思虑所能及矣。至革之为义，本训皮去其毛。有去华为朴，由文返质之意①。《洪范》"金曰从革"，亦以时当金令，返春华而为秋实，草木为地之毛，皆凋零枯槁，与皮去毛无异，故亦曰革。《杂卦》曰"革去故也"，充类言之。则凡取其故而尽去之者，皆得谓之革。事莫大于国故②。取一国旧有之政令而悉去之，乃谓之革命。然《彖传》何以独称曰"汤武革命"？虞夏受禅，亦何尝非百度一新，盍不谓之革乎？此则详观卦象，可见其当名辨物义例之精也。夫四时迭王，功成者退。尧之让舜，舜之授禹，亦如由冬而春，由春而夏。时令虽改，气候虽更，然顺序递传，无所谓革也。惟夏之于秋，本以火克金。乃克之而不能胜，迫于时而不能不退，而继之

---

① 皮之已去毛者曰"鞹"，取皮而去其毛曰"革"。
② 《史》记五帝三王之故事。

者即为我克而不得之敌人，所谓顺以相克而逆以相胜者也。情势既两不相容，则旧之所有者，至改代以后，必将尽去而无存。故孔子以汤武之征诛为革命，而独取象于革，遂为后世改朝易代之定名。然防后世好乱者之借为口实也，申之曰"顺乎天而应乎人"。曷为"应乎天"也？曰：维其时必如夏之及秋，酷暑既极，发泄无遗。非涤其暑，改其气，则两间之物命且尽矣。爰不得不亟承之以金，然亦未可骤也。骤则将绝而莫续。故夏至以后，先伏以金。一伏再伏，而秋始立。此所谓顺乎天者也。曷为应乎人也？曰：维其情。凡人之情，其静者每安常而习故，其动者恒厌故而喜新。一动一静，非各臻其极致，而遽语以更张，人莫应也。如四时错行，冱寒之余而济以春暖，大暑既甚而剂以秋凉。人心之愉快，不啻逢故人而去酷吏，此所谓应乎人者也。圣人设卦观象，斤斤于天人之际。衡情酌理，无微不至。六十四卦称革者，惟此上泽下火之一卦，而火泽之睽且不与焉。六爻之中，称革者惟九四之一爻，而他爻皆不与焉。初二为地爻，地不可革也。五上为天爻，天不可革也。革故鼎新，惟在人事。则三四两爻，似皆可革。然九三与六四，皆爻位相当无可言革，六三位虽不当。然以柔爻而居下卦，亦无可言革也。惟九四以不当之位，而居人之上。且内阴而外阳，内柔而外刚，内小人而外君子，非革将何以转否而为泰乎？故乾之九四曰"乾道乃革"，亦即革九四之一爻也。革卦五爻皆当位，惟此九四一爻中梗。革而化之，则成既济，刚柔正而当位。故曰"革而当其悔乃亡"，曰"既济定也"。如汤武革命，顺天应人以定天下也。此象义之浅近而可言者。如抽茧绪，仅引其端。内蕴宏深，是在读者之触类旁通，非语言所能尽也。

鼎象

《鼎·象》曰"鼎,象也。"旧说谓象即象形,合离巽上下六爻即象鼎之形。下巽之初,偶爻象鼎之足。巽之上二爻,与上离之下爻,三奇象鼎之腹。离中之偶爻,象鼎之耳。离上之奇爻,象鼎之铉。合之宛然全鼎也。呜呼!是真儿戏之言矣。夫象有形亦各有理。故有相似之象①,有相通之象②,而决无相反之象。言象者除取证于经文外,当以《说卦》为宗。即《荀九家》与孟氏及诸家增广之象,亦无不取则于经文,非可臆造也。《说卦传》明明曰"震为足"矣,而今乃以巽为足,不适相反乎?《说卦传》明明曰"坤为腹"矣,而今以三奇爻之乾为腹,不又相反乎?《说卦传》明明曰"坎为耳离为目"矣而今乃离之中偶为耳,有是理乎?

或曰:此但取各爻之画以象形耳,非以卦论也。然鼎必三足,今乃以巽初之偶为足,几见有两足之鼎乎?以模糊形似为象,而不问卦理,且显悖于《说卦》而不顾,岂非儿戏?然则《彖》所谓"象"者,果何指乎?曰"以木巽火",亦象义之一也。鼎与井,为全《易》水火二大用之纲领。鼎凝命而井定性,所谓穷理尽性以至于命者,此二卦其阶梯也。宏深玄奥,当别具论,兹姑以象言象。则本卦之象,则但言鼎之用。即以木巽火是也。至鼎之形,所谓制器尚象者,则不在此火风之鼎,而在水雷之屯。屯与鼎,相对之卦也。如铸鼎必有范。屯者,鼎之范也。故鼎象不在鼎而在屯。妙哉!《易》之为象也。震为足,屯下卦震也。坤为腹,屯之二三四中爻坤也。坎为耳,屯上卦坎也。与鼎之爻义既孚,而证之《说卦》更无不吻合。此可见圣人取象有无穷之妙,非寸光之目,注视于一隅者所能窥测也。

或曰:屯之与鼎,一在《上经》,一在《下经》,乃谓两象相通,亦有

---

① 如颐中孚似离,大过小过似坎是也。
② 如"坤为牛,离为子母牛。乾为马,震坎亦为马"之类是也。

所援据，足以证明此说之非出于附会乎？曰：吾不云"鼎之与井，为全《易》水火之二大用"乎？井之对卦为噬嗑，十三卦"日中为市"，乃取之噬嗑。市井相连，不足以证屯鼎之相通乎？自汉以后言鼎象者，沿袭谬误二千余年。清季青田、端木氏，始发其覆。惜其书流传不多，又诘屈奥衍，不可卒读，故诠而申释之，非敢掠美也。

井养

《易》之言养者，曰蒙、需、颐、井、鼎，五卦。蒙者，物之稺，故曰"蒙以养正"。物稺不可不养，故受之于需。需，饮食之道也。盖一以养其德性，一以养其躯体。二者交相为用，而养之道备矣。颐曰"观颐"，曰"自求口实"。观颐，观所养也。自求口实，观其自养也。颐养分两层，足赅蒙需二卦之义，而意更深矣①。此皆《上经》之卦也。《下经》井鼎二卦，皆言养。井定性而鼎凝命，集养道之大成，而竟颐养之极功。粗言之不外水火二用。五卦蒙需井皆坎水，惟鼎为离火，颐亦象离，有火之用而无火之形，故其道更精。然精言之，仅关于一身之修养，义狭而小。而天地大用，以养庶民万物者，义更广而大也。故惟井曰"井养不穷"，"往来井井"。古今来民物递嬗，相续而不绝者，实惟井养之功。

自耒耜利兴，画井分田，民鲜艰食。今虽井田之制久废，然形式亡而精神自存。今之言农田水利者，必合其道而事始昌。苟或悖之，即卤莽灭裂，断无成功可言也。卦象以水风为井，《彖》曰"巽乎水而上水"，《象》曰"木上有水，井"。向来注疏旧说，皆未尽其义。至以木上有水为桔槔取水之象，尤近于鄙陋。诬精深之象，而侮圣人之言矣。井，通也②。天地之气，非木不通。巽乎水而上水③，正木道疏通天地之大用。《益·彖》曰"天施地生，其益无方"，必归功于木道乃行。故赤地无草木，则人物不生，而水源亦枯竭矣④。今西人历若干年事实之经验，经若干人学术之研求，方知种树之益。谓能兴水利而除水害，吸灰气吐养气，有畀人生，言极详尽，吾人始有崇信而仿行之者。不知古圣人极深研几，早已揭橥其义于水风一卦矣。木上有水，

---

① 后世修养龙虎之术，《参同》《悟真》所言，悉本于此。
② 《杂卦传》：井通而困相遇也。
③ 巽乎水之水字别本。或误作木，谬甚。
④ 此五行之所以有木。或乃疑木之为用不能与水火土并论，腐儒之见，乌足语此！

乃以证井通之义。谓木性疏达,能引地中之水,由木之下而达于木之上也。尝见北地种葡萄者,初冬卷蔓而藏于土,至春引而出之,支以木架,掘根之四周如小池,注水满之。俄顷水即上行,溢于蔓巅,如露珠下滴。故木上有水,水之功用毕见,而井通之大义亦见。此圣人神化之笔也。

五行始于坎子,终于乾亥。坎子一,乾亥六,终始皆一六之水。故言养者,维井养为不穷。而乾巽壬戌己亥对宫,为天风姤,值五月卦。天地相遇,氤氲媾合,余气蕴毒在水①。是以五六月间之水,煮茶入杯,瞬即变色,隔宿尤甚。俗例端午食蒜,非为迷信,实解水毒。盖有所受焉。顾或谓井卦下巽,既取木象,似与风无涉。不知取象于风,更有妙义。凿井法:于通泉之日,必视其时之风,如井东为海而西为山,通泉时得东风则为海泉,日久味咸。得西风则为山泉,日久味甘。可见风与水实相表里。而圣人象义之妙,固无所不赅也。《易》其至矣乎?又岂言所能尽哉!

---

① 人生痘疹,亦先天之蕴毒。故午月之毒,乃天地交姤余蕴。与父母先天之毒正同。

反生

震为反生。《说卦》传："其于稼也为反生。"反生之物，实不仅稼也。凡物无不反生者，惟稼为易见耳。易数至三而反①。复卦刚反动而以顺行，已概万物生理原始之情状矣。复由剥反。剥上一阳硕果，下反为复。故万物之生，其初无不向下。植物为天地最初生之物，故最显见。人物后起。首虽居上，然在母胎之初，首仍向下。旧日医书，谓婴儿在母腹，女向外，男向内。至将临盆，始转生向下，男仰而女俯。近据西医之实验，则殊不然。孩在胞中，无转身之余地。初受胎时，其脐带悬系于子宫。至三阅月以后，头重脚轻，首在下而脚向上矣。产生之际，无分男女，皆俯而出。有仰面者，则难产矣。西医虽浅，然出于实验，有目共见，当未可诬。且与易象生理，殊相吻合。盖孩居腹中，本以脐为呼吸，必与母体上下相反，而后血脉交互，可相贯通。若端坐其中，无论向外向内，与母气皆睽隔不通矣。医书之说，实出唐宋以后，不免以理想揣测。证诸易理，殊不相合。《灵素》之经脉，阴阳悉本于《易》。汉人方剂，亦均按五运六气，足与卦象相表里。故其效如响斯应，神妙莫测。后之医书，仅据一端，有验有不验，未足为定论矣。呜呼！安得有精于中西医学者，取《内经》及西人生理解剖诸书，一一与《易》象相证，畀阅者晓然于生理之源。不特斯民之幸，亦吾国文化之光也②。

---

① 详见前三反四复条。
② 近西蜀唐氏著有中西医学五种及《医易通释》二卷。颇有发明。惜其于象数所见尚浅，引证或未悉当。然有开必先，继起者当更有进也。

血气

血气者，人身之阴阳也。《说卦传》："坎为血卦。"而未言气卦者，血可见而气不可见也。且《说卦》之例，对待者或但举一端。如曰"乾为圜"，则知坤为方。曰"坎为隐伏"，则知离为光明。以此推之，血气不能偏废，亦可知矣。各卦言"血"者，《坤·文言·上六》："龙战于野，其血玄黄。"曰"战"者，即气血之交战也。"其血玄黄"，即由坎出震之象，阴阳分而血气定矣。故《说卦》明以震为玄黄。《屯·上六》曰"乘马班如，泣血涟如"，为上坎之上爻。血上于脑则泣也。《需·六四》曰"需于血，出自穴"，为上坎之下爻。六四爻位皆阴，阴虚故有需象。已达下卦之上，故曰出也。《小畜·六四》曰"血去惕出"，需上六变即为小畜。上卦之坎既变为巽，坎象已去其半，故曰"血去"。"惕"者，乾三也。四居三上，故曰"惕出"。《涣·上九》曰"涣其血去逖出"，与小畜正相对照者也。涣则不畜。然涣至上九，则处涣之极。物极必反，故亦取畜之义所以济其涣也。逖惕通用字。《归妹·上六》曰"士刲羊无血"，则以下兑为羊。三至五互坎为血。上变成离，则为乾卦，而血无矣。各卦言"血"，皆由坎取象。然六十四卦上下卦有坎及互坎者，岂仅此数卦！而他皆不言"血"何也？曰：血与气本非二物。气聚生血，血化成气。周流百脉，荣卫一身。不但气不可见，而血亦潜行于脉络，非外视之而可见者也。凡可见之血，皆死血废血，血之已离其经者也。血既离经，不可复回，与汗略同。故涣曰"涣汗其大号"。后人发号施令，辄援斯义，以其一出而不可复反也。涣卦"涣血"与"涣汗"，取义亦同。是以"坎为血卦"，非坎之本象，乃阴阳相争相薄，致巽伏者或忽兑见①，成为坎卦。坎"卦水行地中"，与人之血行经络，本无异也。水溢地上则为灾，血出体外则为病。故卦之称"血"者，仅此数卦也。象义精微，沉潜玩索，意味无穷。举一反三，是在善读者。

---

① 坎象下巽而上兑也。

再说乾坤为《易》之门

乾坤为《易》之门，已见《前集》卷二。因向来注者，多模棱笼统之辞。同学时有疑问，缘更详述之。按荀氏"阴阳相易，出于乾坤，故曰门"，其说最古。惟学者读之，殊难悉其义蕴。《正义》本此意而申说之，曰"《易》之变化从乾坤而起，犹人之兴动从门而出"，乃大误矣。杨时曰："或问乾坤其《易》之门。门是学《易》自此入否？曰：不然。今人多如此说，故有喻《易》为室，谓入必有门。为此言者，只为不晓乾坤即《易》，《易》即乾坤，故曰乾坤毁则无以见《易》。盖阴阳之气，有动静屈伸。一动一静，或屈或伸，阖辟之象也。故阖户谓之坤，辟户谓之乾。所谓门者如此。"杨氏之说，近乎是矣。然亦未尽也。以阖辟释门，固至当不易。但何以为《易》之门，何以能体天地之撰，能通神明之德，尚未能有所发挥，则亦仍与阴阳出入之笼统语无以异也。夫后天八卦，自坎子一以至兑酉十，独西北戌亥为无数。故八风西北曰不周，乃镇之以乾。无以出有，而不周者周。以十二月卦言之，西北实维坤位，故《坤·上六》曰"阴疑于阳，龙战于野"，乃乾坤合居一位也。乾坤合居一位，故谓之门。故曰"阖户谓之坤，辟户谓之乾，一阖一辟谓之变"，皆指西北戌亥之一方而言也。观下文阴阳合德，可以证乾坤之合居矣。

盖西北者，阴阳之门，亦天地之门。先天艮居西北，故艮为门。后天乾居西北，故乾为门。分言之，则西北以对东南。戌之对辰为辰，亥之对辰为巳。是以术家以辰戌为魁罡，《内经》以辰戌为天门地户也。天门地户相对，而乾坤合居于此。故"乾坤其《易》之门耶？乾阳物也，坤阴物也。阴阳合德，而刚柔有体。以体天地之撰，以通神明之德"。孔子之言，各有所本，所谓述而不作者也。三代以前《易》道阴阳，必有其书。孔子赞《易》，多取材于是。故立言皆有统系，一一与象数相合。非如后儒之言阴阳、谈性理者，信口任意，茫无涯涘也。至杨氏所谓"乾坤即《易》""《易》即乾坤"二语，意亦多所未安。

古文"日月为易",故称《易》者,指坎离为多。《传》曰"天地设位,而《易》行乎其中矣",又曰"乾坤成列,而《易》立乎其中矣"。凡此易字,皆指坎离而言。天地设位,先天八卦,离东坎西,故曰"行乎其中"。乾坤成列,后天方位,离南坎北,故曰"立乎其中"。其不曰坎离而曰易者,正以坎离即乾坤二体之易也。故易未可以专指乾坤也。

《易》逆数

《说卦传》："数往者顺,知来者逆,是故《易》逆数也。"邵子以已生之卦未生之卦言之,意义既不明晰,而所谓已生未生者,乃指其先天横图二生四、四生八而言。孔子赞《易》时,未必有此图也。与朱子占例之前十卦后十卦,同一不检,殊不免贤者千虑之一失焉。汉学家因此极力驳之,亦仅解得"知来者逆"一句,意义亦未完全。而于"逆数也"一句,皆忽略带过。不知此三字,至关重要,乃全《易》数理之关键所在。知来固由于逆数,而逆数实不仅知来之一端。大《易》之道,无一非逆而用之者。盖理顺而数逆,交相为用。非数之逆,无以济理之顺也。日月为易,日月右行而左次。故《易》数随天数逆行,而为逆数。万物数起丑牵牛,日月始丑,星记右行,故《易》以东北震九,逆行而北坤八,西北艮七,西坎六,西南巽四,南乾三,东南兑二,东离一,皆逆数也①。故地中有山曰"谦",而山附于地则"剥"。天在山中则畜,而天下有山则遁。地上天下则交而泰,天上地下则不交而否。水在火上则既济,火居水上则未济。一阴一阳之为道,而一阳一阴则为非道,皆逆也。圣贤克己之功,丹家修炼之术,亦无一非以逆用。修德曰反身,君子必自反。反者,逆之谓也。道书逆则生,顺则死。又曰逆则为仙,顺则为鬼②。陈致虚曰:子南午北者,颠倒五行也。仙圣云:五行顺行,法界火坑。五行颠倒,大地七宝。所以水火互为纲纪,即既济之道,皆以著逆用之功焉。孔子特于八卦相错之下,特示数往知来。而以"逆数也"三字总结之,意深哉!

---

① 纳甲数甲三乙八,乾坤列东,故乾三坤八丁二丙七。艮兑列南,故兑二艮七辛四庚九。震巽列西,故辛四震九戊一癸六。坎离列北,故离一坎六。

② 盖人生即属后天,由生而顺行则日近于死,故曰"顺则死""顺则为鬼"。惟逆行,而其初则由后天而返于先天,故曰"逆则生""逆则为仙"。

五行化合

庖羲画卦，观变阴阳，分四时，播五行。至黄帝造甲子，以天干地支分阴分阳。以经纬五连六气，符造化之大原，备人事之终始。《易》道之范围天地，共成万物者，至此愈精愈密。后王制治，大而礼乐政刑，小而百工技艺，胥无能违其轨则。而医药卜筮风鉴诸家之导源于此者，更无论矣。自西学东渐，趋重于物质之文明，斥阴阳为谬论，指五行为曲说。承学之士，皆吐弃而不屑道。不知阴阳之道，实根本于天地。盈天地之万物，不论其有形可见，无形可见，无一不具有一阴一阳之性。即无一能出此阴阳轨道之外者。动植诸物无论矣。即矿物诸类，亦无不有阴阳。其他如数学之有乘除，有正负；化学有分合，有加减；伦理有优劣胜败，有积极消极，有演绎，有归纳，何一非一阴一阳之义哉！至五行之说，以水火木金土概之，说者疑为不伦。不知水火木金土之五者，非仅以其质，乃所以代表阴阳之气与数。其不以四不以六而必以五者，则参天两地。阳常饶而阴常乏。阴阳之数，仅限以五。化合虽成六气，而实数仍不能出五以外。此中微妙之理，非一言可尽。《前集》所述象数与化学分剂之相合，已可略见一斑矣。兹但述干支之合五行，与五行所以化合之理，熟思而详审，当亦必有所悟也。

天干甲乙木，丙丁火，戊己土，庚辛金，壬癸水。地支亥子水，寅卯木，巳午火，申酉金，辰戌丑未土。干阳支阴，而干支之每类又各有一阳一阴。如甲阳而乙阴，戊阳而己阴，寅阳而卯阴，申阳而酉阴，固人人所知也。惟甲子何以必六十而始一周，而六十甲子，又各有纳音？何以天干地支，又各有合？又有两合三合？何以又有刑冲克害生扶拱合诸名？是虽精于术者，往往知其然而不知其所以然。而向之所谓经学家，又斥为术数小道，非经生所屑言。不知五行之说，与六书同出于庖羲之八卦。而《诗》《书》《礼》《乐》《春秋》，又无一不本于《易》①。故不明《小学》而读经，不通象数而读《易》，不读《易》而读《诗》《书》《礼》《春秋》诸经，自谓通者，吾未见其果能通也。

勿以生克刑害诸说，为鄙俚无足道也。彼术者之歌诀，诚多词不雅驯。但其渊源所自，则皆出于《易》象。但非深求之，不能知其所在耳。《系传》曰："生生之谓《易》。"五行之生，皆二气感应相与，出于天地阴阳之自然。有莫之为而为，莫之致而致者。惟独阳不生，孤阴不长。必阴阳和②，而生意始萌。生之初，气也。气能达，则成形③。如天一生水。水之始，气也。地六成之，则形立矣。其余火木金土亦然。是谓生生。至水生木，木生火，则谓之相生。火与金，则相克不能相生。必济之以土，而始收生金之功。故卦独于火泽曰革。而所以神变化行鬼神者，亦胥在此坤艮二八之数，亦即天五地十之数。于地支为丑未，实司阴阳变化之枢。由是而金生水，水复生木，循环不已。故论五行以相生为第一义。

其反乎相生则曰克。盖于相反之中，有相成之义。如震动反艮，兑见反伏，盛极不可无制，故相克适以相成。此言其有情者也。若无情之克，则不足以相成，而适相害。《系传》曰"凡物之情，近而不相得则凶，或害之"是也。故次曰相克。

冲者，本宫之对。如子之与午，丑之与未，卯辰之与酉戌，寅巳之与申亥皆是也。地支十二，而冲者六，故曰六冲。于数言之，实为七也④。是以天干遇七，则称为煞。以干位遇七之必逢克⑤而支则不尽相克也。⑥

合者，以阴阳气数言之，亦以躔度次舍言之。如甲与己合，乙与

---

① 六书出于八卦，孔子删《诗》《书》，定《礼》《乐》，修《春秋》，皆学《易》以后之事。详玩"十翼"，再读诸经，其义自见。当另论之。

② 此"和"字，如算学勾弦和、勾股和，或勾较和之和。内有节度分寸，非仅两者相合之谓也。

③ 气不能达，有不及成形而消灭者矣。

④ 自子数至午，丑数至未等，皆第七位也。

⑤ 如甲至庚为第七，庚金克甲木。丙至壬为第七，壬水克丙火。余可类推。

⑥ 如丑未辰戌皆为比和。

庚合,丙与辛合,丁与壬合,戊与癸合。以阴阳之气数言也。如甲一己六,一与六合。乙二庚七,二与七合也。余可知矣。子与丑合,寅与亥合,卯与戌合,辰与酉合,乙与申合,午与未合,则以天左旋而地右行,以躔度之次舍言也。如正月建寅,日月会于亥。十月建亥,日月会于寅。故寅与亥合也。余皆类是。而地支更有三合,亦曰会合。如申子辰合会为水局,寅午戌合会为火局,亥卯未合会为木局,巳酉丑合会为金局,是也。三合皆以中一字为主。子午卯酉,于卦为坎离震兑。坎承旺于子,而生于申,墓于辰。合始壮究而为一局,木土火金从可知矣。其义论于后。

　　害者,冲其所合者也。子与丑合,而未与丑冲,则未为子害也。午与未合,而丑与未冲,则未为午害也。谓之六害。《易》例近而不相得则凶,或害之。而此所为害,则为间接而非直接,故虽害而不甚凶。但须详察其情,或能相得。则虽害而不害①。未可一概论也。

　　刑者,数之极也。十二支寅刑巳,巳刑申,丑戌未相刑,子卯相刑,辰午酉亥相刑。盖从巳逆数至寅,申逆数至巳,皆相隔十位。十者,数之极也。数不可极,极则损,故刑与害相并论也。

　　曰拱曰扶者,皆同类相亲。如巳午同类,巳扶午,而午拱巳。申酉同类,申扶酉,而酉拱申。旺盛者得扶拱而益增势位,衰弱者得拱扶而可免倾危。但必详主干之位,与从化如何,而得失始定。苟失时失势,虽拱扶又奚益哉！

　　此术家所谓生扶拱合刑冲克害者,推论皆细入毫芒。论《易》理虽不尽可,然其说悉无背于象数。盖古人于十干十二支,但以纪日。六十日而一周。其纪几月与时,别有其名。征诸《尔雅》,已可见矣。后人以干支配合,实足以概阴阳之气数,而尽其变化。遂并几月时而并以干支次之,推步更密,且便于用。故至今遵用不废,良有以也。

　　西人之历算推步虽精,有其数而无其气,故象亦不备。吾国之干支,则兼象数与气三者,皆相密合,而皆各有其征验,非徒托诸空言者

---

① 如未为子害,土克水情不相得。丑为午害,则火生土情能相得。仅泄气而已。

也。因其理渊源邃密，仅举其一，已繁衍夥颐，毕生莫殚。况兼三者而尽明之？且会通之宜其难矣。不能会通，或执此而疑彼，或是丹而非素。同一学焉，而有互相水火者矣。是皆由逐末而失其本。如辨认树木者，循其叶而数之，穷年不能毕其数。即能得其数而无误，仍不能执此以概彼焉。园师之良者，其于果木，若北之枣梨，南之龙眼荔枝，及江浙之桑之茶，举目望之，即能断其产额之确数而估其值，百无一误者何也？以能探其本也。象数与气之本，尽在于《易》能尽易之理，则执简以御繁，亦若园师之估果木已。夫何疑哉！

古来言五行之气者，莫古于《内经》，亦莫详于《内经》。盖人生天地气交之中，于气之生克制化，在在关系其生命与健康，势使然也。《庄子》曰："兵莫憯于志，镆铘为下。寇莫大于阴阳，无所逃于天地之间。"盖能深知其理者也。泰西之学，偏重物质，其不能知气化之用，无足怪也。我国学者，自锢于科举，溺于词章，古书精义，日就湮灭。仅以肤廓之泛论，相禅贩传习，无一足验诸实用，反远逊西人之偏于物质者，尚能尽其一得之长也。如陈修园者，非近世所称为名医之矱矱哉！著书至六十余种，乃谓五运六气，与人病多不相验。呜呼！则其所谓医学者，概可见矣。兹采录《内经》所言气化之精微，以证阴阳五行大用之一端。学者能深思熟玩，以反求诸《易》，则所见必更有进矣。

甲己合化土，乙庚合化金，丙辛合化水，丁壬合化木，戊癸合化火。今术家多用之，鲜能知其所以然者。《内经·五运行大论》曰："丹天之气，经于牛女戊分；黅天之气，经于心尾己分；苍天之气，经于危室柳鬼；素天之气，经于亢氐昴毕；玄天之气，经于张翼奎娄。所谓戊己分者，奎壁角轸，则天地之门户也①。"故五运皆起于角轸。甲己之岁，戊己黅天之气，经于角轸。角属辰，轸属巳，其岁月建得戊辰己巳。干皆土，故为土运。乙庚之岁，庚辛素天之气，经于角轸。其岁得庚辰辛巳，干皆金，故为金运。丙辛之岁，壬癸玄天之气，经于角

---

① 戌亥之间，奎壁之分也。辰巳之间，角轸之分也。天门地户说已见前。

轸。其岁得壬辰癸巳，干皆水，故为水运。丁壬之岁，甲壬苍天之气，经于角轸，其岁得甲辰己巳。干皆木，故为木运。戊癸之岁，而丁丹天之气，经于角轸。其岁得丙辰丁巳，干皆火，故为火运。故星命家有逢辰则化之说，亦出于此。盖十干各有本气，是为五行。若五合所化者则为五运。曰运者，言天之五纬运临于辰巳者，系何纬道①，谓之登天门，主一年之运也。气与运常司天地之门户。戊己在角轸，则甲乙在奎壁。甲乙岁必甲戌乙亥也，故《素问》曰"土运之下，风气承之。庚辛在角轸，则丙丁在奎壁"。乙庚岁必丙戌丁亥也，故《素问》曰"金位之下，火气承之。壬癸在角轸，则戊己在奎壁"。丙辛岁必戊戌己亥也，故《素问》曰"水位之下，土会承之。甲乙在角轸，则庚辛在奎壁"。丁壬岁必庚戌辛亥也，故《素问》曰"风气之下，金气承之。丙丁在角轸，则壬癸在奎壁"。戊癸岁必壬戌癸亥也，故《素问》曰："火位之下，水气承之。"盖气盛则亢，承以制而剂之，相反所以为功也。

　　地支十二辰，或谓起于斗柄所指也。先有十二辰之次，然后视斗柄所指以为月建。非先有斗柄，乃定十二辰也。日与月会，每年约十二会而一周天。虽间有闰月，然闰为闰余，每年十二月，乃其常度也。故将三百六十五度，划分为十二方，以纪日月会合之舍次②，不应合于子丑之位。木星亦在日上，不应合于寅亥而反在日下。③是则六合不可以配七政。有求其故而不得者，遂诋六合无凭。亦妄说也，考诸图书，揆诸仪象，而知六冲三合，是就地体平面划分为十二。则方隅异位，气亦异焉。六合是就地体椭圆之形，自下而上，层累剖分，以为六合也。平面剖分，则土无定位，寄旺四隅。圆形竖剖，则地当在下，天当在上，仍不得列为定位。日月在天，亦不得专配午未。盖天顶于洛书④当配中五，地配中十。是午未合天，子丑合地，乃贯四气而为之主

----

① 即青赤黄白黑五道是也。
② 天方、回回诸历皆同。惟用阳历者以太阳。此所云月轮最低，土星最高，即离地远近之谓。读者以意逆之，勿以词害意也。
③ 此所云上下者，即新说地球之内外，所谓内行星与外行星是也。
④ 彭氏宗刘牧说，以五十五数者为洛书也。

者也。除去子丑午未，然后以木火水金配之，则气象始确。木附于地，子丑既合地，则附子丑之寅亥二辰，应化合而配木。寅月草木花，亥月草木亦花。名小阳春，亦即寅亥合木之一验。木上生火，附于寅亥之卯戌二辰，则合化为火。卯为日出之方，戌为日入之方，亦卯戌火合火之征也。由地生木，由木生火，此三者自下而生上者也。天者乾阳金精之气，子未既合天，附于午未之巳申二辰，承天之气当化为金。旧说巳申合水，巳月既无水可验，且与自上生下之义不合，今改巳申合金。申月农乃登谷，巳月麦亦称秋。夏枯草生于亥月，是秉亥合木之气也。死于巳月，是感巳申合金之气也。农田蔬谷，以亥月种巳月收者甚夥，称为上季。巳虽夏月，俨然秋金告成之候，是巳申合金之验也。金下生水，辰酉之附于巳申者，当化为水。旧说辰酉合金，然酉是金之定位，非气化也。辰月更无金气。今按辰属三月，酉为八月。古人以清明改水，八月观潮。河水旺于辰月，秋汛尤大。足见辰酉二月，盛德在水也。故改辰酉合水，由天生金，由金生水。此三者乃自上而下生者也。天居于上，地居于下。水火二气，交于两大之中。乾坤之功用，寄于坎离。万物之化生，不外水火。今人以午为天顶，然暑盛必在未月。盖天顶与地心正对之时乃极热，必五六月午未之交，恰与子丑合地之处，两相正对。是天体偏未故也。丑月极寒，是地体偏丑故也①。谓之十二地支，盖天体虚空，无从分析。故就地之六面，分为十二。而时序节候，俱准于是矣。故《内经》定候，有从四时起义者。"春三月为发陈。天地俱生，万物以荣。早卧早起，以使志生。养生之道也。逆之则伤肝。夏三月为蕃秀。天地气交，万物荣实。使志无怒，使气得泄。养长之道也。逆之则伤心。秋三月为容平。天气以息，地气以明。早卧早起，使志安宁。收敛神气，养收之道也。逆之则伤肺。冬三月为闭藏。早卧晚起，去寒就温。无泄皮肤，养藏之道也。逆之则伤肾。四时不相保，与道相失，则未

---

① 子正于丑，午正于未。午七未八，子一丑二，天纪为主。故今日西历每年十二月，皆各有其名，并非月也。因我国之习俗而译之正月二月，实不当也。我国历法实兼太阳太阴。节气后太阳，月次后太阴。所谓象数与气皆备者也。或称为太阴历，谬甚。

央绝灭。""未央"二字,注家未悉。盖央即中央。子正于丑,干正于未,为土之正位。故《月令》《内经》,皆以未月属中央土。《内经》此篇详言四时,以"未央"一语总结之。因此篇乃《四气调神论》,专主四时立说,故总来此句,以见土寄于四时之义。后世脉法,春弦夏洪秋毛冬石。四季之末,和缓不忒,即是土旺四季之义。《内经·平人脉象篇》云:四时之脉,皆以胃气为本。谓脉之冲和不促者为胃气,即土旺四季之气也。

　　地支两合三合,说已见前。更有以冲而化合者,亦维《内经》详之。盖两支对待,冲合为一气者也。子午合化为少阴热气,卯酉合化为阳明燥气,寅申合化为少阳火气,巳亥合化为厥阴风气,辰戌合化为太阳寒气,丑未合化为太阴温气。盖十二辰分之为十二,合之为六合。六合之间化生之气,是为间气。间者,隔也杂也。十二支本相隔,因对冲则相见。相见则两气杂合,化成一气,谓之间气。虽《内经》只云"司天在泉",未言间气,然在司天之左右者,为左右间气,则知两相正对合同而化以司一年之气者,尤间气之大者矣。上天下地,谓之两间。人在气交之中,实秉间隔杂合之气以生。是以人有六气,以生十二经,上应天之十二辰。仲景《伤寒论》,专主六气,深知六合交感间气生之理,故六经括为千古不易之法也。

　　《内经·六气》"司天在泉",司天者主春夏,在泉者主秋冬。厥阴在上,则少阳在下。少阴在上,则阳明在下。太阴在上,则太阳在下。少阳在上,则厥阴在下。阳明在上,则少阴在下。太阳在上,则太阴在下。子午之岁,上见少阴。丑未之岁,上见太阴。寅申之岁,上见少阳。卯酉之岁,上见阳明。辰戌之岁,上见太阳。巳亥之岁,上见厥阴。皆言司天之气,本于六冲化合也。司天者,言其辰轮值天顶。在泉者,言在地体之中,非地底也。如午年午当天顶,则为司天。午与子对,则子在轮值地底,惟卯酉适当地体之中。故午司天,不曰子在泉而以卯酉在泉。此可以潮汐证之。凡海潮子午来,则卯酉退。寅申来,则巳亥退。潮泛随月。月在泉,则潮来。月离泉,则潮退。一日两潮,即两辰之对冲也。

或问：六冲化合，既各有其验；则两合三合，当然各有变化。其征验如何？曰：两合即前所谓子与丑合之类是也。乃日躔与月建相合。日躔右转，月建左旋。顺逆相值，而生六合。夫日月与斗建，为气运之主宰。日月所会者，天左旋之方位也。斗柄所指者，地右转之方位也[①]。斗建与日躔合，即是地与天相合。阴阳磨荡，气化以生。又乌能无所征验乎？惟历来推步诸家，说各不同。旧说以寅亥合木，卯戌合火，辰酉合金，巳申合水，午未合火。是五行惟火独有二，于理不合。后人改为午未合日月。以午配日，以未配月。用符七政之数。谓"六合者，上合于天七政之位，子丑合土星之位，寅亥合木星之位，卯戌合火星之位，辰酉合金星之位，巳申合水星之位，午未合日月之位"云云。此亦出于理想，于象数未能相合。考诸事实，又无征验。故天彭唐氏驳之。谓午未之位最高，月轮最低，安得与日同合最高之位？子丑最下，而土星于七政行度最高[②]。上天下地，即是天五与地十正对。午未属天五，亦可配阳土。《月令》名为中央土，主于生万物。子丑属地十，亦可配阴土。《月令》所谓土返其宅，主于终成万物。以午未配天五，土寄旺于此，所以下能生金也。子丑配地十，土寄旺于此，所以上能生木也。此虽与旧说不合，然理较圆满。究与象数能否确合，尚待研求，未敢遽为定论也。

唐氏又曰：星辰之运，始则见于辰，终则伏于戌。自辰至戌，正于午而中于未。故《尧典》言"日永星火，以正仲夏"，是以午为正也。《月令》于季夏未月曰"昏火中"，《左氏传》曰"火星中而寒暑退"，《诗》曰"定之方中"，皆以未为中。盖以天干之纬道言，则辰巳间为黄道之中。以地支之经度言，则午未相会之处为天顶之中。经度起于南北极，午未合处南极也，子丑合处北极也。是足以补前文所未足。然阅者于天顶南极北极诸处仍须活看也。

---

① 天体虚空，无从实测。故干支皆以日为准的。《易》曰："大明终始，六位时成。"亦以日为天之代表也。"天左旋，地右转"云者，但以表天象与地错行之义，与西说地球绕日之说经纬仍合。盖如舟中与岸上两方虽所见不同，而所行之里数仍相等也。

② 起于丑，正于未。唐氏此说甚精。

地支三合，以四正为主①。而四隅之支，只从四正以立局。木生于亥，壮于卯，墓于未。故亥卯未会木局。火生于寅，壮于午，墓于戌。故寅午戌为火局。金生于巳，壮于酉，墓于丑。故巳酉丑会金局。水生于申，壮于子，墓于辰。故申子辰会水局。后世衍为长生、沐浴、冠带、临官、帝旺、衰、病、死、墓、绝、胎、养十二位，以差别衰旺，亦古法也。惟土旺四季，以辰戌丑未会为土局，而无从定其生旺之次。于是有以水土为一位者。生于申，旺于子，墓于辰，谓水土同源也。有以火土为一位者，生于寅，旺于午，墓于戌，谓子从母也。盖星命诸家，以五行并列。缺其一，未便布算。故不得已而假定生旺墓绝之次。此须神而明之。以消息其间，未可泥也。《史记·货殖传》"水毁，木饥，火旱，金穰"，而不言土。京房《易传》亦言"土兼于中"，未定所生之位。《内经》言"岁气会同"，亦只有四局。《六微旨大论》云："甲子之岁初之气，天气始于水下一刻，谓子初初刻为冬至也。乙丑之岁天气始于二十六刻，谓卯初初刻。而寅之岁天气始于五十一刻，谓午初初刻。丁卯之岁天气始于七十六刻，谓酉初初刻。戊辰之岁天气复始于一刻，亦以子初为冬至节。申岁亦然。余仿此。"故申子辰岁气会同，寅午戌岁气会同，亥卯未岁气会同，巳酉丑岁气会同。终而复始所谓一纪也。

甲子周流六十花甲，因天干之纬道，与地支之经度广狭不同。岁星周行五纬，帝行斜上，与经度参差不齐。故后甲子起，必六十年乃复为甲子。《内经》云"上下相临，阴阳相错，而变生焉。应天之气，五岁而右迁。应地之气，六期而环会。五六相合，凡六十岁为一周。不及太过"，斯皆见矣。盖以十二辰所主之六气，在上司天。以十干所合之五运，在下运行②。十干与十二辰相错。于是乎五运与六气，有相生相克。风木司天而遇木运，火气司天而遇火运，湿土司天而遇土运，燥金司天而遇金运，寒水司天而遇水运，是谓太过。如木运之岁

---

① 四正子午卯酉也。于卦为坎离震兑。
② 地支本下而在上，天干本上而在下。所谓阴阳交错也。

而遇燥金司天,则木受金克,是为不及。余皆仿此。六气与五运不相胜负,是为平和。推之六十花甲之气运,以制病药之宜忌。此《内经》言气化之最精者也。其余如二十四位①,及地支藏用②,五行节气浅深之类,皆由阴阳气化。互相乘除而分析之,似浅而实深。以象数求之,各有至理。为说甚繁,未能悉举。学者能明其纲要,余可迎刃而解矣。

或曰:阴阳气化,虽言之其详,但皆理想之词。果以何征验而分析之欤?曰:否否。阴阳二气,乃造化之自然,物理所固有,非理想也。天下之事事物物,决不能因耳目之所能闻见者为有,以不能闻见者为无。近世西学东渐,为科学万能之时代,种种学术以实验为基,固足矫旧学空疏虚渺之弊,然不免偏倚于物质,而遗其精神。况物质之体类万殊,亦断非耳目之力所能听睹无遗者。在显微镜未发明以前,则水中空气中之微虫,与人体之血轮,病毒之细菌,均无由见之。然不得因未见而谓为无此物也。若显微镜之制更能进步,则必有更微更细之物发见,尚非今日所及料也。猎犬之嗅觉,能辨识人物之气。虽越数时之久,犹能追踪无误。是足征无论人畜,均各有特殊之气,而绝不相同者。此气即其所禀受于天地阴阳者也。因五行之质类各殊,而所秉之或全或偏及清浊厚薄,均不一致。是与人之面容相,似萃千百人而无一同者。亦足征人物生于气交之中,与两间大气关系之密切矣。盖大气之运行,既周流无息,而阴阳之摩荡交错,变化万端,遍布于大地之上,理密如网。故术家以辰为天罗,戌为地网。遇五行之偏胜,于是有吉凶之分。而凶毒之甚者,猝中于人,或且立死。人生日处此纷纭错杂之气中,苦于目不能见,如瞽者持杖踯躅市中。非杖之所触,不知为有物而避之。其杖所未及者,岂得谓之无物哉!

或曰:此两间错杂之气,果其为有质者欤?则必有术焉可以见

---

① 即天干地支去戊巳而加坤乾艮巽。
② 如子藏壬癸辛、丑藏癸辛巳之类。

之。何以古来仅凭推算，迄未能明其质之何若也？曰：物质之体不一。有可见者，有不可见者。凡可见者，皆质之不透明者也。透明之质，则不可见。或藉他物之映射，始得其仿佛。凡所谓空间者，实非真空，而皆有物焉充塞其间。今西人亦知之矣。但化学家所验得之空气，仍为有质之气，而非无质之气。故可吸收而贮之以器，或化分之而析为淡气养气。此即所为透明之质也。若阴阳之气，则超乎物质之上，并超乎精神之上，而为天地真元之气所变化，为生育万物之根本。谓之有质，则无质可见。谓之无质，则确有其气，但与物质之气类有别。视之若无色，而自有其色。嗅之似无味，而自有其味①。故古人有能望气而辨其吉凶者。与猎犬之嗅气而能踪迹人畜者，皆具特别之感觉而得之者也。故物之有质者，物质足以阻之。如空气光线，虽似无质，实皆为物质之体，特透明耳。是以物质皆足以阻之。若阴阳之气，有如西人近日发明之爱克司光线，皆非物质所能阻，以其超乎物质以上之元体也②。日后人类之智日益进步，必能有术以显此无形之元气，而接触于人目之一日。而其枢要，悉总括于《易》象。是赖有高识积学者，潜心以研求之。徒探索于枝叶之间，事倍而功不及半，终无能得其当也。

---

① 《月令》："以五色五味，配四时与中央之五行。"是以物质之色味合真元之色味，有感应之道也。

② 鬼神亦超乎物质以上，故亦非物质所能阻。

五音六律

阴阳之气，冲激动荡，发为声音。气不可见，而以音表之，则触耳而能辨其清浊。以耳代目，气之不可见者，亦不啻予人以可见矣。黄帝吹管定律，与干支同为协和阴阳之用。故音出于律，律出于数，数出于阴阳之自然。声之不具阴阳者，不能成音。《记》曰"声成文谓之音"，成文，则阴阳协而音出矣。是以音律之数，亦不越乎五六。五与六各有阴阳，亦与干支同。故六十甲子有纳音纳音之义。以数至己亥，必归纳伏藏。朱元升之《三易备遗》，即据此为殷人《归藏》之大旨。其确否虽于他书无征，未敢奉为定论。然其推论数理，固极精密，有发前人所未发者。

盖阳数至己而已亢，阴数至亥而凝。阳亢则绝，阴凝则战，均有极盛难继之势。非伏藏无以为发生之机，尽循环之妙。因五音之高下，本有不同。故其数有九八七六五四之别。更与本数互相乘除，则气化而音亦变焉。于是本五而用七，益以少宫少商，而变化益繁。声音之道，乃肆应而不穷。《乾·九五·文言传》曰"同声相应"，《中孚·九二》曰"鹤鸣子和"，以二五两爻得中，为定音之准。故黄钟之宫起于坎子。阴阳上下相生，数隔以八，是以音之用至七而尽其变也。今西人之准音以又为术虽殊，而得数亦同。发音成调，还相为宫。变化之数，终不出九九之外，仍黄钟之数也[①]。至郑氏爻辰律吕相生与合声之别，具详前集。兹不复赘。

---

① 音十为章，数起坎一，黄钟所始，至兑十数终。故在卦坎兑为节。《传》曰"君子以制度数"，天下之度数，无能出此以外者也。

六子男女

乾父坤母。乾索坤而得三女,坤索乾而得三男。所谓六子,只以言阴阳之象,非谓有形之男女也。然天地间有生之物,固无不具有阴阳。即无能越乎此三索之理,而自然有合于卦气。人为万物之灵,得气最全,故其于卦象气数之相合尤显。《内经·上古·天真论》曰:"女子七岁更齿,二七而天癸至,三七而真牙生,四七体壮,五七始衰,七七天癸竭,地道不通。男子八岁更齿,二八而天癸至,肾气盛。三八真牙生,四八满壮,五八始衰,八八天癸竭。"男为阳而起八数,女为阴而起七数。阴阳交错,即水火互根。故孔子曰"八卦相错"。阴阳之用,无不以交错而尽其妙。即八卦之用,无不以相错神变化之功。学者能于相错处注意,则于阴阳之秘,思过半矣。唐氏祖鉴曰:天癸未至时,皆少男少女也。实应艮兑二卦。故男女皆从此二卦起。在洛书①兑数七,故女子之数起于七。二七一十四,是为少女。七岁更齿,应兑之下卦。二七天癸至,应兑之上卦也。天癸气在脑内,以象兑卦阴爻在上。天癸既至,则阴气下交于心,任脉始通,月事乃下。是兑变为离。自十四岁至二十八岁为中女。三七二十一,真牙生,应离之下卦。四七二十八岁,身盛壮,应离之上卦。自二十八岁至四十二岁,阴血全归于下,则离变为巽,是为长女。四十二岁以后,阴血渐衰。至七七四十九岁,则巽变为乾,女血尽矣。艮数八,故少男之数起于八。八岁至十六岁为少男,应艮卦。艮阳在头,故下无肾精。八岁更齿,应艮之下卦也。二八而天癸至,应艮之上卦也。十六岁后天癸既至,则艮之上爻入于中爻,遂成坎卦。是少男变为中男,故肾气盛,精溢泄。三八二十四岁真牙生,应坎之下卦。四八三十二岁,身体满壮,应坎之上卦。由五八至六八四十八岁,阳气全归于下,是坎变为震,是为长男。四十八岁后至八八六十四岁,则男精已竭,是震

---

① 原书曰河图。

变为坤,不能生子矣。亦有男逾八八,女逾七七,尚能子者,则秉气独厚,故出于常数之外。医家道家,均有返老还童之说。欲返长男在下之阳,还为少男在上之阳,故必转河车,运辘轳,醍醐灌顶,服药还丹,使阳气复归于脑中。窃造化之机,以逆用其术,岂不难哉!男女天癸,路道不同。女子天癸至,是从前面下交于心,合于离卦,故《内经》原文先言任脉通。男子天癸至,是从背后下交于肾,合于坎卦,①故《内经》先言肾气盛。古人文法谨严,其一字不苟如此!

---

① 艮为背,坎为肾。

数之体用

"天一，地二。天三，地四。天五，地六。天七，地八。天九，地十。天数五，地数五，五位相得而各有合。天数二十有五，地数三十。凡天地之数五十有五。"此天地体用大数之全。凡言数者所莫能外也，五位相得。以示天数地数之各有定位，相得而各有合，以示天数地数之化合而各极其为也。故数有体用，互相交错。旧说以生数一二三四为体，成数六七八九为用是也。然此特以举体用之一例，言其本然之体用如是耳。若论运用之变化，则任举一数，俱可为体。而由体以生用，初不限于生数之必为体，成数之必为用也。惟由其本然之体用言之，以一二三四为体，六七八九为用。惟五则介于生成体用之间，生数得之其体始备，成数得之而其用始全。此其数为生成所不能外，体用所不能离，是以为建中立极之数，乃阴阳变化之中枢。两其五则为十，合之为三五。贯三才之中，备五行之全，而立其极。此洛书纵横所以无不合于十五之数也。昔之言《易》者，以一二三四为四象之数，六七八九为四象之位。数也者，纪其始生之时也；位也者，定其已成之位也①。是以《周易》用六七八九，而不用一二三四。卦用七八，爻用九六，皆成数也。七八为数之正，九六为数之变。合七八九六，而阴阳错综之变化，无不尽矣。盖《易》之为书，合象数而言。言数必兼象，言象必兼数，二者恒相而不相离。象也者，形也。其不曰形而曰象者，形仅以状其物质，而象则并著其精神；形仅能备阴阳之理，而象则兼备阴阳之气也②。《易》数既兼象，而又与阴阳之理，及天地流行之气，无不相合。故言数之体用者，亦必能与象及理气相准，而后能融会贯通曲畅无遗。与《几何原本》诸书之专言形数者，其根本实有不同。故不曰"加减乘除"，而曰"盈消虚息"。如仅以数言，则

---

① 此就河图四方之位数与八卦方位之数言之。
② 《几何原本》《数理精蕴》为数学形学所宗，而不能具《易》之用者，则亦以理与气有未备焉。

仍不能外加减乘除而别求得数之道也。《易》数以参天两地阳奇阴偶为纲，阳左旋以法参天，阴右转以合两地。无非此奇偶两数，迭为乘除。盖万物之理有进必有退，有顺必有逆。故有乘必有除，有见必有伏。孔子曰："二篇之策，万有一千五百二十，以当万物之数。"无有一物不可记之以数者，即无有一物能出此数之外者也。在理阳可统阴，而阴不能统阳。《易》道扶阳而抑阴，非故抑之也。其定数有如此焉。凡阴所至之分，阳皆有以至之。故乾曰"大明终始"①。阳所至之分，阴不必皆有以至之。故坤曰"无成而代有终"。洛书二八之偶数，不能与一三七九之奇数相为乘除者②，阴固不可以干阳，所以谓之常乏也，三七之奇数。能与二四六八之偶数相为乘除者，阳之所以统阴，天之所以包地，所以谓之常饶也③。明乎阴阳顺逆进退之理，而数之体用可无误矣。夫天数备于五，地数极于六。故数至七而更④，亦至七而复⑤。三反四复⑥，合之亦七。四阴而三阳，四柔而三刚。以阳全阴半之义言之，则四为两偶，仍为参天两地之数，而合为五。故七之数，实兼阴阳之义，备刚柔之德。天圜地方之象，非七不足以尽之⑦。

---

① 大明非纯乾，以阳含阴，为离日之象。天不可见，表之以日。言日即言天也。
② 非不能乘除也。乘除所得之数，不能合于阴阳之原则也。
③ 洛书之偶数，以三之奇数乘之，而求其进数，是阴从乎阳。故必左转而始有以相合。如三二如六、三六十八、三八二十四、三四十二是也。如以三之奇数除之，而求其退数，则必逆转始能合于阳。如三二除六余四、三四除十二余八、三八除二十四余六、三六除十八余二是也。如更以七之，奇数乘之则生数顺而乘数必逆。如七二十四、七四二十八、七八五十六、七六四十二是也。如更以七之，奇数除之，则乘逆而除者必顺。如七二除十四余六、七六除四十二余八、七八除五十六余四、七四除二十八余二是也。奇偶互为乘除进退，互为消长顺逆，相为盈缩。每一乘除兼有四法，四四应得一十有六。而兹只十二者，即邵子所谓"四分用三，半隐半见之机"。凡皆阴阳自然之妙也。如以二八之偶数乘除一三七九之奇数，则只能生四隅之偶数，而不能生四正之奇数。如八一如八而生东北之八，八三二十四，而生东南之四，八九七十二，而生西南之二，八七五十六，而生西北之六是也。又如二三如六而余四，二九十八而余二，二七十四而余六，二一如二而余八是也。是偶数之所乘除，亦只能乘除偶数，而不能乘除奇数。此地道无成之义也。
④ 庚者更也，故庚居七。
⑤ 剥极则反，"七日来复"。
⑥ 此以三画卦言之，其义另详。
⑦ 方圆周往，惟以七为往则方周二十八，圆周二十二，而无畸零。合圆方两周数，即大衍五十之数。

三才合体之数，非七不足以度之①。圆方周径之合数，勾股弦幂之积数，皆大衍之数五十，即数之体也。因而开方，则不尽一数，而止于四十九。即大衍之数之用也。故"大衍之数五十，其用四十有九"，亦维七足以尽之。此皆天地理数之自然，非人力可以增损其间者也。向来注释"大衍"一章者，无虑数百家。于首二句之意义，鲜能明确畅达。故因数之体用而并及之。至八卦之数，因河洛、纳甲纳音及先后天，各各不同，学者不易分析，拙著《易楔》已详载之。兹不复赘②。

---

① 三四五者，三才之数。必勾三股四弦五乃无畸零。勾三积九，股四积十六，弦五积二十五，合之亦为大衍五十之数。

② 阳顺阴逆，旧说多不明白。来氏以内外言之，亦非也。乾圆左往，而坤方右来。左往者，一三七九。右来者，四二八六。偶数起四。崔氏之说，当惜其误。四为不用致后人訾议，而其说不行。二千年来，遂鲜有明顺逆之序者。详《易数偶得》。

三反四复

"三反四复"之一语，已成为通俗之口头禅，几人人能言之，而人人不能知之。即向来说《易》者，亦皆含糊其辞，而未有切当之解释。致学者若明昧，似或心知之而口不能言之。于是至浅至显之理，遂若极玄极妙，而有不可以言语形容者。是皆不善解释之故也。夫一生二，二生三，三生万物，故八卦之画止于三。上为天，中为人，下为地，三才之道备矣。兼三才而两之，故重卦之画限于六，而以六五为天，四三为人，二初为地，仍三才之义也。三反四复，则以三画卦言之。如三画皆奇为乾卦，初变为巽，二变为艮，三变则为坤。三画皆偶与乾卦三奇相反矣，故曰"三反"。至四变，则坤又变为震。是初爻又复为奇，故曰"四复"。若以六画卦言之，则复在七，而反在六。故复卦曰"七日来复"，剥卦曰"穷上反下"。然不曰"六反七复"，而仍曰"三反四复"者，则以其数仍不出三与四也。如八宫卦变，乾为天，天风姤，天山遁，天地否。三变而下卦之乾，反为坤矣。风地观，山地剥，火地晋，至火天大有。四变而下卦之坤仍复为乾，故亦曰归魂。六者数之极，穷上反下。阳极生阴，阴极生阳；阴阳往复，如环无端。故以六爻之义言之，而反复则在中之三四两爻。《乾·九三》："乾乾终日，反复道也。"乾乾者，上乾下乾。上乾谓四爻，下乾谓三爻，皆人爻也。天地之道，反复皆在于人。故以乾四之坤初为复。"七日来复"，亦即乾四之复也。乾三之坤上为剥。"穷上反下"，亦即乾三之反也。乾父坤母，具六子之爻，三四为坎离爻①，必三四反复，水上火下，而后既济之道成，阴阳乃循环而无穷。故三反四复，语意虽极浅近，而蕴义宏深。于理象气数，无不有重要之关系。孔子赞《易》以垂教万世，尤

---

① 详见《易楔》。

重在三四两爻,故曰"立人之道曰仁与义[①]"。于洛书卦数,震居三而兑居四。震仁兑义,亦在三四两位。六十四卦之变化,胥出于此。详言之更仆难尽。兹但发其端,并参观前一条,亦可为隅反之一助矣。

[①] 人道即三四两爻。

内外上下相反说

卦有内外,外即上也,内即下也。位有上下,下即内也,上即外也。而《彖》《象》辞义,则上下与内外,往往意各相反。故以上为贵者,则外可置而不论。以内为主者,则下亦废而不用。内外上下,不以并称,所谓唯变所适,而不可为典要者也。圣人于否泰,则论内外。于损益,则言上下。盖随事制宜,非可泥于一端也。如执一而论,则损之为卦,乃损内而益外。是损一家而益一国也,其益大矣!而何以为损?否之为卦,乃三阴在下,而三阳在上,是君子举进而小人举退也,可谓泰矣。而何以谓否?是故泥于上下之例,则穷于否泰;拘于内外之说,则废于损益。他如二阳在下而足以有临者,得于内也。四阴在内而未免于观者,失于下也。盖阳在下,则以内外为言。阴在内,则以上下为断。此于不为典要之中,又似有典要之可据者。圣人扶阳抑阴之微旨,所以进君子而退小人,即《春秋》书法之所本也。吴沆《易璇玑·辨内外篇》言之甚详。沆为南宋抚州布衣,绍兴间表上《易说》三卷,即《易璇玑》,颇究心于象义。虽不免瑕瑜互见,然在宋人《易》说中,尚能自立一帜者也。

卦有小大

《系传》曰"齐小大者存乎卦",又曰"卦有小大,辞有险易"。先儒于"小大"二字,解释互异。要皆望文生义,揣测臆度,未能切实指证也。王肃曰"阳卦大,阴卦小",朱子《本义》宗之。胡氏瑗曰:"阳主刚明,而有生成之义,故其德大。阴主柔顺,而有消剥之行,故其德小。六十四卦,皆以阴阳定位,君子必当明辨之。"司马氏曰:"阴幽祸恶为小,阳明福善为大。"虞氏曰:"阳易指天,阴险指地。"韩康伯曰:"其道光明,君子道消曰小。"程子曰:"卦有大小,于时之中有小大也。有小大,则辞之险易殊矣。辞名随其事也。"综观诸说,不越阴阳二义。王肃以概括言之,尚无语病。然传文固明明曰"卦有小大",曰"齐小大者存乎卦"。如以阳大阴小概之,则曰"卦有阴阳"可矣。何必更以"小大"二字加一转折乎?是王说亦未可为确诂也。如泰、否"小往大来","大往小来",以阴阳言之可也。若乾艮为遁,固阳卦也。何以言小?离乾大有,乃阴卦也。何以称大?泽风大过,上下两卦皆阴;雷山小过,内外两卦皆阳。是又何说乎?孔子虑后人之误解也,故于《序卦》《杂卦》两传,与《系》互相发明。可列举者,如"复小而辨于物"①,"临者大也"②,"丰者大也"③,"旅小亨"④。"旅琐琐",亦小之义也。"贲亨小利有攸往","巽小亨利有攸往","遁小利贞","睽小事吉","小过可小事",皆卦之小者也。余如小畜、大有等卦名之显著者,更无论矣。

---

① 《系辞传》。
② 《序卦传》。
③ 《序卦传》。
④ 《彖辞》。

乾坤艮巽时

《南溪杂记》谓古无十二时之说，《洪范》言岁月日而不言时，《周礼》言岁月日辰而不言时。古所谓时者，三时四时，皆指春夏秋冬而言。后世历法渐密，于是日分为时。《左传》卜楚邱曰：日之数十，故有十时。杜预注则以为十二时，不立干支名目。然其曰"夜半"者，即子时也。鸡鸣者丑也，平旦者寅也，日出者卯也，食时者辰也禺中者巳也，日中者午也，日昳者未也，哺时者申也，日入者酉也，黄昏者戌也，人定者亥也。日之分为时，始见于此云云。其说非也。干支造自黄帝，最初原以纪日，而记岁固别有专名①。逮五行既分，协律定声，而子丑即以纪月。羲和造历，则以冬至朔旦年月日时皆值甲子为历首，统以六十甲子为循环，又乌能举岁月日而独遗时哉！伶州鸠之对七律，曰："王以二月癸亥夜，陈未毕而雨。以夷则之上宫毕之当辰，辰在戌，故长夷则之上宫，名之曰羽，所以藩屏民则也。"又曰："王以黄钟之下宫，布戎于牧之野，故谓之厉，所以厉六师也。"固已时日并举。或三代以前，另有通俗之名，以纪岁月日时。如《尔雅》所载者，干支但为历数。阴阳家所用，亦未可知。决未可谓古人无此名也。且古者不特以十二支记时，而每时且分为上下。如子初为壬时，丑初为癸时，寅初为艮时，卯初为甲时，辰初为乙时，巳初为巽时，午初为丙时，未初为丁时，申初为坤时，酉初为庚时，戌初为辛时，亥初为乾时。今历书所称寅申巳亥月，宜用甲丙庚壬时；子午卯酉月，宜用艮巽坤乾时；辰戌丑未月，宜用癸乙丁辛时者是也。钱辛楣《笔记》称都门法源寺辽舍利函后题甲时。又戒坛寺师，辽法禅师碑后题乾时。又辽石幢二，一题庚时，一题坤时。盖辽金石刻，多以此记时也。今子平家亦用此二十四时推算，堪舆家所谓二十四山，亦本诸此。可见

---

① 如《尔雅》"摄提格""大渊献"之类是也。

其法相传甚古。与六壬遁甲诸术，皆为三代时所已有者也。今西洋钟表，均每日分二十四时，不知何以不相谋而相合如是也。可见天地理数，悉出自然，决非人力可勉强为之者也①。

---

① 隋萧吉《五行大义》每时分为三十二禽，亦增至三十有六，不知其何所根据。后人亦罕遵用之者。殆所谓勉强为之，未能合于天地理数之自然者欤！

阳一阴四

或问：阳以一为体，阴以四为体，其说何居？曰：此说本诸崔氏觐。崔释大衍之数，云："昔者圣人之作《易》也，幽赞于神明而生蓍，参天两地而倚数。既言蓍数，则是说大衍之数也。明倚数之法，当参天两地。参天者，谓从三始顺数而至五七九，不取于一也。两地者，谓从二起逆数而至十八六，不取于四也。此因天地数上以配八卦而取其数也。艮为少阳其数三，坎为中阳其数五，震为长阳其数七，乾为老阳其数九，兑为少阴其数二，离为中阴其数十，巽为长阴其数八，坤为老阴其数六。八卦之数，总有五十。故云大衍之数五十也。不取天数一地数四者，此数八卦之外，大衍所不管也①。其用四十有九者，法长阳七七之数焉。其圆而神象天，卦方而智象地。阴阳之别也。舍一不用者，以象太极，虚而不用也。且天地各得其数，以守其位，故太一亦为一数，而守其位也。"崔氏此说，以八卦配合大衍，余天一地四无可支配，遂屏诸八卦之外，谓大衍所不管，未免支离武断，宜李氏鼎祚疵之。然其一与四不用之说，则确有精义，非浅人所能道。后人演数者，皆莫能外焉。盖天地生数之一二三四五，既以二为阴始，三为阳始，二与三合为五则参天两地，已合天地之中数。则一与四，当然在不用之数。以用者为用，以不用者为体，此阳一阴四之说所由来也。夫一之与四，犹九之与六也。一九皆为太阳数，四六皆为太阴数。既用九用六，亦当然不用一与四矣。盖生数为体，成数为用。一与四为体中之体，二与三为体中之用；七与八为用中之体，六与九为用中之用。一与四合，五也。二与三合，亦五也。七与八，九与六，合之亦皆五也。故五为天地之中，而无乎不在。天地之数，虚十为四十五。其为五者九，为九者五。参天两地，参天三九得二十

---

① 李鼎祚曰：崔氏探元，病诸先达。及乎自料，未免小疵。既将八卦阴阳以配五十之数，余其天一地四，天所禀承。而云八卦之外在衍之所不管者，斯乃谈何容易哉！

七，两地二九得十八。十八以三分之得六①，二十七以三分之得九②。以五除十八则余三③，以五去二十七则余二④，二与三合则仍为五。故五为阴阳之共体，仍为一与四合之等数。此一与四所以为体中之体也。一者奇数之奇，四者偶数之偶也。奇数极于九，三分九数而得一奇。故奇者九之用。偶数极于六，二并六数而得一偶。故偶者六之用。以画言之，三分奇画较偶画中多一分，故奇数三而偶数二。奇数三，而卦得一奇者，必交二偶。故三男之卦皆七。偶数二，而卦得一偶者，必合二奇。故三女之卦皆八⑤。由一奇一偶而反之成用之始，得七八之数。由三奇三偶反之立体之始，仍得一四之数。故七八为用中之体，而一四为体中之体也。以一四为立体之始，故乾圆而坤方。圆者一而方者四也。七八为成用之始，故蓍圆而卦方，蓍七而卦八也。一四为二太之始，而九六为极。奇交偶合，乃爻用之所以成。七八为二少之始，而三二为极。《易》用生于卦，故统以九六，而不及一四。亦犹卦用主于爻，但别以奇偶，而不及七八也。凡此皆出于数理之自然。图书蓍卦爻用无不一贯，参看前文数之体用一条，更可触类而旁通矣。

---

① 坤用六。
② 乾用九。
③ 阴含阳也。
④ 阳生阴也。
⑤ 王夫之氏亦主此说。

参伍错综

《系传》曰："参伍以变，错综其数。通其变，遂成天地①之文。极其数，遂定天下之象。非天下之至变，其孰能与于此！"此节为"《易》有四道"之一，承大衍之数五十而来，乃"十翼"言数最扼要之处。自汉以来，注者数十百家，虽精粗不同，皆各有所见。兹举其最著者，汇录如下，而附以管见。阅者比类以求之，当有所默会于心而通其故。因孔子赞《易》之文，皆以神行气驭，有未可泥迹象以求之，凭文字以索之者。此节虽实言象数，似较有凭借。然参伍错综，实统括天下之数之象而无所不包。任举其一，纵亦言之成理，已不免挂一漏万，况未必能确合哉！是学者所不可不知也。虞氏曰："逆上称错，综理也。谓五岁再闰，再扐后卦，以成一爻之变。而倚六画之数，卦从下生，故错综其数。则参天两地而倚数者也。"王肃曰："错，交也。综，理事也。"《正义》："参，三也。伍，五也。或三或五，以相参错，以相改变。略举三五，诸数皆然也。错为交错，综谓总聚。交错总聚其阴阳之数，由交错总聚通极阴阳之变，遂成就天下之文。若青赤相杂，故称文也。穷极阴阳之数，以定天下万物之象。若极二百一十六策，以定乾老阳之象；穷一百四十四策，以定坤老阴之象。举此余可知矣。"邵子曰："天一，地二。天三，地四。天五，地六。天七，地八。天九，地十。参伍以变，错综其数也。如天地之相衔，昼夜之相交。一者数之始而非数也，故二二为四，三三为九，四四为十六，五五为二十五，六六为三十六，七七为四十九，八八为六十四，九九为八十一，而一不可变也。百则十也，十者一也，亦不可变也。是故数去其一，而极于九，皆用其变者也。五五二十五，天数也。六六三十六，乾之策数也。七七四十九，大衍之用数也。八八六十四，卦数也。九九八十一，元范之数也。"张子曰："既言参伍矣。参伍而上，复如何分别？"又曰："气

---

① "地"，虞陆皆作"下"。

之聚散于太虚，犹冰凝释于水。知太虚即气则无无。故圣人语性与天道之极，尽于参伍之神，变易而已。诸子浅妄，有有无之分，非穷理之学也。"苏氏曰："世之通数者，论三五错综，则以九宫言之。九宫不经见，见于《乾凿度》，曰'太乙九宫'。九宫之数，以九一三七为四方，以二四六八为四隅，而五为中宫。经纬四隅，交络相值，无不得十五者。阴阳老少，皆分取于十五。老阳取九，余六以为老阴。少阳取七，余八以为少阴。此一行之学不同，然吾以为表里，其说不可废也。"朱氏震曰："参伍以变者，纵横十五，天地五十有五之数也。错之为六七八九，综之为三百六十。以天地观之，阴阳三五。一五以变，为候者七十二。二五以变，为旬者三十六。三五以变，为气者二十四。三百六十五日周而复始。乾之策三十有六，坤之策二十有四。三其二十四，与二其三十六，皆七十二。三其七十二，为二百一十有六，得乾之策。二其七十二，为百四十有四，得坤之策。三画之卦，三变而反。六画之卦，五变而复。通六七八九之变，则刚柔相易。遂成天下之文，极五十有五之数则刚柔有体，遂定天下之象。"程氏迥曰："《易》之为书，十有八变而成六爻，故参以变，所以尽乾坤相杂之文，盖错其数而通之也。五位相得而有合，故伍以变，所以行乎卦爻之间，盖综其数而极之也。《经》曰'八卦相错'，则参以变者可知。织者之用综，盖以经相间而低昂之，如天一地二之类是也。则伍以变者可知。"《本义》："此尚象之事，变则象之未定者也。参者三数之，伍者五数之也。既参以变，又伍以变。一先一后，更相考核，以审其多寡之实也。错者交而互之，一左一右之谓也。综者总而挈之，一低一昂之谓也。此亦皆谓揲蓍求卦之事，盖通三揲两手之策，以成阴阳老少之画，究七八九六之数，以定卦爻动静之象也。参伍错综皆古语，而参伍尤难晓。按荀子云'窥敌制变，欲伍以参'，韩非曰'省同异之言，以知朋党之分。偶参伍之验，以责陈言之实'，又曰'参之以比物，伍之以合参'，《史记》曰'必参而伍之'，又曰'参伍不失'，《汉书》曰'参伍其贾，以类相准'，此足以相发明矣。"《朱子语类》曰："揲本无三数五数之法，只言交互参考，皆有自然之数。如三三为九，五六三十之数。虽不用以揲蓍,而推算变通,未尝不用。错者有迭相用之意,综又有总而挈之之意。如织者之综系也。参伍是相牵连之意。如三要做五,须用添二。五要做六,须著添一,做三须著减二。错综是两样。错是往来交错,综如织底一个上一个下来。阳上去做阴,阴下来做阳,如综相似。大抵阴阳奇偶,变化无穷。天下之事,不出诸此。"李氏光地曰:"参伍以变者,阴阳相生也。错综其数者,刚柔迭居也。"综观以上诸说,《正义》随文敷衍,所谓望文生义。张子之说,未免大言欺人。余皆各有当否。来瞿塘氏,即本朱子及程沙随之说以解错综,以代虞氏之反对旁通。谓旁通谓错,反对为综,以成《来氏集注》一书。胜清益阳张氏①,更推广来氏之法。取"参伍以变"一句,成《易解经传证》五卷。谓参伍以变一语,实包旁通《彖》《象》而言。如乾错坤,坤六五一爻参乾为六二,以六三一爻参乾为上六,所谓三相参为参也。于是乾自二至上成伍,所谓伍相伍也。坤错乾仿此。参即旁通,而《彖》《象》即见其中。彖象二字俱从豕,以乾成伍,中大坎为豕;坤成伍,成大离。离错坎,亦有此二字之象。六十四卦,皆以参伍成大坎大离,方有象可言。较来瞿塘之错综,尤为别开生面。然于《易》义,亦颇有发明,未可谓全无是处也。青田端木氏之释此,则以参伍为乾之三五,《易》二篇上下卦三五之。日月为易,三五皆十五也。天地数参天两地,参两即伍,而参三之九;伍五之二十五,故《易》四营师市。伍五人,而两二十五人,乃伍也。伍之以合九制变,参之九以制伐②。荀子曰"窥敌制变,欲伍以参"是也。参三九,伍五二十五,皆乾天数变,皆是乾三五变。乾三爻变履,天数九者三变;乾五爻变睽,天数二十五者五变。而乾三五十五,易日月变易以成易,皆卦三五往来象也。故乾三五变,天地万物睽,以同而异。韩非曰"省同异之言,偶参伍之验"是也。参伍以变,此其变也。错综其数,即参伍以变。参以三错之,其数九。伍以五综之,其数二十五。乃参伍错综以变其数,故《易》二篇上下

---

① 名步蕚,字乘槎,书成于同治初年。
② 申九数。申,参也。参,伐也。

卦，以三错五，以五综三。日月为易，三五皆十五。是坤三十月数，是以卦三五往来。屯三比五，数错综，为月前十五。月与日比明象，泰三豫五数错综，为月后十五。月豫疾恒不死象，临三复五数错综，复为月前十五。月与日比明象，颐三恒五数错综，复为月后十五。月复豫疾恒不死象。于是晋三解五，夬三井五数错综，皆为月前后十五①。震三旅五，涣三未济五数错综，皆为月前后十五②。而前后错综卦参伍中间四，月前后十五者四，于日月圆周象，当期三周之，为乾三五中间革变。四乃革，是以革金火。寅月火，巳月金四。午月火，酉月金四。戌月火，丑月金四。四革变，是乃乾三五变。革金火变，而睽同异数。伍综变同，参错变异前后十五。坤三十而乾二十五，在其中革变③，是以天地日月，乾五五之。乾离日数二十五④，坤五五之，坤坎月数二十五⑤。乾三三之，乾离日三日数是九⑥。坤三三之，坤坎月三日数是九。九数错九，比而综之，其数十八。《易》十有八变数也。二十五综数二十五，又比而综之，其数五十。《易》大衍五十数也。五十通昼夜刚柔往来，乾离日数二十五，见之坤坎月数二十五，是伍综数日月变同其象也。十八通刚柔昼夜往来，乾离日三日数是九，即乾九终。又数是三⑦，坤坎月三日数是九，亦即乾九终日。又数是三，是参错数日月变异其象也。参伍以变，错综其数，此其数也，故综，理经也。当南北天地经，乃子一合在丑二，以制经，综也。故丑起一数。二十五综在丑，是终在丑。丑天地一二比，有比而伍综，则不异变而参错。是以天地数丑，是屯三经始，亦丑是颐三经终。屯三颐三，乾坤坎离，天地日月中间不大过。是二十五综数，而屯三颐三是九错数。参而错之，通其变，极其数，则数九之九九八十一。九九八十一，

---

① 解此明井恒不死。
② 旅比明未济恒不死。
③ 一月三十日，地数。初三至二十七，月得日光，只二十五日，天数也。
④ 乾离同人天阴阳同人二十五。
⑤ 坤坎师地雨师众二十五。
⑥ 明夷三日明出地。
⑦ 又明夷三日明入地。

三之二百四十三，而乾坤坎离中间二十五不大过，是天地经二十五，是方矩数。而天地日月圆规周数，则九九三之八十一，二百四十三。通变极数，天地日月，四通四极，而通极万物变数。乃以天地日月圆周之数数之，则九九三之日月变易之数至矣。参伍以变，错综其数是也。此端木国瑚氏之说也。向来言象数者，皆就一卦一象，或先后天八卦之象而玩索之，罕能以全《易》之象数会通一贯者。端木所得，自较诸家为多。惜其书奥衍，学者或望而却步，是以象数之终未易明也。然端木氏之言，亦仅详《易》象历数之一端。而由此以推衍之，则气运声律，及一切阴阳变化之理，无不可通也。是在学者之神而明之已。

学易笔谈二集卷四

大有

《春秋》书法，以五谷丰登为大有。而《易》卦之取象，乃以离上乾下之卦为大有。乾为天，为大。离为火，为电。大则大矣，而有之义，似无属焉。《象》曰："火在天上，大有。"望文生义，似亦无可解说。各卦称大者，如大壮、大畜，皆以乾。大过虽无乾，而中爻互重乾。且皆四阳之卦，故曰"大"。此外惟震上离下之卦曰丰。丰亦大也①，且与大有之义亦正相通。两卦皆有离，则大有之有，必取象于离，自可知矣，《易》例：一阴一阳，必相对待。故大与小对，有与无对。阳大阴小，乾大坤小，此显而易知者也。以斯例推之，则阳当为有，阴当为无。乾当为有，坤当为无。而抑知不然。乾为天，无方无体；坤为地，有方位，有形体。故乾乃为无，而坤则为有②。然坤虽为有，而不能有其所有。盖阴统于阳，地包于天，故曰"地道无成，而代有终"。坤载万物，无一非天之所生。坤但致役长养，以代终天之功而已。坤之象数皆统于乾，是坤不啻为乾有。坤之所有，皆乾之所有也。然乾之无方无体仍自若也。不以有而增，不以无而减。其大无限，斯有亦无

---

① 见《序卦》。
② 无字义甚精深，当以另篇详之。

限。故曰"大有"。五行在天地之间,水土金木,皆愈分而愈少愈小,唯火独愈分而愈多且愈大①。盖四者皆有形有质,故有限。唯火有形而无质,故无限。唯无限,故大亦无限,有亦无限。此火天大有之卦之所以称大有也。其对卦为水地比,上坤下坎,曰"有孚盈缶"。虽亦称有,涉乎小矣。非地与水之果小也。以视火天大有则小,益以见大有之大,无外无对矣。然大有之卦名象义,其尽于此乎?曰:未也。《春秋》之书大有也,当然根据于《易》。释者以五谷丰登诂之,虽近是而意实未圆满也。夫有之大小,初无定限,实出于比较。今试设一例以明之:如有人口五百万之国,而有耕地五千万亩以上,斯五谷丰登,自然食之不尽,余粮栖亩,可称为大有矣。设人口递增至五千万或至五千万以上,而仍恃此固有之地,则虽五谷丰登,而人且不饱,饿夫载道,更何大有之足称?必以《春秋》书法而参之《易》象,大有之意义,始完足无少欠缺。然后叹古圣人立象措辞之精妙神化,断非寻常思虑所能及也。夫天下之地土有限,而人口之生殖无穷。据最近推算之率,以二十五年辄增一倍。如以五百万人口之国,苟无疠疫兵灾诸意外,则百年以后,可增至八千万,约为十六倍,更越百年。则为十二万八千万,又加十六倍。以此递推,其增加之率,殆不可思议。世界百年无灾害,辄有人满之患,衣食不足供所求,而争攘扰乱因之以起。必经一度之大乱,人口之死亡过半,地力之休养经年,于是消费减而生产转饶,家给人足,乃复睹治平之世。故自有历史以来,一治一乱,循环往复,几若恒例。《春秋》所书之"大有年",固偶一遇之。至《周易》大有之象,则大世之世,旷代难逢,古今中外所未觏也。然则文何以序此卦,周何以系此辞,孔何以一再赞叹?"自天祐之吉无不利"之文,凡三见于"十翼"之中。可见古圣人推测未来之精,而垂象昭示之深切著明,其爱天下后民也,可谓极其至矣。夫人口生殖增加之率,既如是其繁且速,而自古至今,何啻数千万年?而人类迄未能大遂其生者,则由于地力之限量,天灾之危害,实为之障碍。圣人作《易》,既

---

① 木虽亦可愈分愈多,然须加以培养生植之力,未可并论也。

阐明人道，参天两地，则所以参赞天地之化育，弥补天地之缺憾者，悉惟人力是视。古圣十三卦教民佃鱼耕稼，所以开其端。举其例，以示制器尚象之道。自象学失传，专以空理谈《易》。不但《易》理晦盲，而世界之进化，亦以此阻滞。芸芸众生，受阨于天灾人祸，而莫由发展，谁之咎哉？今幸西学东渐，物质昌明，日有进步。以证《易》象，若合符契。而后古圣人垂教之深心，皎然大白于世。且于西人所未发明者，亦得循涂索径，以究其旨归。是固不仅大有一卦为然。而惟大有之卦象意义，得《春秋》之互证，为更著明焉。夫有而曰大，乃无所不有。必人生衣食与日用所必需者，取不尽，用不竭，人人有余，而无一人不足，方足以副大有之称。拟之以物，在天地间取用不竭者，惟水火与空气耳。然水火之用有节，过度则灾。故既未济之卦，必序于节卦之后。近人利用水火以代人力者，用至广矣。但火必资于燃料，是以虑远者有石炭将竭之惧。自电学发明，足以代水火之用，并能超乎水火之上。于是物质之进步，更上一层。然生电之动力，今尚不能废乎水火，仍不能无遗憾焉。古圣人知电之功用，无所不能，无所不备，爰以离上乾下之卦，名之曰"大有"，以见人能利用天空之电，以曲成万物。非特制器备用，并可参赞造化之功。欲雨则雨，欲晴则晴，更无水旱偏灾之患。春夏温暖，固得种植之宜。秋冬寒冷，亦有补救之方。斯物产之丰，自可倍蓰于今日矣。至地力之限量，实由土中补助植物之原料不继。古人已知用粪力培养，然所获仍不能多。今日有用化学之肥料，及种种合宜之矿质者，已视粪力为优矣。但植物所必需之养料原料，空气中殆无乎不备。果能利用空气，则物产之丰，更当无可限量。近今泰西学者，已研究及此，惜乎未有端绪。不料古圣之《易》象，已昭示无遗也。离为气①。乾为空②。离与乾合，不啻明示为空气，为空中之电气。又雷地豫之卦曰"由豫大有得"，正与"火天大有"相印证，以明电气贯澈乎天地，必世人能利用乎此，而后物产之

---

① 坎为血则离为气，此对待之象也。
② 乾居戌亥，为空门。

丰,可取之无尽用之不竭,夫然后可称为大有之世矣。若《春秋》所书,只称为"大有年",而非大有之世也。然非得《春秋》"大有"之义,无以知《周易》大有之象。合而观之,大有之大斯可见矣。

释无

"有无"之无,《易》经、传皆作"无",乃《易》之特例也。《说文》"天屈西北为无",言无即天字屈其西北之一笔也。西北为乾卦方位,乾为天。乾圜往而坤方来,往屈来信,故曰"屈"。天屈西北,即乾居西北。西北为戌亥之方。戌者,亦屈之义也。故了鸟亦曰屈戌。亥,万物滋荄,有屈极将信之象,故戌亥乃存亡绝续之交。以干支会合言之为空亡。以天地之数言之,始正北方坎一,终西方兑十,戌亥乃无数。以十二辟卦言之,戌为剥,亥为坤,一阳垂尽,纯阴用事。非以纯阳刚健之乾处之,不足以镇全局,收继往开来之效也。故后天卦处乾于西北之位,乾坤合居①。阴凝于阳必战,故《说卦》曰"战乎乾"。乾西北之卦也。斯时也,静极而动未生,阴极而阳未形,孕育万有而未见其朕。欲以一字尽其状而赅其义,故特以一无字概之。此无字与有无之无,训诂虽同,而意义殊别。有无之无,与有相对;而无则无对,超乎有无之上。盖有无相对,则一阴一阳,已成两仪。而无则立乎两仪之前,为群动之根,开万有之宗,非后天之乾卦,不足以当之。夫后天坎离正中用事,而二老退处于西南东北不用事之地。然不用之用,而用乃无穷。老子之《易》以无为用,曰"三十辐共一毂,当其无有毂之用"。埏埴以为器,当其无有器之用。凡此皆言无之用。言无正为有之用,非虚无之为也。后之读者以辞害意,谓老子之学清净无为,为世诟病。其厚诬老子焉实甚。孔子曰"无思焉,无为焉。寂然不动,感而遂通",岂孔子亦主无为寂灭哉!大哉乾元,无方无体。目不可得而见,耳不可得而闻,乃为万物之所资始。惟万物资始于乾,故亦各有其元,亦皆不可见不可闻者,即此无字之真谛也。《诗》曰"上天之载,无声无臭",何也?即天之元也。又曰"德輶如毛",毛犹有伦,此天理之所在,即人之元也。然曰"无声"曰"无臭",则犹有形容拟

---

① 辟卦之纯坤亦位居西北,与乾合位。

识，而无则无可形容拟识矣。曰"德輶如毛，毛犹有伦"，毛即古语"有无"之"无"，故犹有伦，而无则无伦矣。读《易》须首明八卦之方位。帝出乎震，虽为后天八卦之始，而实资始于西北之乾。此义古今说《易》者罕有发明，惟五行家"甲木生亥"一语，确合资始之义，更足以证乾父震子之所自来矣。方位不明，无以见《易》。但知方位而不明乾居西北之义，亦无以见《易》。知西北之乾，知天屈西北之为无，《易》之道思过半矣。

风自火出

《家人·象》曰"风自火出家人",此六字骤视之似不相联贯。向来解之者,皆望文生义。谓有火必有风,风与火不相离,故有家人之象。其说之牵强,不待言矣。然因出于大儒,虽疑其不合,亦不敢辩驳。然舍此更无确诂,只得随声附和。而经义之晦盲,几终古长夜矣。夫风自火出者,非必水火之火也。若泥于水火之火,则有火必有风,尚属近似。然无火而亦有风,风更自何出乎?《说卦》"巽为风",因乾动入坤,乾之下爻虚而阴来补之,所谓空穴来风。近今西学家之论风,谓因地上冷热之度不匀,热以涨而轻,轻则上升,他处之气来补其缺,故动荡成风。此其说与《易》理正合。故风之出,实出于动。乾之初动为震,震动成离①,则动极而生热生光,即为电。是以震为动为雷,离为火为电。合而观之,则风自火出之火,非专指火水之火,盖可知矣。然不曰"热",不曰"动",不曰"电",而必曰"风自火出"者,《内经》曰"在天为热,在地为火,热虚而火实"。家人为夫归之卦,义取征实。火为五行之一,自足概以上诸义。更见圣人之文之妙,无一字或苟,无一义之不精也。

或曰:本卦未尝有震,而子乃牵及震动,岂非节外生枝?曰:卦之象义,皆有所自来。风火家人之卦,何自来乎?朱子卦变之说固不可通,然六十四卦命名之义,与象之分合,则皆各有深意。家人之卦,实本于恒。恒者长男长女,夫妇之道。后天卦帝出乎震,齐乎巽,震出巽齐,至离则位正而家道立矣,故《象传》曰"女正位乎内,男正位乎外,正家而天下定矣"。②孔子犹虑读者之不悟也,故《象》又曰"君子以言有物而行有恒"。特指出"恒"字,以明象义之所在。恒者,久也。《序卦》曰"夫妇之道不可以不久也",此言夫妇之情也。然愚夫愚妇,

---

① 说已见前。
② 既济六爻皆正,故曰"既济定也"。家人则正之始也。

往往陷溺于情，以为久之果足恃矣。不知百年弹指，亦等于电光石火耳。何久之有？故特于家人之《象》曰"风自火出"，互文见义，警觉提撕。至矣，尽矣！古漆书竹简，势不能用繁复之文字，著语必节而又节①。读者非深体此意，参互错综以求之，则古人之意终莫得而明矣。

---

① 节减之义亦称曰简，意可知矣。

蓍圆卦方

《系传》曰："蓍之德圆以神，卦之德方以知。"蓍数七故圆，卦数八故方。旧注以邵子之说为详。邵子曰："蓍德圆，以况天之数，故七七四十有九。五十者，存一而言之也。卦德方，以况地之数，故八八六十四。六十者，去四而言之也。蓍者用数也，卦者体数也。用以体为基，故存一也。体以用为本，故去四也。圆者本一，方者本四，故蓍去一而卦去四也①。"又曰："圆数有一，方数有二②，奇耦之义也。③ 六即一也④，十二即二也。天圆而地方，圆之数起一而积六，方之数起一而积八，变之则起四而积十二也。六者常以六变，八者常以八变，而十二者亦以八变，自然之道也。八者天地之体也，六者天之用也，十二者地之用也。天变方为圆，而常存其一。地分一为四，而常执其方。天变其体而不变其用也，地变其用而不变其体也。六者并其一而为七，十二者并其四而为十六也。阳主进故天并其一而为七，阴主退故地去其四而止于十二也。是阳常存一，而阴常晦一也。故天地之体止于八，而天之用极于七，地之用止于十二也。圆者刘方以为用，故一变四，四去其一则三也。三变九，九去其三则六也。方者引圆以为体，故一变三，并之四也。四变十二，并之十六也。故用数成于三而极于六，体数成于四而极于十六也。是以圆者径一而围三，起一而积六。方者分一而为四，分四而为十六。皆自然之道也。圆者一变则生六，去一则五也。二变则生十二，去二则十也。三变则生十八，去三则十五也。四变则二十四，去四则二十也。五变则三十，去五则二十五也。六变则三十六，去六则三十也。是以存之则六六，去之则五五也。五则四而存一也，四则三而存一也。三则二而存一也，二则一而存一也。故一生二，去一则一也。二生三，去一则二也。三生四，

---

① 与前卷"阳一阴四"条参看。
② 阳用全，阴用半，故方言二也。
③ 四者二其二也。
④ 圆以六包一。说另详后。

去一则三也。四生五，去一则四也。是故二以一为本，三以二为本，四以三为本，五以四为本，六以五为本也。方者一变而为四，四生八，并四为十二。八生十二，并八为二十。十二生十六，并十二为二十八。十六生二十，并十六为三十六也。一生三，并而为四也。十二生二十，并而为三十二也。二十八生三十六，并而为六十四也。圆者六变，六六而进之，故六十变而三百六十矣。方者八变，故八八而成六十四矣。"邵子之数，此其要领。能于此慎思而明辨之，则于方圆变化之道，著卦体用之妙，可了然矣。盖邵子之说，非空言其理，于算法无不密合。圆之必以六包一而为七者，以一大圆函七小圆，则其边乃相切而无罅隙。以一函七，而七之中各以一函七，则为七七四十有九。并外包之大圆，仍为五十。此所谓天地自然之形象也。一函七，即六包一。六包一成六十度，则通弦与半径等，成等边三角形。而中一圆之半径，与外每两圆之半径，亦各相等。每两半径相并六半径，亦成等边三角形，与通弦为底者同式。而六十度乃六分圆周之一，故惟与六包一，则中外之圆径相等也。若以七包一，则通弦必小于半径，而外圆之半径，亦必小于中圆之半径矣。若以五包一，则通弦必大于半径，为外圆之半径，必大于中圆之半径矣。四以下，八以上，其相差更巨，不待言矣。方起于四者，亦自然之定率。如画一平方，开为百分，则最外之一周为三十六，即二十与十六之并也。第二周为二十八，即十六与十二之并也。三周为二十，即十二与八之并也。四周为十二，即八与四之并也。中心为四，故曰"方起于四"。或任由一角以积四起，数之亦同。以方圆之数，合之河洛，亦无不相符。故但曰"圆方"，只为形学与数学之起点。著圆卦方，遂以合天地之文而成天下之象。圆象天，方象地。而所以度此圆方者，则惟三角。故洛书以三五七在中，为人之数以象三角。以人秉天地之气以生，其心则圆之心，其边则方之边也。盖以等边之，三角形三分其中垂线，二分在心上，一分在心下。积数十，则心在三。积数二十八，则心在五。积数五十五，则心在七。说详《周易折中》，兹不赘述。义蕴宏深，实为理象气数之渊源，初学所不可忽也。

二八易位

　　洛书之数左旋，本一二三四也。右转，本六七八九也。乃二与八相易，遂成后天之位。前已言之矣。而其所以相易之理，则精微玄妙，有非言语所可形容者。兹但就其可得而言者言之，则其所不可言者，亦不难于言外得之。更参看前述各条，或更有相喻无言者矣。夫二八之位，以方言之，则东北与西南也。以卦言之，先天则震巽也，后天则坤艮也。以辰言之，则丑未也。以数言之，则二八也。先天以西北为太阳太阴之位，东南为少阳少阴之位。以五十生成变化而为后天，骤视之，似四九与二七易位，为老少阴阳之交错。而究其数之序，则悉依《系传》"天一地二天三地四"之次而去其十，又以"二八相易"以尽其用。盖先天之变化以五十，而后天之妙用则在二八。二八与二五等也。二五媾精，妙合而凝，即二八交错之用也。因先天为震巽之位，雷风相薄，故《恒·象传》曰"雷风恒君子以立不易方"。① 后天为坤艮也，故《谦·象传》曰"天道下济而光明，地道卑而上行"，②《象传》曰"君子以裒多益寡，称物平施"。③

　　孔子之《彖》《象》诸传，虽似未尝言数，而细按之，实无一字一义不与象数相合者，举此亦可类推矣。若由地山谦之本象言之，未见有天道下济之象。而"光明"二字，更无所指。旧注或以旁通，或以中爻，均未有当。而望文生义，就字面以解释者，尤不足论矣。惟坤艮相对，实二八易位。天纪始于丑，地极正于未。天圆数阳，以二而进。地方数阴，以八而退。天地二数之进退，仍不越河图洛书之序者，奇在图自北而东而南而西，而复始于北，为奇序左旋之数。故自内之外，而二加一得三，二加三得五，二加五得七，二加七得九，二加九得十一，为圆径。方者偶，在图自西而南而东而北，而复始于西，为偶序

---

① 方者，体也。体不易而用斯易矣。
② 即二五媾精天地交错，二八相易之用也。
③ 裒多益寡，亦二八之交易也。多寡平施，说另详。

右转之数。故自外之内,而八减十二得四,八减二十得十二,八减二十八得二十,八减三十六得二十八,八减四十四得三十六,为方围。洛书之奇数,自后而左而前而右,而复始于后,为奇位之上升。故自内之外,而三倍一得三,三倍三得九,三倍九得二十七,三倍二十七得八十一,而圆围。偶数自前而右而后而左,而复始于前,为偶位之下降。故自外之内,而二折四得二,二折十二得六,二折三十六得十八,二折一百八得五十四,为方径。此天地二数,进退消息之自然。① 故孔子特于《谦·象》详晰言之。济者,即水火既济之济。子正于丑,午正于未,丑未相交,即水火之既济。鬼神者,西南为神,东北为鬼,皆指二八之相易言也。俗儒不明象数原理,谓孔子所未言,而斥为方术,诬为异端。读谦之《象传》,试问将何辞以解哉!② 邵子所云"月窟天根",人皆知为震巽,为复姤,而不知其实暗藏坎离也。观下联"天根月窟常来往,三十六宫都是春"二语,可知为震巽言。不但为震巽言,为复姤言。不但为复姤言,而"常来往"三字,则明指震巽之往来相易,皆所以发二八易位之蕴者也。后人讲《易》,但知逐卦寻求。求而不得,以为此孔子之未尝言者,吾辈又何必言之?不知孔子"十翼",实无所不言。奈读者不求甚解,以致始终不悟耳。

---

① 参看前"参伍错综"及"数之体用""阳一阴四"诸条。
② 先天卦位以阴阳长少之序言之,震巽之位亦相互易,与二八之相易同也。

六庣

《管子·轻重·戊篇》曰："密戏①作造六庣以迎阴阳，作九九之数以合天道，而天下化之。"魏刘徽《九章算经·序》曰："包牺氏始画八卦，作九九之术，以合六八之变。黄帝引而伸之。"夏侯阳《算经序》亦曰："算数起自伏羲，而黄帝定三数为十等，隶首因以著《九章》。"以此观之，阴阳象数，皆创自庖牺。黄帝但引而伸之，以益其所未备耳。可见八卦之重为六十四卦，亦必出自庖牺。而先后天之变化体用，亦已略具，但未有文字以发挥之耳。否则仅此小成之卦，何以能迎阴阳而合天道哉！管子去古未远，所谓六庣，必有其相传之法。与九九之数，同为士类所习用者，必非空言。今则九九仅存，而六庣已无从探考矣。按庣当读若计，亦必数理之原。曰"六庣"者，正与九九相并。一六一九，即为《周易》二用之所自本。后之言数者，千变万化，均莫能越其范围也。六八之变，即圆方之数，后世言形学者之所本。邵子圆之数起一而积六，方之数起一而积八。六者常以六变，八者常以八变，即此义也。可见数理悉备于《易》。九九之术，已包孕于八八六十四卦之中。然则"六庣"之法虽亡，即《易》象以求之，其数理固自在也。

---

① 即伏羲。

卦象进化之序

　　文王序卦,以上下篇六十四卦,备具天地万物之象。参伍错综,而无乎不通。故《传》曰"盈天地之间惟万物",又曰"有男女然后有夫妇,有夫妇然后有父子,有父子然后有君臣"。于是天下之事遂层出而不穷,有是物,有是事,即有是象。而当物之未生,事尚未见以前,而象已前知之,而数已前定之。然皆非动不可见。若六十四卦之序,固定而不移。非如卦之贞悔,爻之动变,而为象事知器占事知来之用者。然其次序之推迁,皆为事理之所不易。广言之固具万事则应众理,隘言之任举一物一事,而其序不越。我国书史纪事,断自唐虞,而《易》则始于羲皇。至羲皇以前之事,于文史罕征。而近译泰西《世界进化史》,则追溯夫天地之所肇始,与地球初成时之景象。虽云出于推想,然于地层以下,及南北冰洋所发现之古物,足为太始时代之征验者,似较荒渺无稽之神话为确实而可信。更以考之吾《易》之卦象,则文王所序,固已将世界开辟以来,逐渐进化之次序,已列举无遗。与西人《进化史》所述不但大致相同,且其爻象之显著,俨如图绩,有不待烦言而解者。惜吾学浅薄,不能微显阐幽。只就肤理言之,觉往事所经,固已历历在目矣。然于象义,实仅一斑。管窥所得,聊佐谈资,非敢诠《易》也。

　　《序卦传》首言"有天地",而不言乾坤,则以乾坤为天地。《周易》首序乾坤,即天开地辟之象。上天下地,天地初分,为第一期。

　　乾坤以后而首继以屯,其卦为坎上震下。中爻二至四为坤,三至五为艮。坎为水,艮为山,坤为地,震为雷。以见天地初分之后,地中纯阳鼓动如雷,发生地气,为四周天空之冷所激,①气皆化水。故遍地之上皆水,而山亦淹没水中。与西史所述情状,悉相符也。此乃地球初成,水陆未分,为第二期。

---

① 乾为寒为冰。

屯后受之以蒙，其卦为艮上坎下。中爻二至四为震，三至五为坤。震阳上升，山已高出地上，地已高出水面。坤为万物，在震起艮止之中，有生有成。故曰"蒙"。蒙有草木茂盛蓬勃之象焉。此则水陆既分，万物滋长，为第三期。

蒙后继之以需。需者养也。万物既生，各得所养。其卦坎上乾下。中二至四为兑，三至五为离。兑金离火，燧人火化，民已知饮食之道。在蒙之时，万物皆天地自生，未假人力。至此有火有水有金，而人工之制造，渐已创始。惟上至四，互水火既济，五至二互火泽睽。虽有制，未尽合用。于是圣人发明数度以前民用，而后民始知有生之乐矣。观上至五互水泽节，①二至初互火天大有，其先后之次可见矣。制作初创，此为第四期。

需后继之以讼。讼者争也。制作既兴，民知有利，利者争之媒也。而争者，即进化之渐也。其卦乾上坎下，中爻二至四为离，二至五为巽，四至初互火水未济，五至初互风水涣。惟争则涣，涣则既济亦为未济。上至二互天火同人，通其志，②则争息。上至四互天风姤，姤者遇也。天地相遇，品物咸章也。争息则相遇相合，巽以齐之，为工为长。百物以兴，乘木有功，舟楫以通。是天下之事，因竞争而进步者也。是为第五期。

讼后继之以师。师者众也。人物之滋生日众，则争之途益广，于是师旅以兴。为卦坤上坎下。水由地中行，本至顺之事也。以见古人之师，容民畜众，以防民之争，非以戮民也。以卫民之生，非以残民也。故曰"能以众正"。以众正者，以众正众，非以众暴寡也。上至二互复，"复见天地之心"。夫天地之心，于何见之？即见之众人之心而已。故曰"天视民视，天听民听"。坤为民坎为法，此民众立法之时代也。是为第六期。

师没受之以比。比坎上坤下。以地中之水，泛滥于地之上，乃至

---

① 节曰：君子以制度数。
② 同人"通天下之志"。

不祥之事也。盖生民日众，占地日广。以气候之不齐，原隰之不同，而好恶利害，不能无异。民法虽立，便于此者或不便于彼，利于甲者或不利于乙。况师旅之制已兴，兵革之祸难免。于是有强者兴焉。力足以服众，智足以用众。一人首出，君临万邦。运会所至，亦有不期然而然者。卦象以坎坤拟之，不得已而为之辞曰"比"，曰"亲"。其垂训于后世之君者，至且切矣。上至四互水山蹇。蹇者难也，险在前也。五至二互山地剥，剥曰"上以厚下安宅"，《象》曰"君子得舆小人剥庐"。其垂诫于后世之君，更明且著矣。奈后之学者，不求象义。以显比之吉，媚兹一人，而忘"无首"之凶，皆《易》之罪人也。今观比之象而玩其辞，先圣之心，固昭然若揭焉。此为第七期。

比后继之以小畜。以开国之君，能比贤而亲民。所谓显比日月，犹有光明磊落之心，无自私自利之见，①故能致小畜之治。小畜巽上乾下，中爻二至四为兑，三至五为离。上至二互风泽中孚，二至初互火天大有，上至四互风火家人，皆佳象也。而二至四互火泽睽，犹有都俞吁咈之象。且尧之庭有四凶，舜之家父顽母嚚象傲，亦美中之不足，然不为郅治之害也。《象》曰"君子以懿文德"。此为第八期。

小畜后承之以履。上天下泽，君道愈尊，世道愈卑。积习所致，亦有不期然而然者。为卦上乾下兑。中爻二至四为离，三至五为巽。上至二互天火同人，二至初互风泽中孚，二至四互风火家人，三至初互火泽睽，与小畜大略相同，皆君主极盛之时代。以礼持之，所以防尊者愈尊卑者愈卑之渐。故曰"以辨上下定民志"。辨者分，分者等也。上下悬隔则睽，于是绌彼伸此以剂其平，②使上下各有所守。此之谓礼，非尊上抑下之谓也。后儒不解"辨"字之义，以为天泽之分，天愈高，泽愈下，谓礼所本。去圣人制礼之意相隔河汉矣。此为第九期。③

---

① 尧舜垂裳，其庶几乎？
② 谦以制礼。上者以礼下人，下者以礼奉上。各有分际，不越其等。
③ 履九数。履于三九二十七数。孔子三陈九德，始于履。三之二十七，合履旋之数。

履而安,然后泰,故受之于泰。盖自比而小畜而履,积功累仁,而始能臻泰之一境。所谓上以礼下人,下以礼奉上,上下交而其志同。承履之道,殆继体守文之令主欤?为卦坤上乾下。乾本尊也,而虚己以下人。坤卑也,而守礼以奉上。中爻二至四为兑,三至五为震。上至二互地泽临,二至五互雷泽归妹,五至初互雷天大壮,四至初互泽天夬,上至四互地雷复。象之参差,似已不及小畜与履之世矣。盖泰伏为否,盛之极,已伏衰之机。是以君子持盈保泰,不敢稍忽焉。《象》曰"财成天地之道,辅相天地之宜,盈虚消息"。其道甚大,言之甚长,兹姑不赘。此为第十期。①

泰极则否,故泰后受之以否,亦物极之必反也。为卦乾上坤下。若以旧说上天下泽例之,非"天地定位"之当然乎?而作《易》之圣人,命之为否,其忧天下后世也至矣!中爻二至四为艮,三至五为巽。上至二互天山遁,上至四互天风姤,五至二互风山渐,四至初互山地剥,五至初互风地观,复象均与泰相反。盖尊者愈尊,卑者愈卑,与履有同况焉。然履承比亲之后,亲则易暱,故可以礼节之,而否则非其时矣。继泰之后,已不胜礼繁文过之弊。在上者以自尊为当然,在下者以卑谄为能事。于是小人道长,君子道消,天下事不可问矣。然物无终否,天心有厌乱之机,人心有悔祸之日。否极则泰来。乱极之世,正致治之机也。此为天地不交万物不通时代,为第十一期。

否之极转为泰,泰之极又终为否。否泰反类,循环无已。孟子所谓"一治一乱,其机相为倚伏"者也。吾国数千年以来之历史,皆颠倒往复于否泰,如牛之转磨,盘旋不已,始终不离此一圈之地,无进步之可言者,则以不悟易理进化之道,未能变易其方式求之也。今值世运日新,环球大通,当午运离明,万物皆相见之会。虽深闭固拒,而有所不能。即不欲自变其方式,亦必有强迫而为之者。于是国中知几之士,猛然觉悟,力求改革。此乃由否而进于同人,不反于泰,庶可免历

---

① 《周易》自乾坤至履凡十卦,阴爻阳爻各三十,已备阴阳气之全。自泰卦起,故又以乾坤立局。

来一治一乱之覆，以求日进于文明。此其义作《易》之圣人已昭示于数千载于上。即物不终否，而受以同人之深意也。同人之为卦，上乾下离，以阴为主，而九五犹当阳正位。此其象实现世君主立宪之政体也。上至二五至二皆互姤，四至初互家人，而上至四互重乾。乾乾夕惕，君无失德。此政权虽归诸民，故君位仍未失也。而利涉大川，仍为乾行。如各国之海陆军大元帅，及对外代表全国，仍在君主。此济否过渡之时代，为第十二期。

同人后继以大有，则民主正位，顺天休命。为卦上离下乾，刚健文明。上至三互睽，上至二仍互大有。四至初互重乾，五至二至初皆互夬。夬刚决柔，君子道长，小人道忧。今以刚决柔，以柔济刚，则君子小人，各得其所。故曰"遏恶扬善"，又曰"自天祐之吉无不利"也。此民主政治之时代，为十三期。

主政者志易骄，骄必败。富有者气易盈，盈必亏。故受之以谦，而后大有之休命可久。谦之为卦，上坤下艮。中爻二至四为坎，三至五为震。上至三互地雷复，上至二互地水师，五至二互雷水解，四至初互水山蹇。天道下济，地道上行，①有泰之象，而不居泰之名。故泰终则否，而谦则可以持盈而保泰也。曰"裒多益寡，称物平施"②，曰"劳谦终吉"，皆今世社会主义之所主张，而《易》象已著明于数千年以前矣。盖大有之极致，非此无以剂其平也。是为第十四期。

承大有与谦之后，虽盈虚消息，善剂其平，亦不免有极盛难继之势。盖日中则昃，月盈则亏，数理如是。故虽能避否泰之循环，终不越盛衰之定理，是非豫以防之，无以泯其遗憾焉。故谦后继之以豫。谦以坤顺艮止，或近于退守。豫则雷出地上，人人皆有震与奋发之象。为卦震上坤下。中爻二至四为艮，三至五为坎。上至四互雷水解，上至五互雷山小过，五至初互水地比，四至初互山地剥。《象》曰"刚应而志行，顺以动豫"。"顺以动"者，举国之人，皆能顺其轨则，奋

---

① 说见前"二八易位"下。
② 皆天地自然之数，说亦见前。

发有为,则利无不兴,弊无不去。大有之业,不致失坠。故《序卦传》曰"有大而能谦必豫",联之卦为一气,皆相因而至者也。谦以制礼,豫以作乐。礼明乐备,万象休和。在大有尚在法治时代,至谦而继之以豫,殆风醇俗美,人人能陶淑其身心,各优于自治。虽有法律,几无所用之矣。此为第十五期。

继谦豫之后曰随。古圣序卦之妙,真不可思议矣。而随于六十四卦中,又为特例。他卦皆有二五之位,独随卦无之。随之爻位,但以初随二、二随三、三随四、四随五、五随上,依次相随,故卦名曰随。盖承谦豫礼明乐备之后,法律久成虚设,人人优于自治,已事无不举,更无庸设政府以治之。近世所流行之社会主义,无政府主义,圣人于随卦之象,已备举而无遗。为卦上兑下震,震动兑说,自然相随。中爻二至四为艮,三至五为巽,上至四互泽风大过,上至五互泽山咸,五至二互风山渐,四至初互山雷颐。一卦全备八卦之用,故"元亨利贞而天下随时"。① 盖随虽无贵贱之位,而各爻名自有本位。阴阳相随而不相忤,仍各自守其位,自尽其责。不相越,不相渎,所以谓之随。今世社会之精义,其能有过于是哉! 孔子作《春秋》,随时也。孟子言仁义,随时也。"春秋"者,震春兑秋也。故《春秋》张三世,至太平世而随时之义著矣。仁义者,震仁而兑义也。孟子曰"天下之言性者,则故而已矣",故者以利为本。《孟子》七篇,首仁义而不言利,是以道性善,异乎天下之言性者也。天下言性者故,而以利为本。孟子则本于震仁兑义言性善,而不言故,即不言利。"随无故也。"② 盖至随之世,人人各守其位,各事其事。无有余,亦无不足。无利己利人之见,更有何利之可言? 此孟子言《易》之最精者也。③ 人人率其天性,即尽人道以合天地之道。《说卦传》"立天之道曰阴与阳,立地之道曰柔与刚,立人之道曰仁与义",至随则仁义并立。合阴阳柔刚,与天地参。

---

① 王肃本"时"作"之",《本义》从之,大误。
② 《杂卦传》。
③ 参看前卷"孟子之《易》"。

乃人道之中正，人治之极功。① 故九五曰"有孚在道"。② 自天地开辟，人治之由渐进化至此，而生人之道，始见完备。是为第十六期。

乾坤以后至随，世界进化之序，约分为十六期。阴阳气化数备于十六。随时之道，仁至义尽，已臻人治之极功。物极则变，递演递进，又将更易杂新之局。故圣人序卦，于随后继之以蛊。蛊者变也。③

《易》数十有八变而成卦，八卦而小成。自乾至蛊，计十八卦，为爻一百零八，已备阴阳之数。④

除乾坤各为一卦，自屯至蛊十六卦，反复仅得八卦。与乾坤并计，则为十卦。故分言之乾坤至履为十卦，阴阳爻各得三十。合言之乾坤至蛊，亦为十卦，阴阳爻仍各三十。是以至蛊卦而象数更生变化。自蛊以后，又从乾坤另起一局，别开生面矣。惟泰否之为乾坤，人易知之。若蛊下临卦之为乾坤，人皆不省也。缘临有坤而无乾，内卦为兑，兑未可以当乾也。不知临之初二，皆曰"咸临"，六曰"至"，四曰"大"皆指乾坤也。乾曰"咸宁"，坤曰"咸亨"。临当丑月之卦，子丑一二，日月合明，故曰"咸临"。"至哉坤元"，见于临之六四。"大哉乾元"，见于临之六五。故临之一卦，乃天地合德，日月合明，实具乾坤之大用者也。是故《序卦》有八变止于蛊。今以近世之进化史，比类以推，《易》象之次序止于随。至蛊之变化如何，则尚未敢蠡测。临观以下，更无论矣。

以上所述，仅约略言之。与西人所叙世界进化次序，固已无不吻合。若论其详，象数具在。阅者试触类以求之，当必更有所得，非可以言尽也。

或曰：自乾至随，溯古证今，既以明白如缋，而自今以后，则为蛊

---

① 以性功言之，孔子之"七十从心所欲不逾矩"，即随之义也。
② 经文言"道"，始见于此。
③ 其义已详前卷。蛊为变化。
④ 阴阳之数备于一百零八。全《易》六十四卦，共三百八十四爻。然除乾、坤、坎、离、颐、大过、中孚、小过之八卦外，一卦覆为两卦。上下二篇，实只三十六卦，共二百一十六爻，合纯乾一卦之策数。以阳包阴，内含阴爻一百零八。全《易》卦爻总数，阴阳爻各得一百零八也。

之时代，究其变化何若？亦可得预言其略欤？曰：《易》道变化，高深莫测，岂敢妄拟？但变化无穷，皆出以渐。月晕而风，础润而雨，皆有其兆。今未能知变化之终极，然其兆之先见，或可略睹矣。或曰：其兆如何，愿得闻之？曰：今日物质之文明，已偏胜于一时，则此后必将由物质而更求精神。官治之痛苦，已偏喻于人民，则此后必将由官治而进于自治。此可得而言者也。

或曰：此则欧美诸国已有实行者矣，未可为将来之变化也。请更言之。曰：未来之事，非空言所可揣测。无已，仍请征诸卦象。自蛊以后，临、观、噬嗑、贲、剥、复六卦，皆乾阳潜伏。则此时之世界，必将以柔胜刚，以弱制强，而女权亦必扩张，此则可断言者也。至事实如何，今先有其兆者，如蒸气之用，或将代以电力。轮轨之用，或将益以飞行。枪炮必归废弃，金银不为易中。晴雨不尽听诸天，宝藏不复蕴诸地，亦变化之所有事也。然非敢预测，妄言妄听。至天雷无妄，或此妄言妄听者皆非妄矣。

雷电噬嗑

《噬嗑·象传》曰："雷电噬嗑，先王以明罚敕法。"朱子《本义》："雷电当作电雷。"惠氏栋曰："项氏安世谓石经作电雷。"晁公武谓"《大象》无倒置者，当从石经"。案今所传唐石经，仍作雷电。项氏所据未知何本，或是蜀石经。《程传》亦云"象无倒置"，疑为互文。然以象考之，并证诸物理，则确知此二字之非误，且寓意绝精，非后人思虑所及者。孔子犹虑后人以他卦《大象》相例，疑为倒置，故特于《象传》先明示之，曰"雷电合而章"。与随卦"随时"之义，先之以"天下随时"一例。圣意之周密，可谓无微不至矣。盖雷之与电，本为一物。雷为电之声，电为雷之光。光速而声迟，故人必见电而后闻雷。遂以目所见者为电，耳所闻者为雷，其实非有二物也。是以测雷之远近者，以见光及闻声相距之时间求之，此可见雷电之相合也。《象传》曰"雷电合而章"。以二者本不可分析。且人之耳目，虽闻雷在见电之后，而雷之出地，实声在先而光差后也。今物理学家所谓新发明者，伏牺于七千年前已昭示其象，孔子于三千年前已详析其义，可谓微妙不可思议矣。以象言之，震为雷，而离为电，似分为二，实则二者必相合其用乃见。震以一阳动于下，取象于雷。然阴阳不合，则雷无声，而电亦无光。复之《象》曰"地中有雷"，雷在地中，郁而未发，此震之本象也。必与巽合，阴阳摩荡，声光始见。故姤之《象》曰"天下有风姤"，①必复雷震刚始，而姤之巽柔引之。则震一刚，薄巽一柔，嗑合而为离电。②故曰"离为电"。其象义之精，与物理丝毫悉洽。噬嗑以震刚薄巽柔，巽柔化为离明，于是雷电交作。中爻成坎，而雨随之矣。若巽阴不化，则但有风而无雨，雷电之用亦不章矣。且电有阴阳，亦称正负，必正负合而光始出。离下震起而上艮止，正负相合，而中爻之光出矣。

---

① 复姤阴阳相正对也。
② 离卦上巽伏而下震起，合震巽之半而成离，即虞仲翔氏所谓半象是也。

妙哉！《彖传》"雷电合而章"仅五字，而象数物理无不毕赅。改为电雷，于文义亦未始不通，但为巽柔之薄刚，为风天小畜之象，而非噬嗑之象矣。差以毫厘，谬以千里。又乌可望文生义，而妄改经字哉！

同人而人不同

同人承否之后，所以济否者也。否塞不通，故济否之道，首在通天下之志。否以睽隔而不通者，同人则相亲以通之。类族辨物，人无不同，故曰"同人"。《杂卦传》曰："同人亲也。"以斯义推之，则一卦六爻，宜无不同矣。而抑知不然。夫所谓人者，独三四两爻为人位。卦曰"同人"，似必以三四两爻得名。孰知上天下地，初二五上尽同，而独三四两爻不同，不亦异哉！初九曰"同人于门"，六二曰"同人于宗"，九五曰"同人先号咷而后笑"，上九曰"同人于野"，皆曰"同人"。独三四非但不同，九三曰"伏戎于莽"，九四曰"乘其墉"，且似有各不相下之势。岂非与同人之名不相副欤？然而无损于同者，则以通也。盖天下唯人最难同。而亲近之人，较疏远之人更为难同。以近则易争，亲则易狎。故初二五上之不同者皆同。三四之本为人爻而处于同者，独不言同。然既处同人之世，终无独异之理。始之不同者，或由于是非之争。终归于同者，明于公私之辨也。是非以争而愈明，公私是辨而各当。虽有伏莽乘墉，终得安行困反之吉，故曰"先号咷而后笑"。近世共和政治，无不先出纷争，而卒归于一致者，以土广民众，利害互殊，非各通其志无以剂其平也。于不同者而致于同。其同乃出于安行困反，而绝无强迫，同于是乎可大而可久。此同人之同，所以不讳其异。虽伏莽乘墉，而卒无碍于同也。若阿附曲从，尽出于同，非不足粉饰于一时，而其志未通，其心不一，所谓同而不和，又安能利君子贞，而臻同人之治哉！故孔子曰"二人同心，其利断金。同心之言，其臭如兰"，是即指三四两爻而言。对人之体贴人情，可谓无微不至。而六爻之象，皆精义入神。芜陋之词，不足状其万一。但略引其绪，则善读者自不难于言外得之。

天地相遇

《姤·彖传》曰"天地相遇,品物咸章也",《释文》:"姤,古豆反。"薛云:"古文作遘。郑同,遇也。"荀氏谓:"乾成于巽,而舍于离。坤出于离,与乾相遇。"《九家易》曰:"谓乾起子运,行至四月,六爻成巽,位在巳,故言乾成于巽。既成,转舍于离,万物皆盛大,坤从离出,与乾相遇,故言天地遇也。"按"坤从离出"云云,即邵子先天图说也。可见汉人说《易》,早已有此方位,但未立先天之名耳。惟以此释"天地相遇"二句,殊为肤浅。朱氏震曰:"此以初六言姤之时也。姤五月卦,《易》于复言七日来复,冬至也。于姤言品物咸章,夏至也。举二至,则律历见矣。"此说较近,而于"天地相遇"四字,仍未能发挥。《吕览·五月纪》曰:"太一出两仪,两仪出阴阳。阴阳变化,一上一下,合而成章。"以释此句,最为的当。夫姤复相对,复为乾初九,爻贞于子。姤为坤初六,爻贞于午。子与丑合,午与未合,二八易位,天地相交。始于子午,而正于丑未。故姤为五月卦。夏至日午立竿日中无影,为天地阴阳遘合之时。凡逢四五月之交,水必有毒,茶水越宿,必变黑色。甚者或逾时即变,此即阴阳交遘之气所感,与人之痘症种于先天胎毒者,其理正同。先天胎毒者,即父母交遘时所伏者也。古人相传以五月为毒月,五月五日为毒日,皆本于此。俗尚于端午日饮雄黄酒,食蒜头,未知始于何时,实足以消疠气而解水毒。凡饮水致毒及中蛊者,食蒜立解。可见古人于此中极有研究,故能历久相传,成为风俗。后人不解,误为迷信,其负古人也甚矣![1] 姤之天地相遇,以气非以形。其相感之情状,几非言语所可形容。孔子以"咸"字拟之。咸者,二气感应以相与,不可以言说者也。故咸卦以少男少女之情感况之。乾之咸亨,坤之咸宁,临之咸临,皆此义也。临之咸,乃子丑日

---

[1] 夏至日行北陆,故其毒壮盛。南北俗以蒜为常食,即所以解水毒也。南人在北,思食蒜者,至秋初必患腹疾或痢症。此余留意验之三十年历历不爽者。

月合。姤之咸,乃午未天地合,而皆本之于乾坤。呜呼!《易》义精微,非孔子神化之笔,不足以状之。即以文字论,亦冠绝古今,更无以尚之矣。

七巧

七月七日，谓之七夕，又曰七巧。习俗以此夕盛设香花酒果，向天孙乞巧。自古相传，均莫名其所以之故。而各家纪载，亦仅侈陈其事，而鲜有释其义者。此亦与端午重九诸节，各有寓意，而非漫然为之者也。七月于卦消息为否，与泰相对，于八卦方位则为坤。七月七日，数遇重七，即幽赞神明生蓍之数。天下之数无穷，惟七足以度之。五地方数，而方五则斜。七以七度五，适尽而无畸零。① 一三天圆数，而无论围三径一，径一围三，有余不足，各有畸零，②惟以七为径，则周为二十二，亦适尽而无畸零。故天五地十，阴阳斡旋，亦惟七持其柄，而运转不穷。子丑日月，而寅为斗。斗数七，③坤艮为谦，谦柄履旋，④以周十有二辰，起于牵牛。牛女本同宫，而天地交遘，丑未相易，于是牛女分析，此所以有牛女相离之说也。七七斗数斡旋，二八数合，⑤故牛女相会，只此一夕。乌鹊填桥，鹊为离象。乌鹊者，离入于坎，水火既济，而后东三西七相会，二气感应。《参同契》取之以喻一身交遘之象，亦即天地阴阳往来之象也。故后天谓之泰者，在先天则否；先天为否者，后天则泰。否泰反类，几亦在七。是七者，足以尽阴阳之数，度圆方之形，通否泰之类，成天地万物之变化。谓之曰"巧"，宜哉！

---

① 勾三股四弦五，三与四亦七也。
② 周三则径一不足，径一则周三有余。
③ 《易》数始七屯见，终七姤遇，即蓍七七之数。
④ 谦者德之柄也。
⑤ 即坤艮合。

星曜神煞释义

《易》未尝言星曜神煞也。而后之言星曜神煞者，无不推本于《易》。腐儒辞而辟之，而不明其理；愚夫崇而信之，而罔识其原。于是术士得假之以惑人，皆《易》道不明之害也。胜清《仪象考成》《协纪辨方》诸书，甄录极详，惜亦未探源立论，令阅者目迷五色，仍不知其所本。《易纬·乾凿度》"太一行九宫"，郑康成注曰："太一者北辰神名也，此实为星曜神煞之宗。太一下行八卦之宫，每四仍还于中央。中央者地神之所居，故谓之九宫。"① 天数大分以阳出，以阴入。阳起于子，阴起于午，是以太一九宫，从坎宫始。自此而坤而震而巽，所行者半矣，还息中央。又自此而乾而兑而艮而离，行则周矣，上游息于太一之星，而反紫宫也。"盖太一即太极，《礼》曰"礼必本乎太一"，何以又曰"北辰之神名"？则以阴阳不测，非假立一名，无以神其用。故曰"太乙之神"。而后世太乙、遁甲、六壬诸式，皆由此推衍，变化益繁，而神之名愈多。复益以天星躔度，而杂糅并著，更不可分。然所立之名，率为阴阳顺逆及星度舍次之符号，非谓有是具体之神也。《九宫经》及《五行大义》所载：一宫，其神太一，星天逢，卦坎，行水，方白。二宫，其神摄提，星天内，卦坤，行土，方黑。三宫，其神轩辕，星天冲，卦震，行木方碧。四宫，其神招摇，星天辅，卦巽，行木，方绿。五宫，其神天符，星天禽，卦坤，行土，方黄。六宫，其神青龙，星天心，卦乾，行金，方白。七宫，其神咸池，星天柱，卦兑，行金，方赤。八宫，其神太阴，星天任，卦艮，行土，方白。九宫，其神天一，星天英，卦离，行火，方紫。统八卦，运五行，土飞于中，数转于极，今历书尚沿用此术。惟太乙数所用推法，与此不同。乾一，离二，艮三，震四，兑六，坤七，坎八，巽九，而避五不入。四神十二宫，又于九宫外，增降宫、明

---

① 太一天神，中央地神。

堂、玉堂三宫。神名亦与此不同。《灵枢》曰：太一常于冬至居叶蛰宫①四十六日，明日居天留，②如是而仓门、③阴洛、④上天、⑤玄委、⑥仓果、⑦新洛，⑧周而复始，其次与郑萧诸说均同。所谓叶蛰天留云者，当为宫名也。盖阴阳五行之气不可见，藉其行度之数，以觇其顺逆往来，及盈虚消息。故推算首重在数，但数能无误，虽立法各异，而收效亦同。象以代数，已可更易。⑨若神煞星曜诸名，则更以补象之不足，而籍以为符号耳。阴阳者，如代数之负与正也。五行者，加减也。但加减与正负不误，其代数之名词符号，不妨以意为之也。惟代数为单纯之数，故方式尚简。而此则数与象兼，且五行又各有其气，是不啻于正负之外又有正负，加减而后又有加减。且互相加减，而顺逆生克，又生吉凶。是以不能不设种种之名称以为符号，而名称亦不能不略含意义，以辨吉凶。此星曜神煞之名所由来也。必取其人以实之，或祷祀其人以祈禳之，愚矣。然此风由来已古。子产之对晋侯，"其神实沉，其神台骀"，已为禳祝之滥觞。而《月令》之五帝五神，无不各有其人。汉儒注《礼》，遂有天帝、人帝⑩之辩。是在三代之时，已如是矣。孔子《说卦传》，于震出而必曰"帝"，于妙万物而亦曰"神"，盖非是不足以状其用而形其妙也。殷人尚鬼，意坤乾及太卜所掌之《易》，所称之神名帝名尚多。孔子赞《易》，以其无关义理去之，特存此一帝一神，以见其例，亦未可知也。但经虽不著，而习俗难移。故《易纬》及《春秋》《礼》诸纬，与《六壬》等书，⑪皆仍相传之旧。而鬼神之念，

① 坎。
② 艮。
③ 震。
④ 巽。
⑤ 离。
⑥ 坤。
⑦ 兑。
⑧ 乾。
⑨ 如乾六离九，太一数易为乾一离二是也。
⑩ 灵感、仰赤、燻怒之类，为天帝。太昊、轩辕之类，为人帝。
⑪ 六壬相传甚古，春秋战国时已有之。子胥少伯皆精其术，故或谓太公所著。

遂固结于人心。帝王更神道设教,择立祀典,坛庙庄严,久而弗替。取精用弘,灵验斯昭,为祸为福,皆斯人之精神自相感召,又何足怪哉!

中和

孔子立教，道在中和。然中和其体，而其用在时。时而无违，斯其效又为中和。故曰"时中之圣"，又曰"体用一源"。《中庸》曰"致中和天地位焉，万物育焉"，中和之效也。孔子赞《易》尚中尚时，而曰"保太和"，惠定宇《易》例曰"中和"，曰"《诗》尚中和"，曰"礼乐尚中和"，曰"君道尚中和"，曰"建国尚中和"，曰"中和之本"。盖将以为"《易》尚中和"之一例，属稿未成而散见杂出者也。其"二五为中和"一语，已契其纲领。又《易》三统历，曰"阴阳虽交，不得中不生"，故《易》尚中和。二五为中，相应为和。又引《说文》曰："咊，相應也。"咊，即和也。應，即应也。其要义已见，余皆杂引经传诸子以证其说耳。《礼器》曰："礼交动乎上，乐交应乎下，和之至也。"于象言之，坎离为中，震兑为和。离礼坎乐，震仁兑义，始于水雷屯，而终于水泽节，皆中和之应也。于历言之，论其体，则中为赤道，和为黄道。论其用，则中为黄道，和为赤道。必二者交错，始四时节而泰阶平。推而至于政治人身，皆理无二致焉。《淮南·精神》曰："万物背阴而抱阳，冲气以为和。"荀悦《申鉴》曰："以天道作中，地道作和。"①《白虎通》曰："木者少阳，金者少阴，有中和之性。②"董子《繁露》曰："天有两和，以成二中。岁立其中，用之无穷。③ 是北方之中，④用合阴而物动于下。南方之中，⑤用合阳而养始美于上，动于下者，不得东方之和，不能生中，春是也。其养于上者，不得西方之和，不能成中，秋是也。⑥ 然则天地之美恶，在两和之处。二中之所，来归而遂其为也。"又曰："德莫大于和，而道莫正于中，是故能以中和理天下者，其德大盛；能以中和养其

---

① 即黄赤二道交错之义也。
② 即震兑为和之义也。
③ 两和者，春秋分。二中者，日长短至也。
④ 坎。
⑤ 离。
⑥ 中春震，中秋兑。

身者,其寿极命。男女之法,法阴与阳。"又曰:"天地之阴阳当男女,人之男女当阴阳。阴阳亦可以为男女,男女亦可以为阴阳。"其说皆极精,然不以《易》理合之,亦味同嚼蜡耳。方本恭曰:"天地之道,分则为男女,合则为夫妇。息则为父母,消则复为天地。天地也,男女也,夫妇也,父母也;分也,合也,消也,息也。一乘除进退之所为也。"更为向来说《易》者未有之快论。但不得中和,明中和之用,亦未能知其说之妙也。

象义琐言

伏羲画卦，分阴分阳。而阴阳之学，至黄帝之世而益精益备。然泥于阴阳之说，或过恃气数，则委天任运，而人事将废弛而不修。是以《易》穷则变，阐"危微精一"之旨经治心，励试功考绩之规以治事。执两用中，西方之观听一新，以成垂裳之治。所谓通其变使民不倦者此也。自是而后，夏质殷忠，各有因革。至商政之末，历世既久，风靡俗敝。或又浸成尚鬼之风，盖《归藏》原本自黄帝，末世之积重难返，以偏倚阴阳术数之术，而大道复晦。益以纣之淫虐，上行下效，天理汩亡。文王忧之，乃取坤乾重为演绎，变通尽利，以挽颓风。周公继之，遂成《周易》。绌阴阳而伸道德，略五行而详晦吝，补偏救敝之心，固昭然若揭矣。降及衰周，纪纲失坠，列强并起，恣意凭陵。帝德王道，澌灭殆尽。孔子于是发愤学《易》，韦编三绝。立人道以合天心，著"十翼"以发挥文周未尽之蕴。祖述尧舜，而归本于伏羲。此一线源流之厘然可考者也。

《易》道广大，无所不包。拘文牵义，无一是处。佛理圆觉，不可执着，而况《易》乎？冬烘之见，好争门户。汉宋并帜，入主出奴。刺取经文，以相攻击。断章取义，不问经旨。最可笑者，如驳《归藏》之首坤，曰"乾君坤臣，臣岂可以先君"；驳《连山》之首艮，曰"艮为少男，子岂可以先父"。而于孔子观宋得坤乾，及《系传》"始万物终万物莫盛乎艮"诸文，均置不顾。且地天泰，非臣之先君乎？山天大畜，非子之先父乎？八卦相错，六子遍乘乎乾坤，且有女而先父者矣，更何说乎？驳天地定位之为先天，曰"天地定位"一章，与卦位无关，而不顾经文之明言"定位"也。凡此之类，不胜枚举，且皆出诸大儒之口。良由博学雄辩，词源滔滔，风发云涌。意气既张，不暇自检。后学震惊其名，亦不敢论其是非，而易学又多一重障碍矣。

或问：象与数孰先？曰：《左氏传》"物生而后有象，象而后有滋，滋而后有数"。汉学家据此以驳宋儒由数生卦之说，谓象先而数后，理固然也。然此以论生物之始则可，若专以论象数，则固无确定之先后可言。且象与数，亦正有未易分析者矣。如一画开天，一即数也，画即象也。即象即数，何从分析？更何有先后？若执象以推数，似乎先有象而后有数。然未推之前，数已即象而具，非至既推以后而数始生也。若揲蓍求卦，谓象由数生，亦未始不可。执片面之词以攻击非难，已为学人之通病。象数先后，未有一定。强词辨之无当也。

朱子说"《易》道光明如灯。多一种学说，如多加一路骨子，反把灯光障住了"，此王弼扫象之意也。然必须能见得灯中之烛，方知发光所在。若后世谈《易》者，只如瞎子打灯笼耳，更说不到障光一层。

朱子又曰"坐谈龙肉，不如吃猪肉而饱也"，固为脚踏实地工夫。惟《易》之为道，亦猪亦龙。所谓仁者见仁，智者见智。但见于目而不见于心，则亦与不见等。谈龙肉固不能当饱，吃猪肉亦岂易消化哉！

朱子于《说卦》"乾为天为圜"一章，云"此广八卦之象，其间多不可晓者。求之于经，亦不尽合"，可谓能阙其疑矣。"读汉人《易》注，而叹其说之精，知未可尽去象数以说《易》"，可谓能尊所闻矣。然强断"《易》为教人卜筮之书"，作《本义》专以占筮吉凶释《易》，谓如是则元，如是则亨，如是则大亨而利于正。纵谈忠说孝，视文王周孔，与严君平何异？岂四圣作《易》之本义，果如是哉？孔子自谓述而不作，于赞《易》尤为谨严。字无虚说，藻不妄纡。《说卦》一篇，当为历代相传之卦象。有为占筮用者，有不仅为占筮用者。其取象之精之妙，非言语可尽。间有为经文所未见者，而无不悉具于卦象。即象以求经，而意固可通。即经以求义，而象无不合。书不尽言，言不尽意，故圣人立象以尽意。经有不得者，当求诸象。非仅卦自为象也。有宜比而观之者，有宜从方位以合之者。有实象，有虚象。有主象，有附象。有正象，有反象。有变象，有兼象，有意象。[①] 用各不同。务通其意而不泥其迹，庶物物而不囿于物，可窥象于万一矣。

卦之取象，各有其源。《说卦》"乾为木果"，"巽为木"，"艮为果"。

---

① 日本讲《易》，悉宗汉学，有所谓意象者。如震为舟、巽为剪，皆中国所无。

乾兼巽艮二体，故曰"木果"。乾初变巽，而巽为"不果"。坎为弓轮，亦由巽木绝直而来。离为矢，用乾金动直而来。兑为泽，坎水之塞其下也。艮为石，坤土之坚其外也。巽为近利市三倍，反巽为兑，则为义矣。艮为刚狠为暴，反艮为震，则为仁矣。故同一卦也，因时因地因人而象互异，甚者或相反焉。乌可执一以求之哉！

巽为鱼。郭璞曰："鱼者震之废气也。盖巽王则震废也。"由此观之，鱼实兼震巽二象。震巽合为离。离为飞鸟，故鱼鸟相亲，每互变其体。《庄子·逍遥游》"鲲鹏"之变，虽为寓言，实以明坎离升降之大用，字字皆根于《易》象，非臆说也。鲲鹏不易见也，雀入大水为蛤，则浙之沿海且习见之。然雀与蛤皆为离象，形变而性未变也。雀变为鱼，则离变震巽。鱼变为雀，则震巽又变为离。粤中之禾花雀，确为鱼变。田禾初刈，水中有鱼而无雀也。农人夕罩网于田，翌晨得雀盈网。间有未及全变者，俨然雀首而鱼身。可谓具体而微之鲲鹏矣。故田鼠化䴏，雀亦化蜃。气至而化，有不期然而然者。且鱼之与雀，全体骨肉鳞羽，无一同者。其变也，成于俄顷。当其时有之者，即止而不复能变矣。粤又有秋风鸟，亦为鱼变者。皖中有白鱼，则为雀变。人皆见雀纷纷入水，而白鱼盈市矣。气化之说，西人尚未研究及此，其精意已悉备于《易》象。愿博学深思之士，遍索而详考之，所得或更有进于此焉。

坎为矫𫐓。矫𫐓者，改变木质以就范。如告子所谓以杞柳为桮棬是也。震巽皆为木，坎之下巽也。其上震也，震刚巽柔，坎兼二体，以剂刚柔之中而定之，是矫𫐓也。或谓凡矫𫐓者，先炙以火，必沃以水而形始定，故其象属坎。其说不免肤浅。

坎其于木也为坚多心。坎为心，刚在中也。艮其于木也为坚多节，艮为肤为指，刚在外也。

乾为良马，为老马，为瘠马，为驳马。震其于马也，为善鸣，为馵足，为作足，为的颡。坎其于马也，为美脊，为亟心，为薄蹄，为下首。共十二马。此皆乾阳坤用，马行地周十二支。所谓元亨利牝马之贞者也。经言马者，除坤卦外，屯言乘马三，泰冯河之马，①贲之白马，大畜之良马，晋之锡马，明夷与涣之用拯马壮，睽之丧马，中孚之马匹亡，合坤亦共十二马。

虞仲翔谓坤为虎，朱子发云"坤为虎者，坤交乾也，其文玄黄"。天地之文，其说似是而实非也。坤之为虎，当有二义：一谓其位西南，与兑同为昴宿之次，而当龙德之冲，故有虎刑之称；一谓与乾相对举以成文也。《文言》曰"云从龙，风从虎"，乾为龙，则坤为虎。震为龙，则兑为虎。皆一例也。与玄黄之文何涉哉？

《易》象有以类取者，有以义起者。类取者如革之豹，中孚之鹤之燕，屯之鹿，皆非本象所有。因虎而及于豹，因飞鸟而及于鹤与燕，因马而及于鹿，所谓以类相从者也。以义起者更多，未遑遍举。约取一二为例，如夬之苋陆，姤之杞，丰之蔀，归妹之袂皆是也。

离其于木也为科上槁。离为火，火生于木，火旺则木休，故槁。海南为离方，多文木。而木火之精，蕴结则为香。故沉香茄楠，皆产于木，然香生而木即槁矣。曰"科上槁"者，其槁在上，而其木之生气固未尝绝。胥郁结凝积而为香，历年愈多，则其香愈厚愈纯。凡重而降者为沉香，轻而升者为茄楠。沉香得其阴者多，茄楠得其阳者多也。然沉香性阴而其用则阳，主疏散。茄楠性阳而其用则阴，主收濇。二者皆得其气之一偏者也。若得纯离之气，中正冲和，无少驳杂，则返魂香是也。离为魂，魂藏于肝木，母抱子也。以厥阴风木之精，钟离明纯粹之气，感召之捷，出自天然。返魂岂虚语哉！然返魂者，亦非别为一类，特沉香茄楠之最精者耳。今世人烟日繁，英华日泄，天地之气，为人所分。沉香茄楠之佳者，已不易得，况返魂香乎？琼崖五指，蓁莽未辟，天地灵秘，或犹有孕毓，未可知也。

《说卦》震巽皆为木，不言草者，木可以概草也。五行巽为柔木，柔木即草也。故大过之白茅，泰否之茅茹，皆为巽象。泰西人之进化史，谓天地开辟以后，植物之最初生者，厥惟青苔。乾坤初交而乾成

---

① 泰马冯河合，阴阳二马，故曰冯。经之用字，神妙不可思议如此。

巽，故巽居天地成物之初，柔木之象。与西人青苔之说，亦不谋而合也。故木之余气，得水则成菌。苟得天一之精，纯粹冲和，不驳不杂，则灵芝是也。涣之初九，曰涣奔其机。注语简略，但曰"机木无枝"。以象言之，当为灵芝之类也。或谓：灵芝非可常见，今世之所有，视为珍品。咸以为有起死回生之效者，莫若人参。以《易》象言之，当为何卦？曰：以类言之，自属于巽。但究其功用，非巽所能尽，当兼兑也。巽兑同体，特一反覆耳。参之功用，浑然元气，实秉坤土中和之气，而得乾阳纯粹之精。乾坤之元，伏于巽而见于兑。合巽兑为中孚，为卦气之所自起，亦为人身命根之所由寄也。得生气之初，合五行之中，参天赞育，故其字当作参，不可从俗作覆。

《参同契》曰："坎离匡廓，运毂正轴。牝牡四卦，以为橐籥。"今日西洋之汽机，纯乎此象之作用也。朱子之注曰："乾坤其炉鼎欤？乾坤位乎上下，而坎离升降于其间，如车轴之贯毂以运输，一上而一下也。牝牡配合四卦，橐籥其管也。"此注尤不啻今日之机器图说矣。上阳之陈致虚注曰"何谓坎离匡廓？盖阳乘阴，则乾中虚而为离。阴乘阳，则坤中实而为坎。故坎离继乾坤之体，而为阴阳之匡廓。比乾坤之于坎离，犹车辐之于毂轴也。乾坤正坎离之辐，坎离凑乾坤之毂"云云，于汽机遘合，尤形容酷肖。制器尚象，象亦备矣。且明显确凿如是，而卒无以收制器之效。直待西人之发明，尚迟疑观望，指为淫巧，而不悟《易》象之所固有。此皆由扫象之说既炽，讲《易》者悉尚空谈。《冬官》之书不明，作工者遂无学术。《易》有四道，至今日仅存言语尚辞之一，独断断为门户同异之争，不能尽其义，不亦重可哀哉！

小过之象，今日之飞机，得其义矣。夫雷在山上，何以曰"飞鸟遗之音"？而孔子又曰"有飞鸟之象也"。曰"飞鸟之象"，则非飞鸟可知矣。曰"遗之音"，则似乎鸟而非鸟之音又可知矣。震得乾金之初气，故轻而能举。震之体数与轻气分剂之数相合，[①]今飞机虽取材于金类，仍无碍其飞也。伏巽为缯帛，为臭，大象坎为输，震又为善鸣，飞

[①] 见前集《笔谈》卷四。

机之材具矣。日本《古易断》,亦以震为舟。以舟而轻举行乎高山之上,虽欲不谓之飞艇不可得矣。

既济未济两卦,经皆曰"曳其轮",是明示水火有曳轮运机之功用。而离又为电,是不啻于电机之用,亦明白言之矣。今机械之学,既经西人逐一发明,应恍然于先哲所遗象义之精,包孕无穷。进而求之,当不仅止于此。亡羊顾兔,犹未为晚也。乃维新之士,既吐弃旧学,而竺旧之夫,又昧于新机。且于《易》象,夙未研究。虽有此明显之表示,或犹以为偶然相合。而不屑措意,曾亦思孔子所谓制器尚象者,岂空言哉! 以佃以渔之十三卦,略举其例,决不以此尽制器尚象之用也。后人不求之于象,征之于经,坐视他人制作之确合吾经旨象义,尚不知悟,可谓冥顽不灵之极矣。或曰:子之所言,虽似偶合,然经传未尝明言,终不免出于附会。曰:西人发明之新学新器,虽风靡全球,利溥区宇,当其创制之始,何一非出附会者? 苹果之坠地,与重学何关? 瓦缶之水蒸,与机器何关? 儿童之玩具,与远镜何关? 鸢飞鱼行,与潜艇飞机又何关? 乃卒一一比附其理,研求不辍,而各竟其功,使世界之空气思想,均为之一变,是遵何道哉? 以彼本无所凭借,故不得不就天地自然之现象,以触悟其灵机。而我则先圣已极象而明其用,极数而通其变,成书具在。视彼所尚之象,其难易劳逸相去,不可以道里计。乃犹诿为附会,自甘暴弃,余又何言? 虽然,先圣已预言之矣,曰"东邻杀牛,不如西邻之禴祭"。然则《易》象之昌明,或犹将假诸他人之手乎? 吾不禁悁然以悲矣!

民极

《书》曰："维皇建极。"《洪范五·皇极》曰："皇建其有极。"邵康节以先天数言《易》，成《皇极经世》一书。以元会运世，十二与三十，反复相乘，推古今之治乱兴衰，人事之休咎得失，各有征验，若合符契。其书以皇立极，故曰"皇帝王霸"。其编年虽止于宋仁宗朝，而后世如牛无邪、张行成、黄梨洲诸家，各有推衍。深泽王氏，更续推至乾隆为止，所载固皆专制君主之事实也。今则革君主为民主，易专制为共和。然则邵氏之数，亦将截止于爱新觉罗一朝，以后将无复适用。《易》道所谓通变无穷者，无乃至是而穷乎？曰：《易》冒天下之道，为世界以立言。世界无尽，《易》安得而穷？邵氏之书曰皇极者，以生于君政时代，且逆数既往，其系统由皇而降，故以皇建极。然建极者皇，作极者民。《书》曰"维民作极"，《诗》曰"立我蒸民，莫非尔极"。今后为民主共和之世界，当然适用民极。夫何穷之有？或曰：君主与民主政体既异，国情亦变，皇极之数，又焉能施之于民极？然则欲据今日以推将来，其数安得而不变乎？曰变者其用，不变者其体。数理一定，断无变更。如掭汽车，顺进逆退而改其方，而不易其器。皇极与民极，亦若是焉耳矣。又安能变其数？或曰：其进退之方如何？曰：皇极之世，由上而递降者焉。故曰"皇降而帝，帝降而王，王降而霸"。民极之世，则自下而逆上者焉。当由霸而王，由王而帝，由帝而皇，此其变焉。或曰：既民主矣，更何皇帝王霸之有？若循斯以往，不几又复为专制乎？曰：非也。皇帝王霸者，特邵子假定，乃名词耳。皇以道，帝以德，王以功，霸以力。世风递降，至霸之世，则惟力是视。弱肉强食，即西儒所谓优胜劣败，有强权而无公理，人生之道几乎息矣。今日五洲兵争，尚力之风已臻其极。极则必变，固理势之必然。但蜕嬗之际，必有其渐。冬尽而春，乃有余寒。夏过则秋，尚多残暑。今虽值革新之世，而旧日专制之余毒，与恶俗大憝，仍非借逞于力。不能摧锄而扩清之，故在民治之初元，当未能尽弃力而不用。然春寒秋暑,久为人心所厌倦。其不能久存于世,固可断言者也。由力而进于法①,由法而进于德,由德而进于道,则"惟民所止,止于至善"。斯得民治之正轨,而合民极之天则矣。故皇极为退化之世,而民极为进化之世。升降消息,互相错综。数往者顺,知来者逆,理无二致,《易》道固无穷焉。然立极者必建中。建中立极,斯可大可久。匪特古帝王之箴,亦吾民乘时进化者之良鉴焉。在《易》,泰之九三曰"无平不陂,无往不复",以三之过乎中,过乎中则偏倚。天下之事,其偏于恶者固非,偏于善者亦未必是也。善善恶恶,殊途同归。失中之敝,理固一致。夫夏暑冬寒,极相反也。然夏暑虽盛,而早晚必凉。冬寒虽烈,而日中乃温。是皆以中和者剂其平,以成其气而定其候。若酷暑无一息之间,严寒无片时之和,则不久必有剧烈之天变。物理如是,人事亦何莫不然?孔子修鲁史而命曰《春秋》,以春秋能调节冬夏之寒暑,而得其中,即以垂万世人事之昭鉴也。新潮澎湃,民智顿觉。晨钟甫动,曙光千丈。万汇昭苏,为时非远。然矫极过正,易涉于偏。感物质之束缚,乃并精神之自由而牺牲之,恫私产之敝害,或并衣食之必需而限制之,则自由之极端,其结果更酷于专制。是立极已失其中,恐终为民治进化之碍。更愿得与诸君子一商榷之者焉。

---

① 法即邵氏所谓功。

易数偶得

易数偶得卷一

绪言

孔子删书,断自唐虞。尧舜以前,文献无征。所赖以仅存者,独伏羲氏一画开天,肇启文明之八卦。因卦而演数,由数而定象,心源万古,层累衍绎。上古创世制作之渊源,暨其推行之次序,犹得按迹追寻,悉其梗概。故《连山》《归藏》,文虽久佚,而卦象犹存,均可依建端造始之或子或丑,经卦列首之为艮为坤,以得其纲领所在。而全经意义,亦不难因此类推,以得其指归。然非孔子"十翼"之传文,无以证明。惟两汉易学,已无完书。唐宋以后,望文生义,象且失传,数于何有?间有推原河洛,研索数理者,以偏重于五行之生成刑克,而于数之本体反昧焉不讲。又或以邵子先天数或梅花数,误为《易》数。于是纠纷淆杂,更难疏解。盖《皇极》与《太玄》,皆极深研几,精通数理,乃假《易》以演其自得之数,非以其数注《易》也。如算学巨子,邃于算理,乃自能造法,以驭一切。虽与古法同一得数,而方式不相因袭。若不明算理,不辨异同,但求方式,执甲驭乙,其能通者鲜矣。《易》数晦盲,沉沉千载,率由于此。辛斋愚不自量,钻研群籍,偶获一隙之明,恍然《易》数非他,与九章十书,初无二理;与西来之《几何原本》,及近今之代数微积,尤一一吻合。古今中外之种种算术,无不根本于河洛之百数。大衍之五十,而古圣人相传之修身齐家治国平天下之道，无不由于絜矩，即无不以数理为之节度。更悟孔门忠恕一贯之道，皆实有其理，实有其数，非空言心性所能了解也。尧之传舜，舜之传禹，皆曰"天之历数在尔躬"，实古圣帝王相传之心法。自《易》道不明，数与理离析为二，数乃流于小道，理亦等于虚车。礼崩乐坏，政失其纲，不得不以申韩名法之术，补苴一时。逮名衰法弊，而世道人心，遂不可问矣。呜呼！此岂一朝一夕之故，一洲一国之忧哉！窃恨管窥蠡测，莫尽高深；又迫于忧患，困于升斗，未能洗心涤虑，竭诚致一以从事于斯学。因数明道，发挥"十翼"之微言大义，以昭示天下。畀古圣人制作之大本大源，一一与天地法象相参证。穷年矻矻，未获深造。偶有所得，聊自疏录，以备遗忘。而同志传观，以为即浅见深，道所未道，怂恿刊布，以广见闻。爰不惭掩陋，栉比旧稿，以付乎民。百丈茧丝，发端于一绪。源泉万斛，滥觞于涓流。欧亚交通，不乏名通博雅之君子。能触类引伸，竟斯大业，以慰余弘愿者，不辞衰老，忻然执鞭以从之矣！

数由心生

有天地然后有万物，盈天地之间惟万物。万物之数，皆天地之数也。然万物之数，非人不明。故参天两地而生人。人即参天两地而倚数。是惟人心之灵于万物，心动而数以生。物无穷尽，数无穷尽，而人心之限量，亦无穷尽。《管子》曰："心生规，规生矩，矩生方。规与矩，皆生于心。天地万物之情，莫能越乎此规矩之外。"所以范围天地而不过，曲成万物而不遗者惟《易》，而《易》实具于人心。孟子曰"万物皆备于我"，又曰"求其放心而已矣"，诚善言《易》者也。

人第知一二三四之为数，而不知善恶是非之亦为数也。人第知加减乘除之为数，而不知进退往来之亦为数也。数以纪事，亦以纪物。物生无尽，事变无穷，惟数足以齐之一之。《易》之有象，以表数也。象之有辞，以演数也。乾坤坎离震巽艮兑，亦代数之符号，与几何之甲乙丙丁亦相类耳。惟几何只言数始于形，形则点线面体足以概之，故纪以甲乙丙丁等字，已足资辨识。而《易》数则根于心，心生象①，有理有气。非特表其数之多寡，象之繁简而已。而吉凶情伪，醇漓善恶，莫不奇偶阴阳而判别之。故八卦不足，因而重之为六十四。又不足，盖之以天干地支六十甲子。又不足，更盖之以星宿神煞诸名。无非皆为代数之符号而已。五运六气，相为经纬。八卦九章，相为表里。于是物无遁形，事无隐情。烛照数计，执简御繁，而皆出乎一心。故邵子之日月星辰、水火土石，以配八卦，取象不必与《易》同也。扬雄方州部居，其用数亦不必与《易》同也。要皆能合于《易》理相资为用者，则以明乎数之本源，惟在于一心之运用。名辞符号，可不必泥也。太乙六甲，亦复如是。是故学者心能返求之心，明乎心之体用，然后可以言数，然后

---

① 不曰形而曰象者，形有一定，而象变无方，形死而象活也。

可以言《易》。

《老子》曰："一生二，二生三，三生万物。"夫人而知之矣。顾一何以生二，二何以生三，三何以能生万物？或曰："一生二者，阳画奇阴画偶也。"然奇自奇，偶自偶，未可谓之奇生偶也。《庄子》曰："一与言为二。"斯诚老子此言之确诂矣。"一与言为二"者，一者心，心静止不动，则为一。动则起念，有念则有对象，对象与所动之念便为二。故曰"一生二"，故曰"一与言为二"。一者中也，正也①。《中庸》曰"喜怒哀乐之未发谓之中"，一也，发则一生二矣。发而皆中节，或不中节，二生三矣。邵子曰："独阳不生，孤阴不长。"独阳孤阴，皆非一也。必阴阳合一而后能生。损之《象》曰："三人行，则损一人。一人行，则得其友。言致一也。"《系传》曰："天地絪缊，万物化醇。男女构精，万物化生。"言生生不已，皆始于致一，而致一则唯在于一心。

《系传上篇》第八章，起中孚，卦气亦起于中孚。扬子云作《太玄》凡八十一首，气起于中心，故首中以拟中孚，岂偶然哉！邵子曰："扬雄作《太玄》，可谓见天地之心者也。"又曰："洛下闳改《颛帝历》为《太初历》，子云准《太初》而作《太玄》。"又曰："今之作历者，但知历法，不知历理。扬雄知历法，又知历理。"知历理者，即所谓知天地之心也。复之《象》曰："复其见天地之心乎！"一阳来复，故生之机动于一阳，而一之数起于人心。人心即天心。天人合一，孔子赞《易》之微旨，具于是矣。

---

① 于文一止为正，止则寂然不动。

本一始一

积数无穷，莫不由一起，而一不成数。然一与二合或积数至二以上，则一亦诸数之一矣。故大衍之数，有本一，有始一。本一者，大衍之数五十，其用四十有九，虚其一不用，是即太乙。超乎两仪之上，无实无虚，目不可得见，耳不可得闻，而实确有此一为诸数之根。乾初九曰"潜龙勿用"，潜龙者隐而不见，伏于乾初一爻之下，非即乾初之一爻也。《文言》云"确乎其不可拔"者，即此一也。故谓之本一。始一者，天地成形之始，一画开天，在数积十还一，已属成数之一，而非不成数之一矣。挂一以象三之一，即此一也。《老子》曰："天得一以清，地得一以宁。"即此一。一生二之一，亦此一。在人本一惟心，心不可见，动念之始，即属始一。佛经谓之"本觉""始觉"。本觉者，无念心体，《易》之"无思无为，寂然不动"是也。始觉者，一念乍起，《易》之"感而遂通，不疾而速，不行而至"者是也。

本一与始一，骤言之，初学殊不易明晰，请以象显之。夫本一一也，始一亦一也，然数虽同而象则变矣。算术乘法之初曰"一一如一"，是一之数固未尝变也。然上之一字为边，下之一字已为面矣。为图并说如左：

———

此上之一也，假定为一寸，则以象表之，但为一寸之线耳。

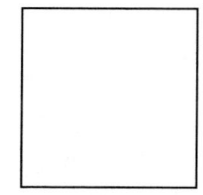

□

此下之一也，以一寸退为十分，自乘得则一百，已成一平方一寸之象。

观右图说，数不变而象已变，固明白可见。但只借此以显一与一之不同，非谓上之一即本一。本一实不可见，故必退一位分一为十，然后可有下一之得数。至退为十分，固已非本一之原位矣。以非如此曲为之说，虑初学不易了解，故强为之辞。学者勿以辞害意也可。

一数不变

一一如一，象变而数不变，前已言之矣。不但一乘之，其数不变也。即再乘之，而一之数仍不变。盖一乘平方，为面得一百，一也。再乘立方，为体得一千。象虽再易，而一之为一，仍如故也。即累至亿兆京垓，一之为一，仍如故也。此不变之一为本一，而变像之一，则为始一，本一体也。天地一体，始一用也。其用不穷，本一可见而不可见，如天之有形而无迹也，如道之有名而无可状也。故曰"天不变，道亦不变"。不变者，确有其不变之理，不变之数，非空言所能解释也。自《易》数不明，古圣经传之精言粹语，皆望文生义。以不解解之，即此一字，已久无从索解矣，不亦深可慨哉！

奇偶

独言一固不成数，独言二亦不成数，故今日俗语尚有称二为一双或一对者，实古人遗意之仅存者也。奇单偶双，《易》数称奇偶不称单双者，以单双仅以数言，而奇偶则兼寓乎形也。曰奇不言圆而圆自见，曰偶不言方而方自见。奇圆偶方，故蓍圆卦方。圆者径一围三，即以一含三，方者以一周四，即以二偶二。盖围三经一，一在三之外；方一周四，而一即在于四之内也。方圆合七，而有无形之一，隐现于其中。此道之所以妙合自然，仅言数者不知，空言理者亦不知。必由数而推诸心，穷理尽性，而后知数之所本，即心之本然，而道即不外乎是。而要非可以迹象言语求之，然又不出乎迹象言语之外，呜呼微矣[①]！

---

① 参看后幅方圆各图，详玩深思，其义自见。

一三五

一三五，天数也，天阳之生数也。一三五积数九，故天之数，不越乎三生而二成①，成数已寓于生数之中。生数体而成数用，用出于体也。一三五之位，三居中。而河图洛书之一三五，皆一居下，五居中，而三居左者。左东为生方，帝出乎震，三生万物，阳数至三而始著也。故圆径一而周三，三见而一不见②，三成形而一无迹矣③。

---

① 一三五生数三也，七九成数二也。
② 东三与八合其十方一，即始一也。
③ 此理之微妙，非可言尽，在学者深思而得之。

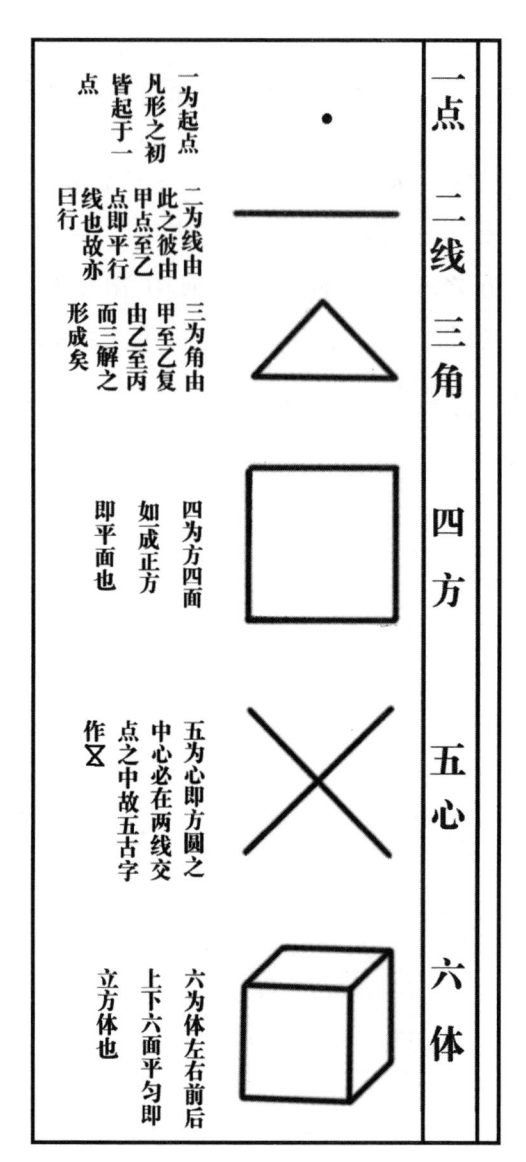

一点	一为起点 凡形之初 皆起于一点	·
二线	二为线由此之彼由甲点至乙由乙至丙点即平行线也故亦曰行	——
三角	三为角由甲至乙复而三解之形成矣	△
四方	四为方四面如成正方即平面也	□
五心	五为心即方圆之中心必在两线交点之中故五古字作✕	✕
六体	六为体上下六面左右前后平匀即立方体也	(立方体图)

天数三五，故月被日光。三五而盈，三五而阙，三日而明生，二十七日而明不灭。得明者五，五天数二十五也。五为体，自乘得天数之全。三为用，自乘得九，为天数之用。而一与三合四，实为偶数之始①。五数自兼阴阳，故天地之数虽十而阴阳各五。更见阴根于阳，阳中有阴。无穷之妙，极深之理，即在极浅之中也。

---

① 偶数不始于二而始于四，说详下。

二四六

二四六，地数也。二四皆生数，而六则成数。生数五，天得其三，而地只有二，亦阳饶阴乏，自然之数也。二四六积数十二，合地支之全数。二四之合六，生数也，为阳。六成数也，为阴。亦阴阳互根，故十二支各分阴阳。天地阴阳之数，至五而体具，至六而用全。故阳顺阴逆，阳数始于一而阴数终于六①。故《易》卦六爻，天人之用皆备。六六三十六，故六十四卦，实只三十六卦。以三十六而具六十四之用，且生生不已，变化无穷。邵子曰："三十六宫都是春。"三画八卦之爻数位数，阴阳错综，亦无不为三十六。故邵子以十二与三十六，反覆循环，能尽推万事万物之数而无遗。学者达乎此，庶于用数之道思过半矣。

以数兼象言，则一为点二为线，三为角而成面，四加一成五则为心，至六则成立方体，而体之用备。②

---

① 详下阳顺阴逆图说。
② 亦曰一立二行三角四面，六五心体。

七

一三五，三居中；二四六，四居中。三四合七，二五一六亦合七，故七能尽一二三四五六之用。七七四十九，能尽极数知来之妙。此中奥义，良非可以一言尽。且有非可以言说者，是在学者之神而明之矣。

《易》卦独重中爻。中爻三四人位，三四七也。《易》说时三位四，气变三，形变四①。而佛氏说法，其纲要亦不外时三位四。而今之哲学伦理学，亦胥莫能外此数，越此理。询乎古今中外之所同，所谓"《易》与天地准"，于何准之？准之数而已。

一二三四五六之数具，而七已寓其中。六数交互成二十一，或为三七，以交互必有一重数。如五五六六之类，实已得七数也。故六之用非七不明，数必至七而复，气必至七而更②。先庚先甲，即三七之用。今术家之三煞七煞，实本于此③。后儒冬烘之见，以为术家之说，鄙俗不足道，而不知无一不根本于《易》象，且无一不与经文及"十翼"相合也。

---

① 时三者，初中上位。四者，左右前后，即四方也。
② 更者，庚也。
③ 详拙著《三说会通》。

九六

先儒言九六之说详矣。余《笔谈》初、二集，亦曾一再言之，犹未明揭其至理即在目前也。夫阳九阴六，故乾九坤六，皆天地阴阳自然之数，非可以人意为加减去取者也。天圆地方，奇圆偶方。观夫方圆，而九六之数，可不言自明矣。圆周三百六十，分为四象①。每一象限之弧线，各得九十，则其弦必为六十。四九三十六，四六二十四，即尽方圆之度。是故乾策三十六，坤策二十四。用九用六，以御方圆各度，无不尽之。即以测阴阳各候，亦无不尽之。而天地之理之数，更何能外于是哉！今略圆如下：

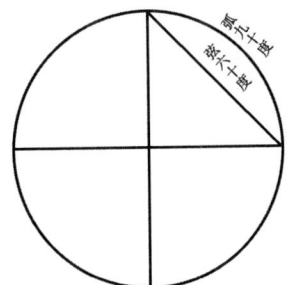

用九用六，不但《易》卦，即九章几何算理，亦莫能外此。而道氏释氏，亦无不用此。道家用九而藏六，释氏用六而藏九。佛说诸经首，必曰"如是我闻，一时佛在某处，与大比丘众若干人俱"云云，为佛遗教，名为六成就。六者何，曰"时"，曰"处"，曰"主"，曰"伴"，曰"法"，曰"闻"。其最显见者，至华严数之乘除，其数更无不与《易》相合。而九六之为用不穷，更可知矣。

九六合十五，即生数一二三四五之积数。九六相乘得五十四，即天地之数。五十有五，虚一不见之数也。盖九为阳数之终②，六为阴数之终③，数之终即形之边线也。简言之，用九用六，即算术由边求积之谓。观前图当可了然矣。

---

① 今历家亦曰"象限仪"。
② 阳顺，一三五七九。
③ 阴逆，四二十八六。

五六

天五地六，故曰"五六为天地之中合"。盖子一丑二，天地之始合也。辰五巳六，天地之中合也。申九酉十，天地之终合也。五五二十有五，六六三十有六，两数相合，凡六十有一。以六乘六十一，得三百六十有六。故期三百有六旬有六日，皆天地自然之数也。古圣建中立极，授历明时，皆本于天地之中数。而月盈朔虚，相为消息，不出十一日，亦即五六之合数也。

卦气起中孚，中孚巽上兑下，先天兑居巽位，皆辰五巳六之位，故卦候与历数悉合。二千年来，未解中孚之义，妄生訾议。非但不知中孚，并五六亦未之知也。

半

古今言《易》数者多矣，从未有言半者，惟虞仲翔氏有半象之说。邵康节氏"冬至子之半，天心无改移"之诗，虞氏之说，后儒多驳之。焦理堂《易通释》，宗虞氏旁通之正之说，而独于半象，辨之甚力。余《学易笔谈初集》已正其误矣。邵氏"子半"之说，讲《易》者亦未尝重之。然此两半字，均与数理无涉。而余之所谓半者，则专以数言。初学言数，不可不郑重注意。数理盈虚消息之关键在此，《易》道阴阳之变化亦在此。两千年来之学《易》大家，岂见不及此？特未尝表而出之。余偶为指出，畀初学《易》数者，得事半功倍之效，亦极深研几之一快也。

半者何？即五是也。二五合十，积十还一，则五乃为一之半。向来言五不言半，中五无所区别，学者更何从知其用乎？五者河图洛书之中五也，半者即河图二五合十之五。二五合十，得天地与之全数，当然阴阳各半。二五构精，精者一也①，则二五者，则正与两半等耳。《易》数无不由中起者，中则左右分而各得其半。《易》数无孔不以平为准者，平则上下分，亦各得其半。八卦阴阳之数，无不如是。而错综变化，无不由此半与彼半。进退交易之作用，半顾乌可忽哉！

象与数，皆在进退。象之进退，先曾会言之矣。兹但言数之进退。数之由一而进至二至三，递至八九。由十而退而八而七，递至二至一。皆易见也，易言也，皆所谓顺也。若由一而退，则逆数也，未易见也，亦未有言之者也。其实此理极浅，人特未之思耳。

算学逢十则还一，乃进一位。惟零数约分，则化一为十，须退一位。或化一为百，须退二位。非此不能尽其数。尽数者，极数也。《易》曰"极数知来"，又曰"《易》逆数也"。不知逆数无以知

---

① 一精二纯。

《易》。知一而不知一之半，所谓知一十而不知二五矣。进数既退一位或二位，其约分或命分之数，当然不限于半。或半之半①。或半之半，而又半之②。皆半也。无论为数若干，欲求其整数，或根数，无小大奇偶，必彼此相对，总各得半。试以万开立方③，其根为廿一五四三七五。廿者，倍一为二，即对也。五为厘，一之半也。四三七五者，二毫五，又一毫二五，又六丝二五之积数也。

凡半之又半，半之又半，递折四次，得数九千九百九十九个五厘三毫三三九八四三七五，共十四位。其负数④，为四厘六毫六六零一五六二五，此即退数之一例也。

凡数退逆而进顺。有退而无进，有逆而无顺，非数也。其交变即在此三五十五⑤，二五合一，即倍五为十也。退则分之，进则倍之。分之为五为半，倍之为一为十。倍而又倍，或三倍之，四五倍之，皆加一半之谓。程子谓邵康节之数为加一倍法，相传以为名言。但程子只见其二加为四，四加为八，为十六，为三十二，为六十四，而悟为"加一倍"，而不知加倍之即加半。半之即五，五之有一五二五，有进有退，有分有合之变化也。故程子加倍之一言，只悟到片面之理。所谓知其一，未知其二。自宋以后，奉此为邵学之提纲挈领，却遗弃其一面而不复顾。非但《易》数简明之理为所障碍，即邵子之先天数，亦因此而有头无尾。甚矣！立言之不可不慎也。

河图之数，五十有五。洛书之数，四十有五。合之则一百。一百之数，任由上下两角斜分之，必一为五十五，一为四十五，如下图：

---

① 即十分之二五也。
② 即十分之一二五也。
③ 以百自乘得万，百为平方，千已立方，而万则复为平方。
④ 即万之余实。
⑤ 即河图中央之三个五。

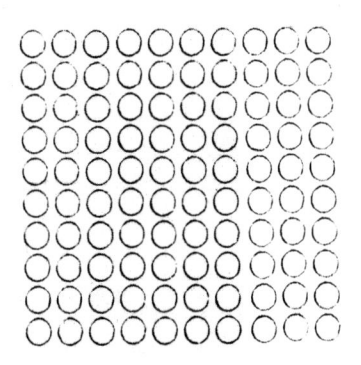

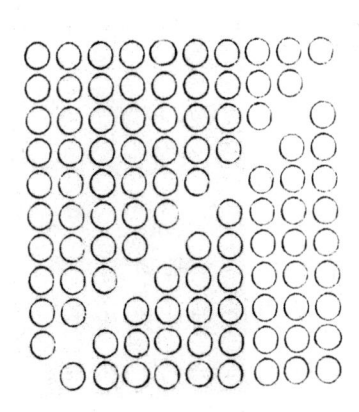

故四十五与五十五，为天然分划之界限，非人力所能增减①，合之一百为全数。全数之内，分阴分阳，当然阴阳各得五十。故"大衍之数五十，其用四十有九"。其一不用，而盈虚消息，即由此一生生不已。其数不穷，是亦一百而用其半也。河图洛书之较数十，即二五合一之十。简言之，实书减五而图加五。一减一加，仍只五数。见十则不见五，见五则不见十。理数玄妙，无浅非深，是在学者之心领神会矣。

　　或问：二五合十，但言五可矣，何必言半？曰：五与半，言各有当。有非言半不能显其用者。《易》与天地准，人在天地中，只能见天地之半，不能见其全也。南北赤道中分。在赤道北，则南极

---

①　若由中分两面，各五十数，则匀，但成两长方，或四平方，无盈虚消息之可言。数定而阴阳之往来亦定，成既济之象，《易》道穷矣。《易》不可穷，故不终于既济，以未济终焉，即此意也。

入地不能见。在赤道南，则北极入地不能见。日月东西春秋分，南北冬夏至，而二至南北相距之纬度，各二十四度有奇，合之亦四十有九。而盈缩不出一度，亦只用其半也。

凡此皆非五之所能概，必言半而始明显。至于历数之推算，声律之调协，均非用半，无以剂其平而尽其数。在略明算学者，当无不知之。千年来精算术者，不知《易》。言《易》者，又往往不精算术。焦理堂虽悟《九章》之术与《易》通，以比例释旁通，作《易通释》。惜其于《易》理所知太浅，仍不外望文生义以解经，然已为一时言《易》者所望尘莫及矣。

或又曰：子言数生于心，今乃以半为数理之关键，岂人心亦可以半言欤？曰：善哉问也！数生于心，心不可见，所谓本一。即始即终，无在而无不在，数将于何征之？数之起由于动，动则有对。半者，对也，正对心而言也。动则阴阳分①，半者分也，皆由此心之一动而分者也。分则析，析则半，更有半数之半，生生更无穷尽。而其正负顺逆，要无不以此半由对而动，动而分，分而有进退变化之用者也。言心言性者，又乌可忽者？

半与奇偶，皆《易》理阴阳象数必用之名。昔人言《易》言奇偶，而不言半。是以数之全体，终不能明也。盖数有限量，而奇偶与半皆无限量。无限量则变化无碍。奇阳天数，偶阴地数，而半则可阴可阳。正为人数，三者备，而三才之数，始兑尽其用矣。今西人算学，极于积分。数之积，莫不从一始，其分莫不从半始。正可相参照也。

---

① 善恶亦阴阳也。

平等

万物之平，平于数。万物之等，等于数。《谦·象》曰："君子以裒多益寡，称物平施。"言平等之义，莫精于此者也。然多寡之数，终莫能齐。平施之道，即无止境。圣人体察阴阳，亭毒万汇，因象显义，聊示其端。坎曰"祗既平"，缘物性之平，莫平于水。故后世求物之平者，皆取准于水。然河海之水，曾无一刻之平。一波未平，一波又起。举世物情，亦复如是。但人心莫憾于不平，故《易》象之盈虚消息，必于不平者求其平，不等者求其等。无如平于此者，即陂于彼；等于数者，或异其量。否之《象》曰："无平不陂，无往不复。"物无尽，而平亦无尽，物无量而等亦无量。此人道之所以往复而不穷，人事所以递演而递进。六十四卦之序，不终既济而终于未济者，以既济则六爻皆正，阴阳定而位当，无复升降进退之可言，人事不几于息乎？《文言》曰："品物咸亨。"品者一二成三，以一函三，即不平而平，不等而等之精义也。既咸且亨，有感皆通，亦各如其分而已①。

---

① 佛"不度尽众生誓不成佛"，而众生无尽佛，愿亦无尽佛，法亦与众生永无尽，正与《易》终未济之微意不谋而合者也。

中数不变

两数相乘，则成面而不必方。惟自乘则必方，故《书》曰"自求多福"，子曰"君子求诸己"。自乘者，等于人之自修，身心合一，故必正必方。但得数，未必法实相同。如三自乘则九，四自乘则十六，八自乘则六四，九自乘则八一，皆不得其原数者也。惟五自乘为二十五，仍得五，六自乘为三十六，仍得六，其数不变。因五与六，为天地中合之数。惟中不变，即五六相合，其积十一。上一下一，数仍不变。故《易》道贵中。孔子之道，酌两用中天，不变道亦不变者，惟其中也。五六以外，惟一不变，一亦中也。十不变，十亦中也①。学者可恍然悟矣。

---

① 说见前。

盈虚消息

天地阴阳盈虚消息，坎盈则离虚，乾消则坤息。昔人多以象言之。言数者，亦依像类推，模糊恍惚，未知确定其数之何以盈与何以虚，何由消更何由息也。而其量数之如何，更无有言之者矣。有以多寡加减，为盈虚消息者，此仅就数言之则可。然象数相连，象根于数，数亦寓于象，繁复奥衍。简言之，殊未易明晰。兹假设一例以明之，虽不知数者，固亦可一目了然矣。

如一二三四五六之六，单数不动不交，数亦不变，无所谓盈虚消息也。交则动，动则变，盈虚见而消息著矣。今世俗博具之骰子，每个为立方之六面体，一二三四五六，各点一面。若以单骰掷之，则每次只得六数之一数，无可变也。若用双骰，则有两个六数，共合十二。两数相交，似应有十二数可得。实则不然，只有十一数，自两点至十二点是也。因其一数已隐而不见①，此一数，即所谓虚与消也。然有虚必有盈，有消必有息。十二数既只存十一，而虚其一，而其所得之方式，即由数而之象也，则得二十一。与得数相较，则盈者十与本有之数相较。其息者，九，乃数虚而象盈，数消而象息者也。

此数象之浅显明白，为人所习见。无待图说，当可尽人能解者也。而象与数之盈虚消息，均可由此推演，即浅见深而碻得其切实之数矣。若以气言，亦不越象数之外，可隅反也。

---

① 以两点起数，无一点也。

卦爻合天地之体数

全《易》六十四卦三百八十四爻，即天一地二至天九地十之自乘数也。

一一如一	二二如四
三三如九	四四十六
五五廿五	六六三十六
七七四十九	八八六十四
九九八十一	十十得一百

前数上法下实，法积五十有五，实积三百八十有五。除一数不用，得三百八十有四，即全《易》六十四卦之爻数，亦即有闰之年全年之日数。无闰之年，则为三百五十四，或三百五十五。乃除去地数三十，而仍以一为进退也。故权法二十四铢为两，十六两为一斤，一斤共三百八十四铢，亦取法爻数也。

勾股

勾股之术，或言始于大禹。禹治水得洛书之数，因演九畴，以其中数为勾股之法，以测九州之高下，奏平治之功。此说殊未敢信。夫禹洪范九畴，固未言洛书。即为洛书，亦在治水成功以后，安得至此始制勾股，为测量九州之具哉！但勾股之数，确出于河图洛书。黄帝造甲子，著《九章》，推日迎策，历数已备。勾股之法，与《九章》相表里，必创于黄帝无可疑也。

勾三股四弦五，合天地人三极之数。一生二，二生三，合天地人之数。而下降为地，地道代终。天之数，皆由地仰测而得者也，亦地山谦"天道下济"之义也。股四为偶数之始，阴阳偶而万物生，故居中为人数。弦五为二生三之合数，具生数之全，为成数之本，故为天数。数由下生，与卦象图书无不悉合。

勾股自乘合大衍数

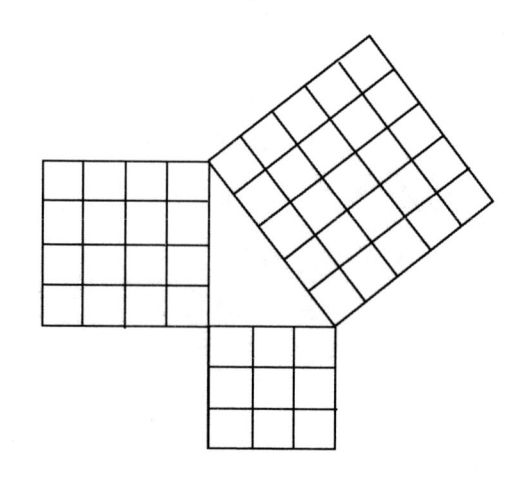

勾三自乘九，股四自乘十六，弦五自乘二十五，皆正方。三数合并共五十，适符大衍之数也。

勾股和较备洛书数

勾三股四弦五，其幂为六，勾股较为一，勾弦较为二，勾股和为七，勾弦和为八，股弦和为九。备具自一至九之数，合洛书四十五数。与勾股弦各自乘五十，又有暗藏一五数在，其微妙良不可思议也

勾股生一二三生数

勾三股四其较一，股四弦五其较亦一。前之一本一也，后之一始一也。勾三弦五其较二，一生二也。一二成三，仍得本数。奇偶相生，而一切数生生不穷。一切数生一切象，而其始皆出于一，故一为道之原也。

勾股弦合乾坤策数

勾三股四弦五之和为十二，弦自乘为二十五，二十五之方边亦十二。而中数为九，以中九乘十二，得二百一十有六，乾之策也。

以十二乘十二，得一百四十有四，坤之策也。

勾股弦合八卦正变数

勾股之和八，八自乘六十四，八卦成六十四卦之数也。股四自乘十六，以四再乘亦六十四，以六十四再乘六十四得四千零九十有六，即六十四卦变卦之数也。

勾股合声律应用

声律出于数，数不外奇偶圆方，而变化皆在勾股。勾股之数，本于洛书。方隅合中五，具四勾股之数。勾三股四弦五。勾九股十二，弦十五。勾二十七，股三十六，弦四十五。勾八十一，股一百零八，弦一百三十五。其本始于三四五，余皆以三自乘，而得其畸零之数也。

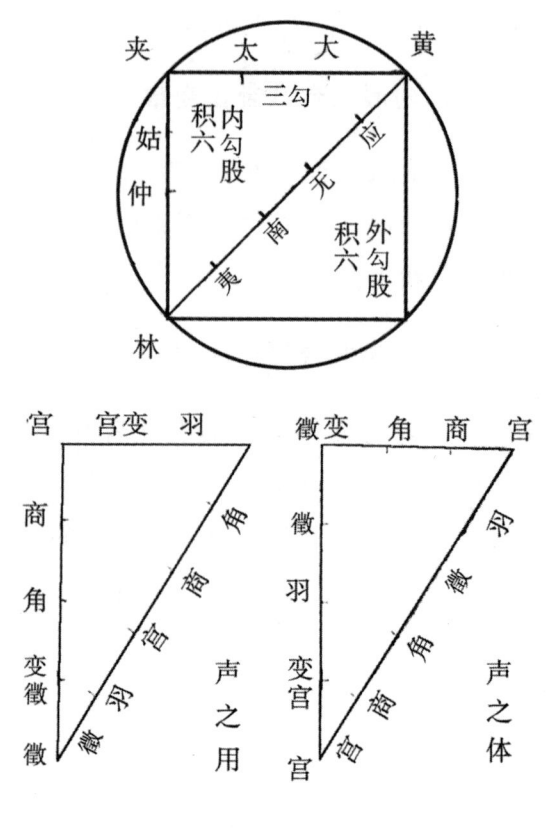

声声律应勾股图

沈氏善登，勾股生弦，弦生勾股，及种种变化，以正大衍生卦生爻，数皆密合，说繁不能尽录，特节其结论曰：勾生股弦者，其数七五八五，是知两求一也。先有勾股而后有弦，弦从方生者也。故为人道。以数言之，弦最大，勾最小，而股适中。以象言之，则勾居下，象地。股居中，象人。而弦则自无而有，彻上彻下，宛然天空。故人道与地道互摄互入，即时三位四之无所不至也。弦生勾股者，其数为六，其方为八，乃举一生两也。先有弦而后有勾股，是方从弦生者也。故为天道。天数廿五其实也，一大其名也，以象立者也。天之所以为天，则全体太易，人心共具之本光明也①。以勾三股四方生之弦，八之六之，还同弦生之方，积实亦等天数，是

---

① 经传中言"天"言"上帝"者，当如是观。

即人尽合天之理。圣人所以有达天之学也，是故虞廷授受，开中国四千年文教之宗。惟曰"天之历数在尔躬，允执其中。四海困穷，天禄永终"，而圣人述之，门人撰集之，以结圣训二十篇，后世尊之为道统。夫尧舜禹千古之大圣也，以天下相授受，千古之大事也。以千古之大圣，行千古之大事，而其辞乃若术数之学，①，夫岂不能言道言理哉！诚以道理皆虚位，不可以空言垂教也。是故数与方名，古小学自幼习之。沿及汉唐取士，犹书数并重。是可见学术升降之原也。是故数从心生，理从数生，而改窜圣经，迁就己意，以争空理，宋儒之失也。讲求汉学，历辨宋儒陋习，又精研算数，发明四元诸术，汉学家之得也。而专务攻据，不反之心，亦其失也。西人之教顺民心，其学原出于墨氏。敬天重数，是其得也。知重数而以日为光源，不知人心为光源，知敬天而不信鬼神，是亦沿墨氏之失也。若不知西人学术之本末，而皮传其说以相号召，又不知研求经训，谓可尽去之，是忘本而废学也。忘本不仁，废学不智，全失无一得矣。故兴起儒术，维系民心焉。今之先务，有心人当韪斯言。盖沈氏目击甲午庚子之乱，恫国学之垂亡，而新学矫枉过正，又无当于人心，故言之有余痛焉。今距沈氏之殁不及廿年，世变愈亟，滔滔者当亦有所悟而知反矣。

---

① 讲学家误会"大德受命"语意，真作天命在汝解，则下句"其中"二字无所着落矣。

四十五

　　洛书之数四十有五，与河图之五十五，适为全数一百之中分，前已言之矣。何以《易》数用四十五，而不用五十五？即用九用六之义也。九六为圆周三百六十之弧与弦，已详前图。此四十五者，即八分三百六十之一，亦即一象限九十之半也。吾人居天地之中，天半在地上，半在地下。人目能见者，只其地上之半，地下之半不能见也。而地上之半，又以赤道中分为二。吾人处赤道以北，则只得其半之半①。三百六十，四分之一，只得九十矣。故九十度为直角，而中分九十为四十五，得四十五度之角，已足测三百六十度之全。而方圆斜直，无不尽其用矣。八卦每卦得四十五，则八卦合得三百六十。八卦皆出于乾坤，故乾坤之策，三百有六十。而各卦阴阳相合，亦无一非三百六十。故四十五者，九之五②，亦五其九。洛书九宫，阴阳升降，进五退九，神化无穷。学者观此，更可悟用半之理，而得其会通焉。

---

① 赤道以南开北户以向日，与赤道以北向背相反。
② 即九之半也。

甲己乙庚

昔儒言《易》，高谈性命，以五行干支为术数小道，不屑措意。而不知性命之理，至微至精，非象以证之，数以明之，更何由见之？天干之明见于经文者，惟甲己乙庚。甲与己合，乙与庚合。阴阳各举其一以为例，余可概矣。先儒以不谈术数，故于先庚、先甲、己日、帝乙等明言干支之经文，乃无从捉摸。汉人师说，又多失传。惟郑康成氏之注先庚后庚先甲后甲，确合古义，又辞甚简略，未畅其旨。于是宋儒望文生义，谓先庚三日丁，后庚三日癸。丁者丁宁，癸者癸度。丁宁于事先，度揆于事后，为申命行事，直以圣经为字谜矣。郑注帝乙归妹为成汤，当亦汉人之师说。与高宗伐鬼方，同为商易《归藏》之文，文王演《易》，因于二代之《易》而损益之，不必尽出乎己也。故孔子曰："周监于二代，郁郁乎文哉！"又曰："周因于殷体，所损益可知也。"盖谓周之礼乐政治，监于夏商。然三代之礼乐政治，无不探原于象数。监于二代，因于殷礼，舍象数更何取哉！自黄帝尧舜至三代，所传者历数，故曰"天之历数在尔躬"。而历数皆备于法象，可见《周易》之所本也。商人尚质，人名器物，多以甲乙等字为名号。虽贵人重器，亦未有如后人之特制嘉名者。故其《易》多以干支定象，自无疑义。惟殷人尚鬼，其末造流弊所及，不免重鬼轻人。故文王之《易》，专言人事，以人合天，不言鬼神，所以矫陋习以正人心，开成周之大业。但卦爻之辞，其无畔于本旨，或有非他辞可代者①，当然因其旧文。后人必斤斤焉，以某为文王之辞，某为周公之辞，岂文王周公之意也哉！兹图天干十数于上，甲己乙庚之象，均可瞭然。而得朋丧朋，亦可类推矣。

先甲三日辛，金克甲木，所谓制也。后甲三日丁，甲木生丁火，丁火克

---

① 如先甲、先庚等辞是也。

$$\text{丙乙甲} \quad \text{癸 壬 辛 庚 己 戊 丁 丙 乙 甲} \quad \text{癸 壬 辛}$$

辛金，而制我者受制于人，厄可解矣。乙者甲之贰也，帝者帝出乎震之帝。不曰帝甲而曰帝乙者，天德不可为首，即遁甲之意也。

己者甲之配，故丰曰"遇其配主"。甲与己合，甲己化土，离兑之间得坤土，刚柔节而四时成，革乃得当，故曰己日乃革，曰革而信之，曰革而当其悔乃亡，皆甲己合也。

先庚三日丁，丁火克庚金。后庚三日癸，癸水克丁火。而庚之受制于丁者免矣，例与甲同。自甲至庚凡七数，数至六而合，七则更。庚者更也，即革之义也。泽火革，八卦兑至离亦历七位，后人七煞三煞之说即仿于此。

　　甲与己合①，乙与庚合②，丙与辛合③，丁与壬合④，戊与癸合⑤。术家称之曰"五行从化"，乃五运之气化，取日与五星距离之高下为说者也。土星最高故居上。其金水木火之次，因用而异。论本次，金最下，故《内经》纳音首传金，非深求象数之精，不能得其变化之妙。但据一端而妄议雌黄，几为冬烘者之通病，此《易》道之所以终不明也。

---

① 土化。
② 金化。
③ 水化。
④ 木化。
⑤ 火化。

六合三合

子与丑合，寅与亥合，卯与戌合，辰与酉合，巳与申合，午与未合。术家所谓六合，乃日与月合也。申子辰合水，亥卯未合木，寅午戌合火，巳酉丑合金，术家所为三合，乃坎震离兑四正之位，各与左右相合也。《易》曰"日月合其明"，六合也。"四时合其序"，三合也。日月合明，子一丑二。四时合序，一三七十。天地合从，巽乾对时。辰巳天门，戌亥地户也。鬼神合吉凶，谦艮称平。西南神枢，故神字从申。东北鬼藏，故斗魁鬼象①。术家天德月德，禄马刃煞贵人诸名，均仿诸此，具有精义。如官居禄前，刃在禄后。官者职守，官居禄前者，前事后食之大义。刃者刑戮，刃随于禄者，利与害俱之微旨也。故四时之序，功成者退。阴阳之义，过盛则灾。衰病已见，而不急去，死期将至。授之以马，马动而不行，中寿之墓木拱矣。呜呼！名之所在，即义之所在。君子顾名思义，安而不忘危，存而不忘亡，治而不忘乱，是以身安而国家可保也。五行灾祥，本诸一身，其道皆出于《易》。孔子上下《系传》，取中孚咸履各卦，反覆丁宁，示人以立身立德之道，其精义皆合于天地日月之法象，无一字虚设者。后儒空言释之，致"十翼"尽等具文，无由征实其用之所在，反目五行家言为小道，斥言象数者为芜秽。学者畏难而喜易，遂以空谈为易学之正轨，《易》于是乎不亡而亡矣。

---

① 丑斗宫。

易数偶得卷二

数名数量

一二三四至九为数名，一十百千万为数量。古人事物单简，用数以万为至多，故《传》曰"万盈数也"。而万事、万物、万国、万方，皆以万为多数之代称。亿兆京垓秭穰沟涧正载，虽有其名，而罕见实用。故相传至今，而万数以上，无论京垓，即亿兆二名，亦未有确诂。或云十万曰亿，或云十万曰兆，又云百万曰兆，缘曰亿曰兆，当日本为虚拟之数，故或多或寡，均不致以辞害意，无容辨也。海通而后，人事日繁，财用赋税以及人数物量，均突飞猛进，而用数遂不能不因时递增。吾国人民四万万，或称四百兆。而外债之数，亦恒在十余万万之上。各国金融之交易，其总数更十百倍于此。于是常用之数，决非万所能尽。而万以上之名称，不得不有确定数量，以便会计之用焉。

徐岳《数术记遗》，谓数之用，有上中下三等。其上数以万进，颇合古法。然其所谓三等者，则以一至九，为单数为下等，十百千万以十进者为中等。亿兆至正载以万进者，为上等自一二三四五六七八九十百千万亿兆京垓沟涧秭穰正载三等，共二十三名。而近传算术载之下曰"极"，曰"恒河沙"，曰"阿僧祇"，曰"那由他"，曰"不可思议"，曰"无量数"，六名，是盖采《华严经》数量而增入之者也。《几何原本》，数积成体，体积形立，以点线面体四名，赅括一切形，一切数，而无遗者，以其不论数之多寡，总为一也。加至二至九总为线，及十还一，故十十成百，为一平方。更十乘之成千，为一立方。而百百成万，复为一平方。十万为纵方，至百万乃以千乘千，又为一平方。亦即以百乘百，复以百乘之，为一立方。当第七位，可平可立，以此递进。数以形纪，此后世代数所由仿，而不必别立数量之名者也。

　　窃惟一切之数，无不根本于天地之数。象数不相离，名位亦不能相离。天数二十五，地数三十，天地之数共五十有五。以言数量，自当以此为根据。《易》数，参天两地，参伍错综，或相倍蓰，或相什百①，无不以方圆奇偶为归，而合于天地之法象焉。数有大小，亦有进退。一二三四五六七八九十，乃天地阳奇阴偶之本数，不当列为数量之名也。数量者，所以纪此本数之多寡，而为本数之用者也。本数为体，数量之名为用，体用杂糅非法也。今以《易》象数理与《算经》及《华严》数参合量数名称，仍准天地五十有五之数，以定其名位，亦分三等：曰"中数"，曰"大数"，曰"小数"。列图如下：

```
           中
           数
       万 千 百 十 单
      （进十以位五名五共）

           小
           数
    分厘毫丝忽秒纤维沙尘
      （共十名十位以十退）

           大
           数
   载正穰秭涧沟垓京兆亿

     （位四位隔每万名共）
      十共三名进以十
```

----
① 倍者倍其本数，如一倍一、二倍二是也。蓰者一倍又半也，如一加一五，故俗称曰贯五是也。

中数五位，河图之中五也。小数十位者，河图之中十。故与五相为进退者也。中为根本，故数位相并，即数即位，真实不虚。大数则河图四方之一六二七三八四九也。阴阳生成相间，一二三四为生数天数，其积十，此十大数之名与位皆实者也。六七八九为成数地数，此三十位之所以虚其名也。阳实阴虚，阳进阴退。由中数之积以成大数，亦如点线之成面，面之为平方纵方立方。象理数理，无不悉合者也。数学为一切科学之根本，数量之名，乌可不立？欲定数量之名，不能根据天地阴阳之法象，杂采他书，则此是彼非，仍莫由定，终不可为典要者也。国中硕学，负教育之任，有注意于学术，而定科学之名词，以垂为典则者，或亦有采于刍荛也夫！

天数二十五，实用皆二十四，虚一不用也。故二十五数，论其始则一不用，因一一仍为一。必分之为十而后有数可纪，此小数之所以以退为用也。故一不用而一之用乃无穷，论终则以正为止。合三数并计，至正适二十四位。数至此成方成体，故正字上从一而下从止。一以始者，亦一以止。天地之数，至正而用已毕。然而用不可穷，故继之以载。载同哉。哉始也，言数之终而复始也。载亦通再，言数至正已终在而再以载起也。离坎不续终，六十四卦以未济终，即此义也。《华严经》数，载之下，又有极恒河沙，阿僧祇，那由他，不可思议，无量数，六名。大数共十六名，以万进，每一名当各虚三位，共六十四位。适合《易》之卦数，实即载以下不尽之数也。

小数由分而以十退，今《算书》"忽"以下为"微纤沙尘均埃渺漠"，与前共十三位。盖纤维、尘埃、渺漠皆两字为一名，传写颠倒错讹，以为数过小，非习用所及，致名无一定。向维户曹会计银米小数，有至六位以下者。欲求推算之密，小数之名，亦不可不定也。

阳顺阴逆

　　天地之数，有体有用。体则一三五七九，二四六八十，皆顺数也。而言其用，则阳顺阴逆，古今言《易》者无异辞也。乃其释河图之阴阳进退，则皆以二四六八十顺数，未尝逆也。来知德氏，颇明逆字之义，而无以解二四六八十之数。因创阳由内转外，阴由外转内之论，以圆其说。然二四六八十，固亦由内而转外，与一三五七九未尝少异。顺逆之分，果安在哉！千年以来，逆数之序，迄未明晰。术家虽知其用，而终莫得其数，因此眙误者多矣。不知晋崔驷氏，早有阴数起于四之说。以其论八卦之数，未能尽满人意，后儒遂不于此注意。前清咸丰初嘉兴方氏春水《方生易说》，其《算数术卷》中，发明四二十八六之序，而后阴数逆行之理，始恍然大明矣。方氏并绘九九与十十两图，明阴阳顺逆之数，出于奇偶圆方，皆天然之次序，阅者更易了解。惜其书板久毁，流传不多，学者罕得寓目。故今之言河图者，仍不知四二十八六之用，未有取旧说而一正之者，良可慨也。丁巳除夕，因研求牙牌数二五交易之理，悟阳顺阴逆，必在升降上下之中。而一六二七三八四九五十之合，各有交互之用。得方氏之说，与吾所求者，果不谋而合。始悟五十在中，中孚与大过，皆五十在中之数。孔子"五十学《易》，可以无大过"之别解为正当。其余未通之数，因此而豁然以解者甚多。然何以一三五七九之必合四二十八六？其数之推衍，方式如何？仍未能知。研索数月，迄未有得，亦姑置之。至壬戌春仲，仍以玩索牙牌一六之数，忽有心得。枕上寻思，反覆推衍，忽以"乾乘六龙以御天"一语，悟乘六之法。不及待晓，披衣演草，而得阳顺阴逆相乘之图。较方氏之二图，更为明白晓畅。今后言河图者，当可免暗中摸索矣。图成而术家见之者，皆如获拱璧，以为千古疑团，一朝尽释。爰与方氏二图，并列如下。

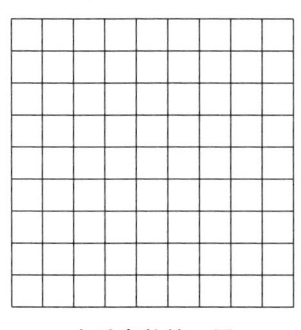

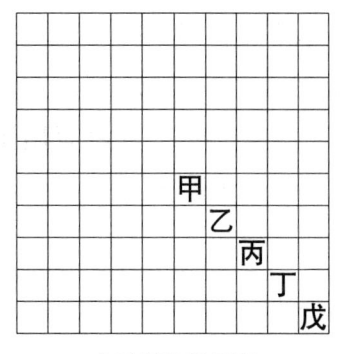

方氏奇数始一图　　　　　　　**方氏偶数始四图**

奇数九自乘得八十一，一居中。自内向外，则三五七九，奇三而用一，故只取一面也。偶数十自乘得百，中以四起。四之外为十二，又外为二十，又外为二十八，周边为三十六，偶四而用全，故取四周也。两图于阴阳奇偶之义，真切明当，可无疑议。惟所不足者，则两数皆自内向外，于一顺一逆，仍未能悉合，未免美哉，犹有憾焉。

九　七　五　三　一

四　二　十　八　六

六乘九七五三一以法乘

	一六得六
	三六十八
	五六三十
	七六四十二
	九六五十四

	二乘以	四
六	八　五　三　一	四
	九七	四一得四
	四七廿八	四三十二
	四九三十六	四五二十
		四七廿八

阴顺阳逆自乘得数图

《文言》"乾乘六龙以御天",言乾九坤用,阳数阴用。所谓"乾元用九,乃见天则"。《说卦传》曰"《易》逆数也",言《易》之用,皆见于坤。数阳而用阴,故皆逆。此理甚精甚微,不图于此至浅至近之数理遇之也。右图以一三五七九阳数,乘六即得下六八十二四之阴数。一顺一逆,次序天然。其中垂线,为一六、二七、五十、三八、四九之相合数也。其左右交线,则一与二、三与四、五与六、七与八、九与十,天地五十有五之本然之序也。而纵横上下,交错成文,所谓通其变遂成天地之文,极其数遂定天下之象者,亦可于窥见一斑矣。若以四乘一三五七九,则亦得四二十八六之序。而自右至左顺行,所谓以顺承天也。阴阳往复,无不相合。用二四六八十,则皆错矣。

五干六支

甲乙丙丁戊己庚辛壬癸，天干凡十，而阴阳各五。天数五，五位相得而各有合，五五相合故二十五。子丑寅卯辰巳午未申酉戌亥，地支凡十二，阴阳各六。地数五，五位相得而各有合，以五合六故三十也。十干十二支相合，得六十，皆本于日月三五往来之象。《系传》曰："法象莫大乎天地，变通莫大乎四时。悬象著明，莫大乎日月。"此数语为虞《易》之所本，而纳甲纳音，其数与象，皆出于是。黄帝造甲子，以配八卦，布五行，分四时，定中星，推策迎日，置闰成岁，实为伏羲画卦以后之大发明。三代之文明，其礼乐政治，无不以此法象，为节文度数之根本。《连山》《归藏》，其书虽亡，而经卦别卦，其数与《周易》之卦皆同，所不同者为数与卦相合之次序。因子丑寅各建其统，即各有其数。汉《易》虽未有八卦之图，而孟氏虞氏之卦序，亦与图无异。今所传乾三坤八兑二艮七巽四震九坎一离六之数①，即虞氏《易》之卦数。惟虞以坎离合戊己，当为离五坎十，而今以一六当之，则以离坎代乾坤之用也。虞《易》无一六，《参同契》所谓"乾坤括始终"，"乾君坤藏"，"一六归藏"，或即为《归藏》八卦之数。其艮一兑二坎三离四震五巽六艮七坤八乾九艮十之数，则以艮为始终，而又以艮七为用。沈沈中胎育图即本于此。或谓即《连山》之数，二者前本于纳甲，后本于纳音，皆五干六支，分阴分阳，象日月合八卦之数，古今占家取用各有征验者也。至九宫数尤为近代术家所习用，即坎一离九坤二震三巽四乾六兑七艮八，所谓洛书数，又称后天八卦数。唐宋以来，说《易》者或斥之，或用之，漫无准的。至邵子先天数出，朱子取以冠《本义》之首，后人又以先天后天数说《易》②，言

---

① 或作离一坎六。
② 以洛书为后天数。

数者更纷如乱丝矣。不知邵子之数，别有会心，自成一家，与旧有之数不同。《易》数从下生，故皆从北起一，而邵数乾一自上起。既云乾南坤北，则从南起一矣。与古人《易》数适相反对。即此以观，可见以邵子之数注《周易》，可谓驴唇不对马嘴者也。惟邵之先天卦位，则《周易》所固有，无可置议。乃汉学家之力攻先天学者，不攻其数而独掊击其象，因若辈未尝识数，故无从置喙耳。其实《周易》之数，孔子已明言之。《系传》曰："天一地二天三地四天五地六天七地八天九地十。夫《易》何谓者也？夫《易》开物成，务冒天下之道，如斯①而已者也。"此一节说明《周易》八卦用数之次序②，故下文详述"法象莫大乎天地，变通莫大乎四时，悬象著明莫大乎日月"。可见汉人家法之所自，无畔于"十翼"。自程子将此节"天一地二"之二十字移置前章"天数五地数五"之前，《本义》从之，后人不察，视为固然。此节"如斯"两字，遂空无所指。而《周易》之卦数，更无从见之。乃以邵子先天卦数为《易》数，与河图相牵合，不顾邵氏之乾一巽六兑二坎七之位，其数无一与河图合者。故六十四卦圆方二图，皆称象而不称数。皇极用数之大圆图，则自以日月星辰水火土石为象，与天地风雷别为一义，邵说固极分明，未尝与《周易》牵合为一。后人但见《本义》之图，又未见《皇极经世》全文，故始终不悟耳。皇极用数，亦不能废纳甲纳音，与天五地六阴阳六十之周甲，但其方式不同。学者必遍观各数，得其会通，而后知黄帝五干六支与八卦相生之妙用，变化无方。得其纲领，则运用随心，无往不通。否则如学算者，以三角之术，演开方之草；以四率之比例，求八绵之对数，识者视之不啻儿戏。历来言《易》数者，纷纷聚讼，其何异于是哉！

---

① 至天九地十之数而言此"斯"字，即指天一地二。
② 有图详《易楔·数卦章》。

乾易坤简①

《管子》曰："心生规，规生矩，矩生方。"盖数由心生，象由心造故。规生于心，心应万事。澈上澈下，由博返约。殊涂同归，万方归一。故法象圆觉真如，仍作圆形。《易》数奇圆偶方，而阴阳互根，象数不离，体用相交。理至微妙，而象极简易。所谓至深之理，即寓于至浅之中。推而远之，则穷极无际。引而近之，则即在目前。神矣哉！

吾于方圆奇偶阴阳相互之象，而悟乾九坤六之数，得乾易坤简之理，叹孔子赞《易》修辞之妙，所谓笔有造化，非咬文嚼字。望文生义者，所能梦见其万一矣！乾九坤六，前儒注释，累数万言。虽深浅互异，固亦尽人能解矣。乾圆坤方，而乾九之数以圆而方，坤六之数以方易圆，且数九之为方，可平可立，无往而不方。以视六之为方，仅限于立方，而不能为平方。且六之方，乃六面成方，为一之积。合而成六，非如九之为方，由自动者也。此乾坤之分际，可悟阴阳之别，皆其本身之数，有天然之限制，非可强为增减也。故乾圆坤方，蓍圆卦方。蓍之数七，卦之数八，八之方而虚其中，则其积仍为九。七之圆而实其内，则其周乃得六。圆者必以六成，而周边始相密切，合中一为七，皆密切无隙。八之方必虚其中，而四面之边始相等。为图如下：

---

① 方圆奇偶，阴阳互根。

七进而九
则圆成方

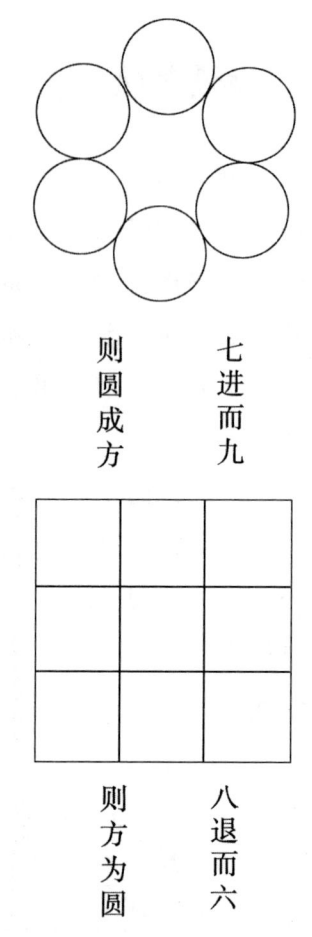

八退而六
则方为圆

七阳数也而象乃圆，八阴象也而数得方。所谓阳生于阴，阴出自阳。阴阳互根，此乾坤之变为离坎，而日月之精乃互藏其宅也[①]。阴阳奇偶之进退变化，微妙无穷，而孔子以乾简坤易示人。简有方象，易有圆意。又申之曰"确然"曰"隤"，然则并著其进退之情状。画龙点睛，传神阿睹矣。

[①] 《易》数七八，数之正也。九六变也，七进，故乾用九。八退，故坤用六。图详《易楔》。

圆方互容

奇圆偶方之义,前已言之矣。圆为心体,寂然不动,湛然圆融,所谓本体不昧,所谓本一不二也。动则二,二则已成两仪,犹未失其本心。所谓几,即始一矣。《易》曰"因贰以济民行,以明得失之报"者,因其已动之几,虽未见于外,而占事知来,《易》已能知其得失矣。故曰"吉凶悔各生乎动"。邵子之数,遇事即物,皆可占其得失。惟心不动,则数不见,而无从知其得失也。是故圆为心,方为意。

圆为心,圆内容方,以一涵四。人以心为圭,心体无为无不为,自然具四气,备万理,而官体听命焉。此圆容方之象也。感于物而动,性之欲也,根于心而生者也。动而得中,天君太然,心之本体,仍安然若无事,如未动也。此方又容圆之象也。圆容方,象在感物而动之后,发现于外之前。方容圆,象在乍当发外之际,所谓物交物引,如览镜自照,真面目悉在其中。故君子素其位而行,不愿乎其外也。为图如下:

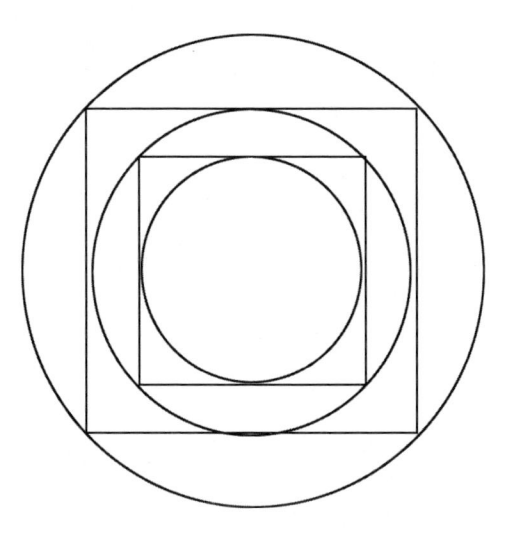

方圆五层,圆三方二,参天两地也。假定圆经方边,同为十寸,则方面积为百,圆面积为七十八寸五三九八一六。圆内容方之面积五十寸,其方边为七寸〇七一〇六七八。可见方有定形，而圆无尽数，其理甚微。

沈氏善登曰："如方边一尺，面积百寸，则容圆径亦一尺，其面积七十八寸五三有奇，而四角余积得廿一寸有奇，约合三七。圆径一尺容方，则边得七〇七一，即方五斜七之径。"故积仅五十寸，正是余方之半。而四角余积廿八寸有奇，约合四七。三四和七而较一，是内多一分，犹人心对物。一念乍动，正是生理之道，适得其平。及发现于外，则即此一分引而长之为意，往往不如其初，盖只一瞬息间，已不胜其数数起灭，而计较横生，失其本直焉。故物来顺应，乃为致知。

其用四十有九

《系传》曰"大衍之数五十，其用四十有九"，旧注纷歧，各执一是，已详《学易笔谈》。乃详究奇偶顺逆之数，始知其用四十有九，固出于数理之自然。只有四十九，而无五十，并无所谓虚一也。故孔子直言"大衍之数五十其用四十有九"，未尝言虚一，后人乃妄加其一不用四字，由于不知数理。故必欲寻此一之下落，寻之不得，乃有此臆拟之辞。今绘图如下：

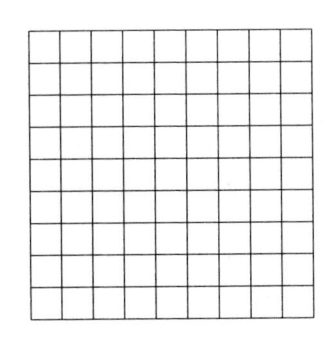

<small>四十九之数，显然明白。前人之聚讼不决者，均可判结矣。</small>

读者须知大衍之数五十，乃一阴一阳，各得其半焉。二十五，乃一三五七九之积。今以两个一三五七九相对，则一阴一阳各得二十四，而中间之一，乃阴阳各半平分，合之只有四十九，所以分而为二之后，必须挂一，即此一也。挂一以后，阴阳之数，乃适得其平，观图可瞭然矣。

四十九阴阳各二十四者，天数二十五，本以阳统阴，以阴含阳。一精二纯，一生二化，故四十九即五十。五十之可见者，只四十有九耳。四十八即二十四，《易》数从本位一起。以二倍四，四倍八，递进至六十四止。六返之而得本一，本一即太乙，天人共之，无迹可见。故天数二十五，《易》数谦其一以二十四为本也。

龙图之分合

　　河图洛书为数之祖。龙图之书，虽出伪托，然其言分合亦颇有至理。曰"龙图"者，天散而示之，伏羲合而用之，仲尼默而形之。特其所合所分，则似未达其意。且与三陈九卦之义，实无关合。而所分上下之图，亦无精意可言，故可断其非希夷所作也[①]。

　　夫所谓分合者，当曰先合而后分，决不可曰先分而后合。天然之物，皆阴阳化合生成。故无巨细精粗，皆浑然一具体而已。分之析之，实出于人工。天地之数，亦何不默然？《序》曰"始龙图之未合也，惟五十五数。上二十五天数也，下三十地数也"，是已天地分明，更何必合之？况今所传者，固分而又分，又何尝合哉！

　　惟天地之数五十有五，阳统于阴，实只天数之二十五，所谓"生数"。地数二十，即由生数衍而成之者也。故未衍之前，二十五之数本合也。合而分之，有一三五七九之序。天地神化，理无终秘，故造化自泄其奇。龙马龟图，虽传者故神其说，要亦理之所有。今有骨牌草者，山间甚多。一二三四五六之数，俨然生成，不假人力。且其点之次序，么三二五，三者斜如雁行，五者攒簇如星，与通俗习用之骨牌无异。然则此一二三四五六之数，不谓之天生不可得也。河之图，洛之书，亦若是焉而已，固无足异也。盖物生之数，自一至二十一而极。一二三四五六之积，正二十一数也。故天地所生自然之数，必以二十五而极。而地数三十，则圣人仰观俯察，分而成之者也，故曰"成数"。是以言龙图之分合，当曰天合而示之，圣人分而用之，则确切不磨矣。如天生之数，已分三十在下，二十五在上，则生成备具，何待圣人，始辨之哉。

　　正惟本来之数，浑合未分。或只二十五，或如骨牌草，只有一二三四五六。是以分阴分阳，必须仰观俯察，法象天地，中验人

　　[①] 《龙图序》见于《宋文鉴》。朱子《本义》未采其说，盖已知其伪托也。

事，而后得天生地成，有大衍之数耳。

数理自一至二十一而极其方，九五相函，不可再推。再推至二十五，则其方六含五，天地复合，为浑沌矣。是即汉书阳九百六之说，证以孔子《杂卦》之数，大畜①时而无妄②灾，复③反而困④相遇也，履⑤不处与未济⑥之穷也，其义已显然可见矣。

---

① 三十。
② 四十。
③ 六廿。
④ 十三。
⑤ 四五。
⑥ 三六。

反返

反者，往而复返之称。复反也。《杂卦》复次二十六，天数二十五已尽，至二十六复反而再起数也。《序卦》次二十四，阴阳之数各二十四而尽，尽则反而复起矣。故复卦言象言数，皆有必反之义也。返者，七返六居，八归九还。数至七而反，反其数退而至于原位，故言返以别之，与反之意相似而实不同也。卦数从一起，以二倍四，四倍八，逆进至六十四止，六返之仍得一。爻数亦从本位一起，以三自乘之，递乘三次至六千五百六十一，八返之得二十五，仍有余数，此爻变之所以无尽也。卦数八而六返，爻数六而八返，于数为逆退，即对折也①。如六乘四得二十四，八乘九得七十二，为百四十四，为八纯十八变而成卦之数得十二平方，故两数错综。即时三位四之倍，故大衍用七为法，用六与八之中数也。

阴阳相推，二十四数，倍之为四十八，返之为一十二，而其中数仍为二七。兹以最易见之理明之，牙牌三十二张，为一至六之数，一阴一阳相偶而错综者也。以三十二牌，自一一起②，至六六③，依次列之，而中四张则为一六与二五三四也。三十二牌奇偶变化之妙，悉在二之与五。两数伸缩，与一三四六不同。盖二五相交，亦仍以七为用。先以六数，化为三七。如一与六对，七也。三与四对，七也。二与五对，七也。故以七乘三得二十一，倍之为四十二，即牙牌之全数矣。而其为六十四，合为三十二者，更益以阳五阴六之十一数也。其交必二与五者，以二五乃一六与三四之中，所谓二五之精，妙合而凝，化生万物，数极浅而理极深，与六十四卦之正反变化无不相通。详拙著《牙牌释义》。

---

① 与前章"半"字参看。
② 即地牌也。
③ 即天牌也。

始一终六

　　河图之数，始一终六①。一六归藏，皆在于北。先天坤位，后天坎居，故曰"乾君坤藏"，又曰"八归六居"。一六合体，象数甚精。河图为数之体，立体必方。一未成数，无方无体，然积小以高大，千万亿兆皆一之积，而一乃无往而不在。或圆或方，可平可立。象可易，而数终不变。假定以一化为十，成一寸，一之名仍在也。一寸自乘百分成一平方，一之名如故也。再乘得千分为一立方，一之名仍如故也。假定以圆，则无论扩充至何限度，极至周天，仍为一圆。是以或圆或方，可平可立，非他数所可比也。故河洛皆始一位北，由一二三四五至六，则又另起②。然则阴数当起六终十，何以其用数不终十而终六也？曰：用由体生，体立而用始著，体必六面相等始立。如前一寸由平方至立方，则六面皆一方寸，故一与六合，始一终六也。然一寸平方至立方之积，则仍为十寸。积之十数也，方之六象也，故始一终六而十在中。象数体用错综，其微妙如此，非极深研几，乌能知之？

---

① 阳顺一三五七九，阴逆四二十八六。
② 人手五指以次掐数，至六则仍反初位，与一相合。七八九十皆然。

坎一震一

一始坎子居北,前已言之。亦人皆知之矣,而由坎出震,前人虽曾言之,而明其象者已鲜,而知其数者更鲜矣。各家《易》说,非望文生义,则照本宣科。其能以数定象,明白言之者,殊不可得。兹以一之数,分坎震二位言之,则由坎出震之义,可不烦言而解矣。坎子之一,阴阳肇始,潜龙之位,确乎其不可拔者也。故卦用不始坎。后天帝出乎震,出字由藏字而来者也。无坤藏坎居,震何由出?而后天震位于天一地二之数,实居卯四。而论卦数者,则震数为九。其一由何来?此古今之疑问,前人所未言也。河图之东,三与八合。三八合十一,此一数即后天出震之数,前章所称之"始一"也。阳始于一,阴始于四。阴阳合德,成五致用。化生万物,乾元始亨。天地泰通,震卯日出,万象皆动,见龙利见[①],坎藏尽出。此为坎一震一,一一皆见诸象见诸数。始知《说卦》帝出乎震之所自出,六十四卦三百八十四爻,皆出于此。《老子》曰:"天得一以清,地得一以宁。"读《易》者知此一,全《易》可一以贯之矣。

---

① 后天震,先天之离位也。故乾二五皆曰利见。

乾始巽齐

震出自坎，而坎一之始，又何自来？尤学者所不可不知也。孔子曰："乾知大始。"坎一之本，又出于乾之大始。坤藏维何？藏之乾阳。阳藏坤中孕成坎子，故乾居戌亥咸无之位，而万有皆本于乾元。老子以无出有，无为有之用，所以明道之所本。德之所自立，后儒以为虚无外道，斥老庄之说为异端。不知"十翼"，明阴阳，辨时位，无一不与老子之说相合。而大衍之数，《说卦》之象，更有所受，要得以老氏者为多。但孔子以有为立教之旨，八卦从"《易》有太极"有字说起，与删书断自唐虞同例。非唐虞以前无书，两仪以上无《易》也。后儒断章取义，说"帝出乎震"，已不问其所自出，更何问知乾知大始哉！

有乾之大始，而后有坎始。有坎始，而后有震出。脉络分明。乾坎艮三卦，位皆在下，所谓天道下济也。至震而地之上矣，故曰出。震出而后巽齐，《说卦》曰"齐也者，言万物之絜齐也"。后人于此齐字，非含糊，即忽略，未有深切著明。能发挥象数之精义者，由于不知巽齐之出于乾始也。乾巽对宫，震居卯四。东方三八，三八合一。一与四成五，为用虽备，而数未齐也。至巽则辰五巳六，五之数已明著。与六相合，六与五之积亦十一，与三八之合相等齐也。论序则长男长女，匹耦齐也。五六天地之中合，即天地之中数。乾西北天道，艮东北人道，坤西南地道，而巽东南木。天地人之气，得木乃通；即天地人之用，得木乃备；天地人三才，得巽木而三才成材。故曰"才也者材也"，"材成辅相"。泰否损益之几，皆在于巽。巽以行权，巽称而隐，是以《益·象传》曰："天施地生，木道乃行。"木一物耳，而乃与天道地道人道并称，则齐之义也。大过本末，巽之反复也。中孚枢机，巽之相对也。阳数止于五，阴数终于六。五六相齐，阴阳平，刚柔剂，与乾对宫，齐也。阴阳消息卦，乾居巽位，亦齐也。万物之数至不齐也。而巽为进退，进之退之，而数之不齐者以齐，万物之形至不齐也。而巽为绳直，直之绳之，而形之不齐者亦齐，万物之用至不齐也。而巽为工，巽德之制，制器尚象，因材而笃，用之不齐者亦无不齐。以人言之，七情六欲，至不齐也。而震起者以巽伏之，以阴畜阳，五六得中，黄中通理，万念齐一，归于乾无。道经佛典，千言万语，罕譬曲喻而不能明者，其奥妙悉具于巽乾相对乾始巽齐之内。神而明之，是在读者，吾言皆糟粕耳。

七九易位

河图洛书，七九之位，西南互易，昔人论议纷如，罕得其当。由于不明数之体用，各有时位，不相分别，混为一谈。于是左支右绌，彼牴此牾，辗转附会。即能自圆其说，而贻误后学，已不浅矣。河图之体，七从二居南火位，九从四居西金位。后天离日震出，震居先天离位，而离火本天亲上，升居乾位。太一紫宫，离纳甲数九，河图南位二与七合，积数本九。后天分体为用，以二纳坤，乃以西九移南，与七互易，遂成洛书西南一。而六七二九之序，其何以七九之必互易者，则所谓燮理阴阳，酌盈剂虚，以成《易》道之妙用者也。其道在革，乾九三曰"乾道乃革"，居内外之际，前后之间，前往后来，皆在于此。阴阳之位十二，子至巳而阳极。阴生自午，午火当令，火盛克金，秋金始生于巳，势微力弱，无以剂之。火入金乡，将等燎原。后先冲突，阴阳失平，其何以序四时而布五行？以象言之，离日秉东方甲木之气，乘巳午方盛之运。若仍用七数，则火济火，夏日炎炎之威，将毁木铄金，燥万物者不啻杀万物矣。而西则金塞水冷，阴气森森。苟仍用九四之数，则阴初长而即盛，阳未极而已消，固阴沍寒，严凝肃杀之象，不待冬水布令，已见于夏季秋孟之间，万物其何以致养乎？故七九相易，以四属巽，二属坤。灭火之势，即以助金之生①。中伏坤土，三庚而革之道始成。故曰"巳日乃革之"，言革之不可骤革也。《洪范·五行》："金曰从革。"革者去其旧也，皮之去毛者为革，地以草木为毛②。《秋令》"百谷尽刈，如皮之去毛"，故夏之成秋亦以革言之。七九相易，免酷暑之过烈，成秋金之和平，所谓播五行于四时和而后月生焉。四序春木，生于冬水。夏火生于春木，冬水生于

---

① 金生于巳，巽巳位。纳甲数四，四九仍相联缀也。
② 不生草木之地谓之不毛，人食地之所生曰食毛。

秋金，皆子代父。处顺得常，不失其序。惟火金相克，以金承火，不啻他人入室，以所仇者为继序也。故非介以坤土，而序不成。此所以六八不易而七九易。此为先儒旧说之可取者，故并存之。

立体立方

天一地二十数，除一可圆可方可平可立，本体不变外，十即还一，用与一同。其余八数，惟四与九，天然成方，可平可立。二三五六七八，本数皆不成方，自乘之乃得方。惟无论何数，成平方为一面，成立方为六面。数虽万变，或有尽，或无尽，而其一六之体终不易也。故一始六终，能尽纳万物之数。纳音①伏藏，能尽万变之音也。河图东南之数，三自乘为九，二自乘为四，即得西方之四九。四九天然成方，可平可立，所谓有方有体，故以四九为西方金数，为万物之成数②。一六为北方水数，为天地始终归藏之数③。蓍七卦八，三天两地④，所以能尽天地万物之数。故言数者必明其方体之所在，而用始无误。纳甲以乾坤包括始终，乾甲壬，坤乙癸，确为古义。证之于数，无不相合。魏伯阳借纳甲，以明丹学，亦如以朝屯暮蒙为火候同例。虞仲翔自有师承，必非取资《参同》。岂可因《参同契》借用，遂指为道家之说哉！

---

① 巳亥，巳阳六，亥阴六。
② 纯金一方寸重一斤，十六两为一斤，二十四铢为一两，十六两共三百八十四铢，六十四卦之爻数也。
③ 十二辰始于子，终于亥。子一亥六，亦始一终六。万物非水不生，非水不化。土无水不能化生也。
④ 东三八南二七。

时三位四

　　八卦六爻，三四反复。因三四两爻为人位，天地之事皆人事，故中爻三四。八宫游归二变，仍为三四。孔子赞《易》，特重三四两爻，所以明人道，立人极，参天两地，中和位育，为万世则者也。三阳位，四阴位，阳为天，阴为地。阳虚而阴实，阳气而阴质。天地人三才，变化无穷，皆不出乎天地阴阳之用。天之用见于时，地之用在于位。阳三而阴四，故时三而位四。三四之和为七，大衍以七七为用，而六爻八卦之数尽之矣。六爻者三之倍，八卦者四之倍。六六三十六，八八六十四，皆不出三与四之范围。宇宙之大，时位二字尽之矣。宇者，古往今来，皆时之积也；宙者，八方六合，皆位所处也。人生天地中，无能离此时位者，即无能越此三四之数者也。古往今来，时无尽也。约之以三，则曰过去，曰现在，曰将来，无不可赅之矣。八方六合，位无定也。约之以四，则曰"左"，曰"右"，曰"前"，曰"后"，无不可概举矣。人之一生，不外少壮老之三时。而所居之处，无论何地，亦必有左右前后之四际。位可因时而易，时不能因位而更①。八卦六爻之变化，无不以时位之变化而生。以阳三阴四挈其纲，卦爻变化之象与数，均可由此而推矣。

---

① 所居之处可随时则不能更动，而时因位而变。老不能复少，去不能复回，亦阴阳之分际也。

声律生应出于圆方

我国古圣人一切制作之原，无不根柢于数。大而礼乐政治，小而日用万物，无不各有其度数。是以本末赅备，官世其守，纳万民于轨物之中，举世咸蒙其乐利。非空言性理仁义，即可奏修齐治平之效焉。《大学·絜矩》一章，尚存梗概。《易》自象失传，数亦无所附丽。而先圣制作之大原，遂无可考。所幸《易》象无恙，卦爻咸在。得有心人，穷源反本，由象而得数，由数而得阴阳变化之度数，证以《书》《礼》《春秋》及周秦诸子之遗说，尚非必不可能之事。而度数之详明显著，确实可证，为人所易见易知，而非空言所附会，莫如声律。李氏光地曰："律之损益相生，何也？凡数皆起于阴阳。象者，阴阳相变者也。数者，奇偶相生者也。奇圆而偶方，故方之内圆，必得外圆之半，而外圆必得内圆之倍。圆之内方，亦必得外方之半，其外方亦必得内方之倍。故律吕之上下相生，其数亦不越方圆奇偶之率，律之上生。为下生之倍，下生为上生之半，阴阳相间，隔八相生，数合则声自应，盖方圆函盖奇偶正负阴阳变化。"天地生生之道，其象之所生同，类之所起同，则上下无不应也，内外无不合也，倍半无不和也。故《律书》称曰"同数"。算学谓之比例，《易》曰"同声相应"，又曰"刚柔当而位应也"。学者能求其相应之理，推其数之所在，不特声律可通，而凡事凡物之节文度数，无不可由是推之矣。方圆图说见前。律吕相生图如下：

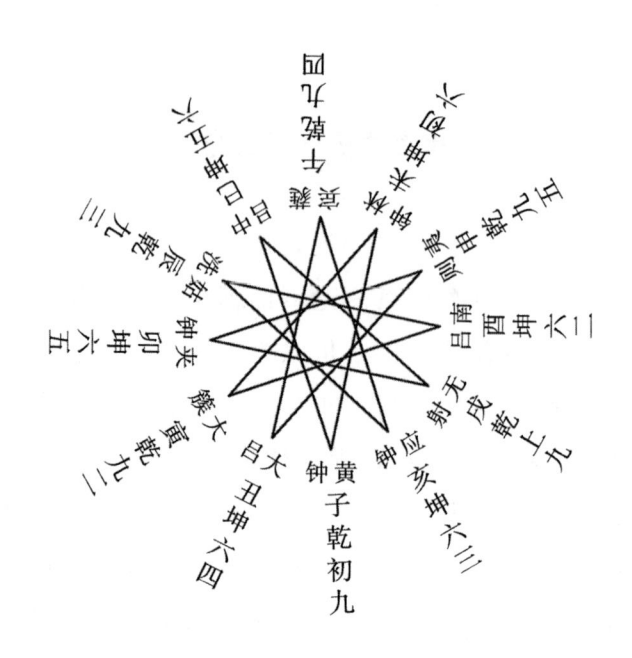

黄钟月建子，故名律。大吕月建丑，故名吕。以下阳律阴吕相间。黄钟下生林钟，林钟上生太簇，太簇下生南吕，南吕上生姑洗，姑洗下生应钟。应钟上生蕤宾，蕤宾下生大吕，大吕下生夷则夷则，上生夹钟，夹钟下生无射，无射上生仲吕，仲吕上生黄钟。上生三分益一，下生三分损一。五下七上，乃终复焉。故声律之理，倍之半之，同是此声此律。或倍之或数倍之，又别有一声律。加几倍则与之等，是两声律相通矣。故凡相生者，必相通。一为体，一为用①。其源皆出于河图也。

---

① 体为宫商角徵羽，用则为徵羽宫商角。角不能通宫，而所通者变宫。于是变宫通变徵。周十二律皆然。

琴徽距离之度

乐声之存于今者，惟七弦之琴无恙。制作与用法，犹存古意。琴有十三徽，以泛声弹之①，当徽有声，不当徽则无声。其徽之距离，远近不同。以为出于自然，而莫明其故。实则亦倍之半之，与声律之相生同也。兹图在下：

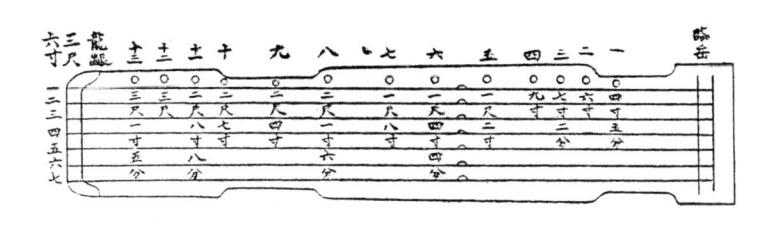

琴 图

琴弦三尺六寸，四倍黄钟之数，亦六倍林钟之数。以三尺六寸折半得一尺八寸，为七徽，半声也，亦半声也。又半之九寸，当四分弦之一，为四徽，其在半之相对者十徽。二尺七寸当四分弦之三，又半之一徽。四寸五分，当八分弦之一。其相对者十三徽。三尺一寸五分，当八分弦之七，皆自两仪而生者也。五徽一尺二寸，当三分弦之一。相对九徽，三尺四寸。当三分弦之二。二徽六寸，当六分弦之一。相对十二徽三尺，当六分弦之五，皆自三才而生者也。三徽七寸二分，当五分弦之一。相对十一徽，二尺八寸八分，当五分弦之四。六徽一尺四寸四分，当五分弦之二。相对八徽，二尺一寸六分，为五分弦之三，皆自五行而生者也。故乏声必间一取应，五应七，四应六，二应四，一应三。不当徽则无声也。

---

① 按弦不至木。

读易杂识

读易杂识序

读古人书不可无定见，而万不可有成见。无定见则见异思迁，心不能专，读如未读也。有成见，则入主出奴，必有偏重，论议失平，激成意见。历来汉宋之争，门户水火，要皆以成见横梗胸中，求胜之心切，由意见而发为意气，至言论失检，亦不自觉，虽贤者亦所不免。如黄梨洲顾亭林两先生，博学笃行，后世宗仰。焦理堂孝廉，以比例说《易》，自具特识，亦汉学巨子也。乃其驳宋人之言《连山》《归藏》，皆谓乾君坤臣，乾父艮子，君臣父子。天地之大义，《归藏》坤居乾上，非以臣陵君乎？《连山》以艮为首，不以子先父乎？此所谓强辞争胜，而不顾理论者矣。夫八卦相荡，乾坤六子，互为上下，无可偏废者也。若由是言之，则凡地天否、山天大畜诸卦，皆不应序入六十四卦之中。而其余震坎离巽兑诸卦，皆不应重在乾坤之上。有是理乎？程子《易传》以廓清芜秽自命，专以人事说《易》，杨诚斋遂以史事相比附。于是卦之六爻，不啻为六人。五为君，二为臣，名分尊严，其余之应与当否，亦均以一爻为一人。为交为害，相争相敌，各有对手，俨如演纸人之影戏。夫卦象广大悉备，人事万变，固尽在其中。而孔子赞文周之《易》，则专以明人道而立人极，与天地参，为中和位育之本。未可舍天地象数，而专以人事概之也。人事得失备著于《春秋》，故曰"《易》以道阴阳，《春秋》以定名分"，实孔门之遗训，非太史公臆说也，言各有当有伦。惟胸中先有以理为主之成见，而遂忘阴阳为《易》

象之本，而立论乃倚于一偏。朱子《本义》，则以卜筮为《周易》之本义，一切皆以占言，至以"元亨利贞"为占辞，而曰占此者"大亨而利于正"。设以此六字出诸后人之口，几乎不成文理矣。夫占筮固《易》之一端，壬遁太乙，固皆古人以占筮言《易》者也，其精微讵后人所及？朱子指既以占筮为《易》之本义，而又薄术数为小道，仅赖大衍之揲四归奇以求卦。无论其揲法当否，而得卦以后，仅赖六十四象辞、三百八十四爻辞定吉凶，纵判断悉当，其足以尽万事万物之变乎？大贤大儒，因有成见，而窒碍横生，其敝已灼然可见。宋后注《易》者，其书存者尚数百家。碌碌者姑不论，其精心结撰者，往往以"十翼"之一辞一义，为全书之大旨。如来瞿塘之"错综"①，张乘槎之"参伍"②，胡沧晓之"开而当名"③，黎遂球之"当名"④，焦理堂之"六爻发挥旁通情也"⑤，任钧台之"洗心退藏于密"⑥，端木鹤田之"各指其所之"⑦。以上各书皆近人《易》说中之各有心得者也。精深透辟，发前人所未发者颇多。而以体例所在，不能不回护其本旨。于是拘牵窒滞，往往不能自圆其说。《周易函书》之开而当名，谓"伏羲画八卦，原以黑白二色分阴阳，如环无端，至文王始开八卦为六十四"⑧，虽愚者亦知其说之非，乃以为撰述之大旨。然全书宏博浩瀚，理论甚精，未可以一眚弃也。《周易指》殚四十八年之力，成此杰构。象数名理，阐发独多。乃特立命卦与声应卦两例，不免间有牴牾。然命卦与声应卦，未始非卦中之一例。特必以一例概全《易》，终有不能尽通之处。

---

① 《来氏集注》。
② 《易解经传证》。
③ 《周易函书》三种。
④ 《爻物当名辨》。
⑤ 《易通释》。
⑥ 《周易洗心》。
⑦ 《周易指》。
⑧ 其图如周子太极图，一黑一白，连贯如环，阴阳相间，分为六层。谓八卦原形如是，文王开之为奇一偶二，成六十四卦。

于以知怀挟成见固不可,坚执一义以求独树一帜,亦不免客气用事。孔子曰:"毋意毋必,毋固毋我。"固治心之要旨,亦读书之懿训也。辛斋知浅力薄,又未能专心一志,惟不敢稍存成见,不立门户,不分派别,不论古今,不限中西,但求其说之足与吾《易》相发明,或足备印证参考,而确有征验者,里谚市语,俱觉可珍。其大言炎炎,羌无故实者,虽出名贤伟论,亦不敢曲从阿附,以欺后学也。取材固杂,而意在求是,默而识之,聊以自娱,非敢谓所识之悉当也。同志爱我,刊以问世,冀得就正有道,是其是而非其非,庶免自误以误人,不仅吾书之幸也。

壬戌冬十二月辛斋识

读易杂识

　　频年读《易》，不离丹铅。偶有所得，辄为乙记，或疏录大意，以备遗忘。书楣简尾，墨沈淋漓。间有改窜赓续，不得不以另纸粘附。积久日多，无从疏理。稍获余暇，择录一册。以其间多为前人所未言者，不欲散弃也。写录未半，友人见者，谬加赞许，谓足为读《易》者启发心思，指陈谬误，敦促付印。并有借阅借抄者，因重加甄择。其已载《笔谈》，或已见于《易楔》者乙之。略为诠次，得书一卷，以供覆瓿。辛斋并识。

《易》以道阴阳

太史公曰："《易》以道阴阳。"此实三代相传之故训，故庄子之说亦同。盖伏羲画卦，分阴分阳。而阴阳之学，至黄帝而其说益精，其术愈备。法象乎天地，著明于日月，变通乎四时。握二气之枢机，泄造化之秘龠，以辅相天地，左右人民。故黄帝之世，神道设教，大概与泰西历史所称神话时代，其情状不甚相远。但黄帝之道，实根本于天地阴阳。天秩天序，皆有法象度数，非若西史荒渺无稽之可比。惟其积重，或泥于阴阳之说。过信气数，则委天任运，而人事将废弛而不修。是以《易》穷则变，尧舜继之，阐"危微精一"之旨以治心，励考功试绩之规以治事。执两用中，而四方之观听一新，以成中天垂裳之治。所谓通其变，使民不倦者此也。自是而后，夏质殷忠，各有因革。至商之末年，历世既久，风靡俗敝。后人尚鬼之风，重鬼轻人，政纪失纲。盖殷人《归藏》，原本黄帝。末世之积重难返，又偏倚于阴阳气数之术，而大道复晦。益以纣之淫虐滔天，上行下效，天理之泪亡殆尽。文王忧之，乃取坤乾重为演绎，变通尽利，以挽颓夙。周公继之，遂成《周易》。绌阴阳而伸道德，略五行而详悔吝，补偏救敝之心，昭然若揭矣。降及衰周，纪纲失坠，列强并起，恣意凭陵，惟力是视。非特帝德王道，澌灭殆尽。即五霸之假仁假义，亦成为故事。而世道人心，更无可凭借。于是孔子忧之，周流列国，博征文献，问礼老聃。得《周易》，韦编三绝。发挥仁义，明人道以立人极，尽人事以合天心，著"十翼"以尽文周未尽之意。祖述尧舜，宪章文武，而仍归本于伏羲。此即今《周易》十二篇，一线源流，固厘然可考者也。余杭章先生炳麟曰：《六艺略》有《易经》十二篇，而《数术略》《蓍龟家》复有《周易》三十八卷。此为周世有两《易》，犹《逸周书》七十一篇，别在《尚书》外也。可见《周官》大卜所掌之《周易》，必别有阴阳卜筮之法。而孔子但取其卦爻《彖》《象》以为之赞，其要义别著于《系传》《说卦》，余皆删之，与删《诗》《书》无异。只因故训相传，仅言删《诗》《书》，而《易》未尝言删。遂以卦气纳甲之说，孔子所未言者，指为外道，而不知为《易》义所固有。且孔子"十翼"，一字一义，尤无不与阴阳相合也。

老子之《易》

　　《易》掌于太卜，老氏世为史官，阴阳之学，乃其所世守。《易》卦象数，推演占卜，必有方式。孔子问礼于老子，志在明道立教，以济万世。故于阴阳卜筮之名象，仅取其纲领，无关宏旨者从略焉。《说卦》一篇，或为所节录之原文，决非孔子所撰，亦非后人所能伪造也。《系传》"法象莫大乎天地"一节，更足证明汉人纳甲卦气之非诬。惟孔子既不传图谱，老子出关，必挟图书以西行。故今日所传《易》之图像，皆出道家，皆得于川陕者为多，当为老子之所遗无可疑也。且不仅图书已也，即今西人算学开宗之《几何原本》，其形式数理，悉与八卦之数理相合，与《易》同为一源。西人之何由得此，考其时地，当亦为老子所传。西人称借根方为"东来法"，实不仅借根方也。老子西出函谷，踪迹不明。然老子决不止于一隅，寂守空山以终老者。况其出关宗旨，原在传布大道，非为无意之云游也。其西去也，陆行直可达地中海，即土耳其京土但丁，史称东罗马，为欧洲文化之策源地，亦数学形学所肇始之地也。罗马今之译音字，其拉丁文原音，实为老孟或老门。老子西行至此，讲学布教，信仰者众，遂地以人名而曰老门。惟因言语不通，风俗不同，故不能尽传《易》象，而但传数学。数具形立，而形学附焉。盖象无定者也，俗尚既异，象难一致。而数则中外无异，形亦方圆有定，此所以不能传八卦四象，而只言点线面体也。然其进退变化正负乘除之理，与八卦无不相同。非深通天地之数，明阴阳之理者，必不能造。精奥而简易若此，所以断为老子所传者也。《传》称老子西行远至流沙，而段成式《酉阳杂俎》更详载老子所经西方之国土人名，当亦非无所据。今以《道德经》与《几何》合观之，不啻老子之《易》，象数咸备。而仍与河洛及八卦六十四卦之阴阳正负，无不相同，神妙殆不可思议。乃近日泰西哲学家，其研究东方文化者颇能深得老子学说之精微，谓与《周易》相发明，故有《老子》与《周易》合译之本。可见真理自在天壤，无中外之异也。西儒之言《易》者，往往能以一二简单之语，切直透辟，撷其纲要。非西人之思想，果高于华人也。实因吾国易学自汉以来，初囿于师说，继习于门户，先入为主，障碍太多。故非去尽种种障碍，不能明澈见底。西人则胸无成见，而数理名物之学，本所素习。得闻《易》理，自然声入心通，相说以解，无足怪也。独惜我国自命经学家者，抱残守缺，甘囿于一隅之见，终其身坐井以观天。有语以井外之天者，辄恶声相向，斥为狂妄。况语以四海之外，有不掩耳却走哉！

《易纬》

纬书自婴禁网，今多不存。近所传《乾坤凿度》《是类谋》《稽览图》等十种，半多残阙，文字亦多夺讹，往往不可卒读。然其中精义甚多，施、孟、梁丘之《易》注既亡，而京、焦、荀虞、马、郑诸家，亦无完书。一鳞片甲，要皆古义之仅存，深可宝贵者也。所惜浅学者既畏其难读，又莫得其意义之所在，乃一笔抹煞，斥为邪说，尚可籍"洁净精微"之名，以自掩其陋，亦易学障碍之一也。马郑诸儒，去古未远，犹知故训之相传有自。所注各经，每多采录。盖《周官》太卜所掌，"三《易》"与"三梦""三兆"并列，原非一书，亦不尽为一家之言。既因卜筮之用，幸免秦火，则西汉流传尚多。惜其时书尽在官，或世禄之家，尚有简册著录。若编氓庶户，得书甚难。令甲既只取孔子十二篇之《易》，列之学官，注本只施雠、孟喜、梁丘贺三家，余皆为私书。而三代相传别本之《易》，自不能与十二篇并称为经。则与他经之异文逸义，概称之曰"纬"，所以别于官立之经。此《易纬》与《春秋》《孝经》诸纬之名，所由来也。以既非官书，自无考核。远近钞传，不免讹夺，而作伪者乘隙臆造。于是真伪杂出，莫从辨别。逮元成而后，王莽辄假造图谶，觊觎神器，亦托名纬书。于是纬书遂大为世所诟病，禁令搜燬，玉石不分。三代之遗，扫地尽矣。就今所存，足与京虞遗说相发明。而通于"十翼"者，亦尚非鲜，是在善读者自择矣。

诸子之《易》

《庄子》为老学正传，其立言皆本于阴阳正义。证之以《易经》象数，纤维悉合。后人读庄子之文，以为浩荡无涯，天马行空，不可捉摸者。不知其谨严审慎，细针密缕，绝少间隙。除孔子"十翼"，笔参造化，非后人可拟外，若《庄子》之超妙渊深，亦更无他文字之足与抗衡矣。晋人谓小王独有千古，直井蛙之见耳！

《孟子》七篇，未尝言《易》，而其言曰"天之高也，星辰之远也。苟求其故，千岁之日至，可坐而致也"，又曰"天下之言性也，则故而已矣。故者以利为本"。此数语深得《易》理之精，非深明象数者，决不能简当确切如此。详玩其义，则七篇要旨所在，亦如探骊得珠。后人以孟子不言利，遂以言利为大讳，致仁义尽为空谈。不知孟子之言仁义，实皆言利，利即在仁义之中。故曰"何必曰利"，何尝讳言利哉！又曰"畜君何尤"，畜君者好君也。引夏谚曰"吾王不游，吾何以休。吾王不豫，吾何以助。一游一豫，为诸侯度"。夏谚之是否《夏易》之繇辞不可知，但其发挥豫与小畜两卦之精义，非后人讲《易》者所能道也。管子、墨子、列子、荀子，其言阴阳器数，矩度井然。其精到之语，无不与《易》相合，足为《彖》《象》之证者。盖周秦诸子，其学各有本末。一名一象，皆有法度。故读唐以后之书百卷，不如得汉人书一卷。得汉人书一卷，不如得周秦诸子一章一节也。

西汉诸儒，去古犹近。遗训所传，未尽湮没。故西京奏疏，往往能据法象以立言。所谓燮理阴阳，尚实有其学，实有其事。丙吉之问牛喘，不尽为迂腐门面语也。董子《繁露》一书，名言辐凑，析理尤精，学《易》者不可不读，不可不细读也。《吕氏春秋》《淮南·鸿烈》诸篇，亦多古义。载记《礼运》《月令》诸篇，虽间出汉人之手，其中可取者甚多，皆不可废也。

《九师易》

《九师易》，即所谓《荀九家》也。刘向曰："淮南王聘善《易》者九人，从之采获，著《道训》十二篇。"王氏通曰："《九师》兴而《易》道微。"洪氏迈曰："寿春有八公山，正淮南王刘安延客之所。传记不见姓名，而高诱《序》，以为苏飞、李尚、左吴、田由、雷被、毛被、伍被、晋昌等八人，其他亦无可证。"陆德明曰："荀爽《九家集注》十卷，不知何许人所集。称荀爽者，以为主故也。其序有荀爽、京房、马融、郑玄、宋衷、虞翻、陆绩、姚信、翟子元注，与高诱说完全不同。内又有张氏朱氏，并不详何人。"朱竹垞曰："陆氏《释文》载有张伦本，'直方大'上有'《易》曰'二字'舍车而徒'车作舆等类，未审即其人否。"又李鼎祚《集解》所引诸家《易》中有朱仰之，疑即其人也。然陆氏所称九人，时代先后不同，何能为淮南之宾客，而与九师之席乎？高氏所称较近，惜亦无可考也。

《参同契》

魏伯阳之学说，亦本于老子，为道家言修养者所宗。借《易》象以明丹学，取天地法象，与人身相参合，故曰"参同"。其阴阳升降，与黄帝《内经》相表里。陈振孙《书录解题》曰："《参同契》分章，《通真义》三卷，《明镜图诀》一卷。真一子彭晓秀川撰。有水火匡廓图，三五至精图，斗枢建子午图，将指天罡图，昏见图，辰见图，九宫八卦图，八卦纳甲图，含元播精图，三五归一图。"其水火匡廓图及三五至精、三五归一三图，合之即周子太极图。据彭序称广政丁未，乃蜀主孟昶年号。广政十年为丁未，当后汉高祖之天福十二年，亦在希夷之前。可见阴阳八卦之图，在唐及五代久已盛行。而魏氏当日传授纳甲，亦未必无图。彭氏称伯阳修真潜默，养志虚无，博瞻文词，通诸纬候，得古文《龙虎经》，尽获其妙云云，则魏氏所受，更可想见。特自永嘉而后，中原板荡，典章图籍，沦佚殆尽。又值王弼之学盛行，扫象蔑数，古来图说，无人顾问。而道家则山林潜遁，灯火不绝[①]。此所以宋前之《易》无图，至朱汉上震，以濂溪太极图缮奏经筵[②]，朱紫阳以康节诸图，弁诸经首。而后《易》之与图，不复能离。汉学家虽尽力攻击，终不能摈诸图于《易》之外。盖圣人且言不尽意，不能不立象以尽意。后学求窥圣人之意者，得图以证象，亦未始学《易》之一助也。

[①] 魏伯阳之前，茅山之学早传于世。所谓《龙虎经》及斗建水火各图，或云传自河上公。参观《道书源流》可悉也。

[②] 按朱震奏进《易说》十有三册，陈、邵河、洛、先后天各图均在其内，不仅濂溪一图也。时在绍兴六年以后。

《火珠林》

《火珠林》未知撰自何人，宋时盛传其术。《朱子语类》中，屡称及之。谓今人以三钱当揲蓍，乃汉京房焦赣之学。项平甫云："以京《易》考之，世所传《火珠林》即其遗法。"《宋史·艺文志》，载有《六十四卦火珠林》一卷。马贵与《文献通考·经籍志》，亦有火珠林一卷，均无撰人名姓，似为唐以前人之作。盖汉魏以来，占卜之书，如《焦氏易林》《郭璞洞林》，皆以林为名，《火珠林》亦其例也。今坊刻《火珠林》，托名麻衣道者。麻衣固唐末宋初时人，传称希夷所师事者。世传有《麻衣心易》，凡四十二章，朱子已发其覆，乃湘阴主簿戴师愈所撰。使《火珠林》果出自麻衣，宋人岂无称述？而《通考》与《宋史》，皆佚其名，无是理也。且书中屡称"元龟"，当为《卜筮元龟》，乃宋以后之书。而结尾又录邵子一诗，则伪托麻衣，更显见矣。但以三钱代蓍，相传已久。盖以占者必凝神一志，而后与卦爻相感格，方可明得失之报。揲蓍求卦，必三揲始成一爻，三六十有八变，始成一卦，历时过久。今人意志纷若，不能历久，而神志不分，则所占亦将无效，故以一钱代一揲，三钱当三揲，以六次尽十有八变，可节时三分之一，神志尚可勉持，亦不得已之法也。惟以寻常之钱因陋就简，似太草率。郑氏《易谱》，拟特制卜卦之钱，其式径五分，周一寸五分，内方外圆。仰面为阳，识以三圈。伏面为阴，识以两圈。阳三阴二，一参天两地。并三钱亦合三五十五之数。三钱皆阳为九，太阳数。三阴为六，太阴数。一阳二阴则七，少阳数。一阴二阳则八，少阴数。七八九六，确实易见，似亦有可取焉。

《子夏易传》

孔子传《易》商瞿，以孔子晚年学《易》，商瞿亦晚年之弟子也。十哲之中，未闻子夏传《易》。乃《易传》中有《子夏易传》，刘歆曰："汉兴韩婴传《易》，而荀勖疑为丁宽所作，张瑶以为馯臂子弓所作。晁说之以为唐张弧之《易》，孙坦以为杜邺，徐几道赵汝楳又皆以为邓彭祖。盖因杜邓两人，俱字子夏也。"吕祖谦则谓《崇文总目》删去子夏名，以祛误惑，最为有理。详朱氏《经义考》。《汉书·艺文志》传《易》者十三家，无所谓《子夏易》者，隋唐志始有之。然云二卷已残缺，今其书十一卷，首尾完具，又经传次第，正如王弼本。其为后人伪书，不待辨也。

汉有两京房

汉《易》师称京房者有二：一为大中大夫。《汉书》"梁丘贺从大中大夫京房受《易》"，颜师古注曰："别一京房，非延寿弟子也。"又云："房者，淄川杨何弟子也。房出为齐郡太守，贺更事田王孙。"此京房系汉宣帝时人。至延寿弟子之京房，字君明。本姓李，因吹律自定为京氏，以明灾异得幸元帝。石显五鹿充宗皆疾房，欲远之，于是以房为魏郡太守。是前京房为梁丘贺所师事，而延寿之《易》实受之梁丘贺，岂能更为延寿之弟子？与京君明决非一人可知矣。叶梦得《陈藻》皆有说辨之，见《经义考》。今所传残本《京氏易传》，乃元帝时魏郡太守之京房，非宣帝时齐郡太守之京房也。

《易》遗论九事

先儒遗论九事。竹垞朱氏曰："九事者，一为太皞受龙马负图，二为重六十四卦推荡诀，三为大衍之数五十，四为八卦变六十四卦，五为辨阴阳卦，六为复见天地之心，七为卦终未济，八为蓍数揲法，九为阴阳律吕图也。"

宋古《易》五家

班固《艺文志》"施孟梁邱《易》十二卷",谓上、下《经》及"十翼"也。自费氏以《彖》《象》释经文,杂全卦中,始改古《易》之旧。王弼又以《小象》分属各爻,以乾坤《文言》附乾坤二卦中,而分上、下《经》为六卷:乾传一,泰传二,噬嗑传三,咸传四,夬传五,丰传六。又分《系辞》以下为三卷,古《易》几不可复识矣。或云康成已以《彖》《象》分隶各卦,而加"《彖》曰""《象》曰"以别之。王弼殆袭康成旧本,而又加以更改也。宋吕仲微大防,吕伯恭祖谦,始追复之。又有睢阳王氏,亦定为十二篇。晁说之又并为八卷,周燔则次序又多所更改,而皆称为古《易》。朱子《本义》,则从吕伯恭本次定之。然《系传》章节仍有遵《程传》者,如"天一地二"等节是也。但注明本在何处,学者尚可追寻原本之旧,此朱子之谨慎处也。按睢阳王氏,即王原叔。惟此五家之外,尚有吴仁杰、税与权二家,亦有《周易》古经编次,合之当为七家。

蔡广成

《唐书·儒学传》曰："《易》有蔡广成[①]。"则其说《易》，当为有唐一代之祭酒，故《传》特表而出之。乃遍考《易》注，无蔡广成之书，而他书亦鲜见其名者。盖其时雕版之术未行，儒生著述，非得官家之流布传写，不能行远经久，佳书之湮没不彰者多矣。盖后唐明宗，因冯道之讲，始命国子监校定九经，雕版印行，周显德中亦然。《宋史》所谓"学者无笔札之劳，而得观古人全书"，冯道之功，不可没焉。

[①]《经学论》。

六大卦

上、下《经》六十四卦，皆生自乾坤。《上经》三十卦，《下经》三十四卦，而其正反对为一卦计之，实皆十有八卦，合之共三十六卦。三十六卦，次第之又为六大卦。如卦之有六爻，自乾坤至畜履，合六卦为一大卦。自泰否至噬嗑贲，自剥复至坎离皆然。此上篇之三大卦也。自咸恒至损益，合六卦为一大卦。自夬姤至渐归妹，自丰旅至既未济皆然。此下篇之三大卦也。乾坤阴阳刚柔之始，管领二大卦，如卦之初二两爻。剥复阳刚消长之际，管领二大卦，如五上两爻。是又合三十六，而止成一卦六爻云尔。此正所谓简易而天下之理得也。见耿氏述《古易序》。

八音异同

八卦八音，以合八风。自汉相传，各有异同。《白虎通》引《乐记》云："土曰埙，竹曰管，皮曰鼓，匏曰笙，丝曰弦，石曰磬，金曰钟，木曰柷敔。埙坎音也，管艮音也，鼓震音也，弦离音也，钟兑音也，柷敔乾音也。"缺笙与磬，少坤巽两卦。高诱《淮南子·天文》注及《晋书·乐志》，俱以"乾音石，坎音革，艮音匏，震音竹，巽音木，离音丝，坤音土，兑音金"，除离兑外，余均与《白虎通》互异。郑氏《易谱》："乾音石不周风，坎音革广莫风，艮音匏条风，震音竹明庶风，巽音木清明风，离音丝景风，坤音土凉风，兑音金阊阖风。"其八音悉同《淮南·天文》注，而坤巽易位，坤居离前，巽次离后，或为手书之误。故仍以八宫之序采入，惟学者之详察焉。

王俭之谬对

《齐书·王俭传》："太子问王俭曰：《周易》乾卦，本居天位，而《说卦》云出乎震。震本非天，义岂相当？俭曰：乾健震动，天以运动为德，故言帝出乎震。太子曰：天以运动为德，君自体天居位，震雷为象，岂体天所出？俭曰：主器者莫若长子，故受之以震。万物出乎震，故帝所与焉。"

此对殊谬。俭殆不知"帝出乎震"之帝字，实统冒全章，非专属"出乎震"一句，亦非专言震一卦。出乎震者帝，齐乎巽者亦帝。"相见致役"以下，亦何莫非帝？与下章"神也者"神字相对。俭乃为此支离悠谬之说以对，盖历代帝王，无不以五经为尊君卑民之宝训。故向所称经学大家，亦遂以五经为羔雁，希宠固位，谬称稽古之荣，恬不为怪，经义乃不堪问矣。

制器尚象

《系传》曰"《易》有君子之道四焉",而制器尚象居其一。除古圣"以佃以渔"之十三卦外,后世未闻有尚象以制器者。于是利用便民之《易》象,遂尽成空言。占卜而外,更无有因象而得《易》之用者。然则孔子尚象之道,岂欺人哉!自数学西来,泰西以《几何》一书,因数定形,为制器之根本。汽机既兴,以水火代人力,而器用日新,其象实显著于《易》。《参同契》曰:"坎离匡廓,运毂正轴。牝牡四卦,以为橐籥。"今汽机之制,均无能外此作用者也。朱子注曰:"乾坤其炉鼎欤?乾坤位乎上下,而坎离升降于其间。如车轴之贯毂以运轮,一上而一下也。牝牡配合,四卦橐鞴囊篇其管也。"上阳子陈致虚注曰"何谓坎离匡廓?盖阳乘阴,则乾中虚而为离。阴乘阳,则坤中实而为坎。故坎离乾坤之体,而为阴阳之匡廓。此乾坤之于坎离,犹车辐之于毂轴也。乾坤正坎离之辐,坎离凑乾坤之毂"云云,于今日汽机之象,可谓形容酷肖。制器尚象,象既备矣,且明显确切如是,而卒无由悟,以敢制器之效。直待西人之发明,尚迟疑观望,指为淫巧,而不悟《易》象之所固有,可谓冥顽不灵者矣。此皆由扫象之学既炽,讲《易》者悉尚虚词。《考工》之书又亡,作工者遂无学术。《易》有四道,迄今仅言语尚辞之一端,犹为门户同异之争,不能尽其辞以明其义,更何言哉!

小过艮下震上之卦也。雷在山上,而《象》曰"飞鸟遗之音",古今说者语焉不详。或云"内外四阴爻如羽,故似飞鸟"。然一句五字,只解得"飞鸟"二字,而"遗之音"三字荒矣。盖"遗之音"音字,由中孚之"翰音登于天"而来。鸡非登天之物,合两卦观之,意义亦未能了然。不图今日飞机之制,乃悉符小过之象也。夫曰"飞鸟"之象,则象非真为鸟也可知。曰遗之音,则音之自上传下也可知。今飞机之形,宛然飞鸟,而遗音亦正相类。小过两象,震得乾金之初气,故轻而能举[1]。谦之言轻,亦以互震也。故飞机取材以金类,而仍无碍其飞也。伏巽为缯帛,为臭,大象坎为轮,震艮相对,阴阳之数,为一正一负。合观之,飞机之材无不具矣。日本《古易断》,以震为舟。舟行乎高山之上,非飞艇而何?

他如来复线之制备于复,螺旋机之制出于姤,制器尚象,象固无不备也。西人无象之可尚,乃能因果之坠地而得重学,因蒸水之冲动而创汽机。读孔子尚象之训,能无愧哉!

---

[1] 详《笔谈初集》四卷。

天地十二马

"乾为马","坤利牝马之贞"。乾曰"天行健",坤曰"行地无疆"。旧说:"天行莫如龙,行地莫如马。然天行不可见,由地见之,故马亦称龙。"《说卦》乾"其于马也,为良马,为老马,为瘠马,为驳马",震"其于马也,为弔足,为作足,为的颡,为善鸣",坎"其于马也,为美脊,为亟心,为薄蹄,为下首"。震得乾初爻,坎得乾中爻,故皆言马。艮得乾上爻,乃不言马者,艮止,马之用在行,艮止不行,故无马象。乾震坎共十二马,分次子丑寅至戌亥十二时,为乾行周天坤行无疆之象。六十四卦卦爻,取象于马者十有二。而其一为泰之"冯河",不言马而马自见,为冯河之马。泰否反类,阴阳之际,即际于此河。故曰泰马冯河,神行无迹。象义之妙,微矣!屯六二、六四、上六曰"乘马",贲"白马",大畜"良马",晋"锡马",明夷与涣曰"用拯马壮",睽曰"丧马",中孚曰"马匹亡",舆坤之"牝马之贞",共十二马。有坤之贞,而后有泰之冯睽之丧。中孚之亡,皆此马。贲言逐,睽言勿逐。阴阳进退之理,皆可深长思也。

鱼鸟相亲。巽为鱼,中孚豚鱼,即巽之象也。郭璞曰:"鱼者震之废气也。"盖巽王则震废也。由此观之,鱼实具震巽二象。震巽合为离,离为飞鸟,故鱼鸟相亲,每互变其体。《庄子·逍遥游》,鲲鹏之变化,即以寓坎离升降之大用,字字皆本于《易》象,非寓言也。鲲鹏之变化不易见,而雀之化鱼,鱼之化雀,则为所常见。粤东有禾花雀者,早禾既登,田中小鱼,乃化为雀。乡农夜布网于田,翌晨即雀满其网。且其变甚速,当其蜕变之顷,或有惊之者,辄止不复变,故有雀首而鱼身者,亦可谓具体之鲲鹏矣。南洋有秋风鸟,亦鱼所化。见《粤语》。今长江金陵以上,秋冬间产白鱼甚美,亦鸟所化。届时鸟皆纷纷投入水中,众所共睹。湖州苕溪有小鱼，亦黄雀所化。遍观地志，类此者甚多。故《月令》"田鼠化为驾，雀入大水为蛤"。气至而物自，化有不期然而然者。昧者不察，诧为奇妄。观于《易》象，思过半矣。

姤之鱼

姤九二"包有鱼",九四"包无鱼"。古今说者,罕得其解。余读《江苏通志》,及《宁波府志》,并证以花山灯塔守者之所言,始知古圣人定象之妙,参合阴阳造化。有生之物,莫不随此阴阳气化之转移,其动静皆为所限而不自知。而圣人之象,则范围此阴阳气数而巨细无遗。甚矣哉!羲《易》之神化。惜其义自孔子而后,竟无能发明之者,良可痛也。

姤为五月卦。五日一爻,姤二正值五月五日。故曰"天地相遇,品物咸章"。中国南北洋渔汛,以黄花鱼为大。平日南北洋渔船,北至天津,南至汕尾,皆四散。独至五月初五,则南北两洋渔船,均萃于大戢山洋面。南北四百里之内①,正两洋交界之处②,船数以十万计,江浙各派师船护之。据守塔老者云:"每年必五月初五日鱼始集。逢大年,鱼叠聚海中,栉比鳞次。以长篙入水,能直立不倾。南北渔船,每施一网,辄舟不胜载。余者悉弃诸水,不能移给他船也。鱼食网边之水,即气闭浮于水面,名网口鱼,任人捞取不禁。初五至初十,年年如是,无或爽者。"初五至初十,正姤二爻卦气用事之日也,故曰"包有鱼"。初十以后鱼仍散处,各分南北。至九四在五月十五日以后,故曰"无鱼"。始知圣人卦象,合天地南北言之,非仅为一人一事言也。

两爻"包"字,与泰之"包荒",否之"包承",消息相通,皆天地阴阳往来屈信之所寓。来伸而往屈,故曰"包"。至"包瓜""含章","有陨自天",阴阳相互之数,方得其中。如夫妇之育子女,孕已成矣。陨者,落也。《道书》曰:"一点落黄庭。"故曰

---

① 约合经纬各二度之间。
② 平时南北划分,鱼产不同,器用捕法亦异。

"含章"。所谓"美在其中,而畅于四支"。天人一理。象数之精义,有非可言尽者。是在读者之举一反三,引而伸之矣。

离木科上槁

"离，其于木也，为科上槁。"旧注望文生义，殊与象数无关，于卦义亦甚牵强。在粤读《岭南丛书》，始恍然有悟。叹天地生物之妙，古人格物之精，而《易》象之更无乎不备也。离为火，火生于木①，火旺则木休，故槁。海南为离方，故多文木。而木火之精蕴结，则为香。沉香茄楠诸香，皆产于木，然香生而木即枯。曰"科上槁"者，木离枯而生气未绝，胥随积凝结而为香。历年愈多，则香愈厚愈纯。其重而降者为沉香，亦曰沉水香，以入水必沉也，其轻而升者为茄南，盖沉香得阴之精多，茄南得阳之精多也。故沉香之性阴，而其用则阳，主发散。茄南性阳，而其用则阴，主收濇。所谓阳体阴用，阴体阳用②，二者皆得气之一偏者也。若得纯离之气，中正冲和，无一驳杂，则返魂香是也。离为魂，魂藏于肝木，母抱子也。以厥阴风木之精，钟离明纯粹之气，感召之捷，出自天然，返魂岂虚语哉！故返魂香者，非别为一类，特沉香茄南之最精者耳。今则人烟日繁，英华尽泄，沉香茄南，已不易得③，况返魂香乎！琼崖五指，榛莽未辟，太古浑屯之风犹存。或有孕毓，未可知也。

---

① 火亦生于石，艮也。震，木之究也。然火出于石，非木不传。故曰"电光石火"，言不能久也。
② 近日医家以茄南入疏散之剂，大误。
③ 今市售者皆香之木，非香也。

巽木之精

《坤·文言》："天地变化,草木蕃。"《说卦》"巽为木",不言草者,巽为柔木,柔木即草,言木可以概草也。故大过之"白茅",泰否之"茅茹",皆为巽象。西儒《进化史》,谓天地开辟以后,万物之最初生者,厥惟青苔。乾坤初交,而乾成巽,故巽居天地成物之初,柔木之象。与西人之说,亦不谋而合也。木之余气,得水则生菌。凡可食不可食之菌类甚多,皆是也。苟得天一之精,纯粹冲和,不驳不杂,则为灵芝。涣卦之"涣奔其机",注语简略。但曰"杌木无枝",实则涣象上巽下坎,坎为一六之精。巽木得坎水,母子一气,断无枯槁之理。何以杌木无枝?盖即菌之类,得其正者则为灵芝矣。

或曰:"灵芝非可常见,今世人所视为珍品。咸以为有起死回生之效者,莫若人参。试以《易》象言之,其亦当属之巽欤?"曰:"以类言之,当属之巽。但究其功用,则不仅为巽,当兼兑也。巽兑同体,合为中孚。卦气之所自起,亦人身命根所由寄,故相传有缓死之功。人参之性质功用,浑然元气,实秉坤土中和之气,得乾阳纯粹之精。乾坤之元,伏于巽而见于兑,合巽兑为中孚,舍人参无物可以拟之矣。巽坎之涣,与巽兑之中孚相去一间。坎坤体而得乾阳之中,故灵芝之功用,亦当无异于人参也。"

咸艮之象皆取诸身

咸者，二气感应以相与。天地变化之根本，人事往复之枢纽也。六十四卦《序卦》无咸，而六十四卦之汇归皆在于咸。故孔子曰："精义入神，以致用也。穷神知化，德之盛也。过此以往，未之或知也。"佛法无边，而仍不出咸卦之范围。广大精微，几非迹象可以拟议。故圣人定象，咸取诸精神。但精神非附于体质不能见也，故取象人身。以物力之感觉，莫灵于人。而人之感觉，莫易于少年而相感之专且速，尤莫过于少男少女，因以少男少女象咸。六爻皆取象于人身，初拇，二腓，三股，五脢，上辅颊舌。四之位为心，心不可见也。不曰"心"而曰"思"，"憧憧往来"，圣人状物之精，至矣尽矣！咸卦之外，六爻皆取象人身者，唯艮卦。艮，止也，止其所也。时止则止，时行则行，所谓止于至善。动静不失其时，其唯圣人乎？圣人亦人也。四支百体，无异于人，故六爻亦皆取象人身。初趾，二腓，三曰限曰夤①，四身，五辅。上曰"敦艮"者，以终无止境，且《易》不可终焉，故曰"以厚终也"。

咸艮之别，咸动艮静，咸速艮止。咸如青年之男女，艮如静修之处士。而论其用，则艮为反身克己，独善其身也。咸则过化存神，兼善天下也。艮为修德尽命之君子，咸则达天成道之圣人②。故同一取象人身，而其中大有区别。咸六爻身体之象，皆合二人言之，非仅一人一身也。如初爻"咸其拇"，乃少男少女之拇互相感触，故曰咸。《诗》曰"履帝武敏歆"，即咸其拇之象也。以下咸腓、咸股及辅颊舌，皆合二人相感之象。而思之"憧憧往来"，则更非可形迹求之，皆极状咸感之义，非拟之以此，不足形容尽致也。圣人恐后人断章取义，而误以少年情感之为当也。故《序卦》特阙之，而受之以恒，而于《系辞》

---

① 详《学易笔谈》。
② 拟之释氏，艮如律门，咸则无离无碍之大乘法门也。

畅发其精义，圣人之忧世深而用心苦矣。此咸六爻之象义也。论艮之六爻，皆为一人独立之象，且为侧面之背形，非正面也。故曰"艮其背，不获其身。行其庭，不见其人"，皆静止之象也。初艮其趾，足跟。人立不动，自后观之，故见趾之止也。二艮其腓，为腿之腹，亦在后者也。三艮其限，艮本训限，在身为腰，上下之限也。列其夤，自腰而上，脊也。四艮其身，统上下而言。五艮其辅，在颊之后，皆自后见之。统观五爻之象，不啻画一背立侧面之人形。状物之精，非笔墨所能尽矣。上九敦艮，则安土敦仁，推爱其身以爱物。身虽与木石居，与鹿豕游，而民胞物与之怀，仍涵养其中。否则为石隐，无畀于世，圣人又何取焉①！

　　故咸艮两卦，合天地人之道，而明其动静进止之极功。形上形下，本末兼赅。形上之道在咸，而非可以言显焉，则假少男少女之感以明之。所谓夫妇之愚，可以与知者是也。及其至，则穷神知化，虽圣人有所不知，以见道之无尽也。艮训限，限者上下之际亦天人之际，能止其所当止，不迁不贰，则止诸躬，以为立德之基。而修道之要，亦不外乎是矣！安土敦仁，下学上达，时行时止，其道光明。感而遂通天下之故，则艮与咸一而二，二而一矣。

---

　　① 达摩西来面壁十年，极静止之功，所谓不获其身不见其人者矣。而性功涵养，真如朗澈，阐法渡世，开震旦佛教之宗。非艮而能若是哉！俗儒昧于大道，妄谓佛教虚无寂灭，大畔吾圣人之道。实并圣人之道而未尝知之，又乌能知佛之畔与否也！

咸感兑说

《咸·彖》曰"感也",而咸无心。《兑·彖》曰"说",而兑无言。盖有心之感出于人,不可以为咸也。必感而无心,乃纯出乎天然,其感始至。且有感而无应,亦非感也。咸则二气感应以相与,随天而动,皆出自然。又非磁石引针琥珀拾芥之蠢然无知者可拟也,故取象少男少女,天真烂漫,方足为得咸之真,尽咸之妙焉。兑而可言,非说之至也。心说而非可以言说,斯为说矣。兑正秋万物之所说,说言乎兑,此兑之正象。重兑则说之意亦深,非言语可以形容。故孔子以"朋友讲习"拟之。所谓"有朋自远方来,不亦乐乎"。"西南得朋","十朋之龟",兑数十,故言朋也。

逆数

《易》逆数也。邵子因此悟八卦之用，以乾一兑二离三震四巽五坎六艮七坤八，皆逆用之，以成《皇极经世》之书，得数往知来之效。其言曰"阳在阴中阳逆行，阴在阳中阴逆行。阳在阳中，阴在阴中，则皆顺行"。此但言其先天八卦圆图之序，未可以概《易》数也。阳顺阴逆之数，《易楔》与《易数偶得》已屡言之矣，然亦有相生与相合之分。混而言之，又不可通矣。观十二律之相生与合声，则体用顺逆之分，自可瞭然。"数往者顺，知来者逆"二句，所以明八卦之往来。往者乾圆，来者坤方。往者屈而来者伸，故数往顺而知来逆。邵子以已生之卦，未生之卦解之，亦词不达意。汉学家极力驳之，然于下句"《易》逆数也"三字，均未尝注意。若但言往来，则上二句已足，又何必赘以"《易》逆数也"一语哉！圣人虑后人误解"往来顺逆"之用，以概《易》数，故特重言以申明之，以示《易》之皆逆，乃全《易》重要关键所在。奈学者均忽略读过，辜负作《易》者之苦心。而天地之心，亦终不可见。《易》又何自而明哉！逆数之用，具在卦象，显而易见。地天泰，逆也。水火既济，逆也。顺则为否为未济，天地不通而阴阳之数穷矣。故曰"一阴一阳之谓道"，泽山咸而山泽则损，风山渐则进以正。山风蛊，则惑矣。此皆一阴一阳之道。圣贤克己之功，神仙修炼之术，无不用逆。修德曰"反身"，君子必自反，反者逆之谓也。《道书》"逆则生，顺则死"，又曰"逆则为仙，顺则为鬼"。陈致虚曰："子南午北者，颠倒五行也。"仙圣云："五行顺行，法界火坑。五行颠倒，大地七宝。所以水火互为纲纪，方能既济也。"凡此皆以著逆用之功。而《易》数所以逆，又因《易》象法天，天逆行而地顺转，故数必以逆推，而始能与地相合。故五行干支，经纬星度，亦莫不随天行之度以定数。人生天地气数之中，又孰能外之！

屯七夬七

杂,乱也。古人篇第卒章皆称乱,故汉赋之末,犹有"乱曰"。孔子"十翼",以《杂卦》终,亦乱之义也。其前自乾刚坤柔至屯乃七卦,其后自姤至夬亦七卦,前七后七,二七反覆。其中自蒙至大过,凡五十卦。大衍之数也。古人七岁而入小学,蒙以养正,为学之始。孔子曰"假我数年,五十以学《易》,可以无大过",则下学上达,由立德而进于明道,知人知天,天人合一。故颐养也,蒙养也,蒙养正也,颐亦养正也,可见古人为学,养正之功,无间初终。为己立立人,己达达人。终之以夬,以刚决柔,即以乾刚决坤柔。而君子道长,小人道忧。圣人济世之学,其忧天下后世也至矣!

光为气始

《易》之言光，皆阳被于阴，坤承乎乾。大明终始，乾坤相交，实为光始。《乾凿度》曰："有太易，有太初。有太始，有太素。太易者未见气也，太初者气之始也。太始者形之始也，太素者质之始也。谓之四始。气形质具而未离，故曰浑沦①。混沦阴阳未分。"此盖三代以上之古义，《乾凿度》必有所本。孔子赞《易》，自"《易》有太极"说起，将以前之太易太初太始太素诸说删去。与删《书》断自唐虞，《春秋》托始隐桓，编《诗》首于二南，同为讲学之界说。而唐虞以上之历史，隐桓以前之事实，亦未尝一笔抹煞，特秉笔为文自有体例，不能无起讫之界线耳。后人不明此理，孔子之《易》始自太极，凡孔子所未言者，皆在禁例。是犹以《春秋》为鲁之全史，谓周公伯禽皆荒唐无稽，有是理乎？况孔子亦未尝自限也。删《书》断自唐虞，而《易·系传》仍追溯至伏羲神农黄帝。删《诗》首于二南，而终篇殿以《商颂》。故研求一种学说，非博采旁收，决不能充类至尽以得其指归。向之说《易》只于十二篇中讨寻生活，故凡言光言气，皆含糊恍惚，绝少发明。坤二曰"地道光也"，旧说训广训明，或言横言扩，皆所谓似是而非。夫地之光何来？来自天即来自日耳。故曰"大明终始"。以近日物理推求之，则《易纬》云"光盛生气，气盛生形。形盛成质，质定成体"，亦自有此天然之次序。而《易》之言光言气，皆非泛言光明与气象，皆确有其度数之可考也。旧说乾阳坤阴，乾气坤质，相对待也。然精之，则乾为光而坤为气，光又气始也。然光非气不显，气未见，而光已发，特未可见但有热耳。至热盛气生，则光与气皆显然可见矣。但光亦非一，有人目所能见者，而亦有为人目不能见者。古人造字，以火在人上为光，光从火从人，此但言火之光耳。凡黑夜以火烛物，必高举之，今火在目之视线以上，始能见物，即光字之会意也。名以推类，凡一切之光，皆借用此光字，而不复分析。学者不可不审也。

---

① 浑仑浑沌音近崑岭，亦浑仑之意，故以名最高最大之山。

历数卦气

卦气征于十二消息,而阴阳律吕皆准之。权量衡度皆生于黄钟,实皆生于卦气也。古人截管飞灰,以候十二中气,气至则灰飞。其法虽存,而管之制与室之度,皆未易密合,故亦徒存其说而已。惟候气别有简法,但能施于冬夏二至,二分与他月中气。能否于是法推行变化,尚未有行之者。其候二至,则以等分之净土与木炭,分之天秤两端,令其相平。夏至之气至,则炭重而土轻。冬至之气至,则土重而炭轻。按历书二至之时刻分秒,验之固极易也。吾国历数之精,不但合日月行度之数,并合天地阴阳之气。而人物之生于天地间者,其荣枯得失,亦莫不与此气与数相合。故草木之萌动,鸟兽虫鱼之变化,男女身体之伤痛疾病,莫不应节气而有感,而不自知其由来也。故近人谓旧历曰"阴历",实大误也。旧历惟十二月从太阴,而节气中气,皆从太阳。所谓阴阳合德,与天地人参者也。万国交通,行新历以便用,亦不失随时之义。而旧历之精,终不可废,亦无能废也。

八卦合天地之象

　　八卦象数法乎天地，天地万物之象，皆在八卦范围之中。小而一物之微，一身之内，大而一洲一国，以及四海之外，六合之内，无不包也。闭关时代，国境限于华夏。故《易》卦象数，以九州为分野，无不合也。今则万国交通，重洋无阻，《易》卦象数，即推诸五大洲，仍无不合也。试以先天八卦方位言之：乾为南极，坤为北极，南北皆冰洋，故乾为寒为冰，坤亦为坚冰。自震东北至兑东南，为东半球之象，故曰震旦。自艮西北至巽西南，为西半球之象，故曰泰西①。东半球震长男，离中女，兑少女，两女一男，故其民女多男少，女子二十而嫁，过期为失时，无长女也。西半球，艮少男，坎中男，巽长女，两男一女，故其民女少男多，女尊男卑，女多晚嫁，无少女也，震长男，故重经验，贵老成。艮少男，故尚学理，重思想②。震仁兑义，天泽在上，故华俗重礼让，而利居其后。巽利市，兑附决，坤艮居下，故西俗尚谦和，而利争先。离文明而坎矫鞣，离虚而坎实，天火同人而地水为师。此所以一则尊古而尚自然，一则叶旧而好外饰。一骛虚名，一图实利。一以文德致大同，一以兵力争霸权。东西之历史俗尚，以及人民之性质态度，已备具于此寥寥三十六画之中，大致楚楚可见。若深求而详演之，其妙更不可思议。神矣哉！《易》之为书。讵钻研故纸者所能尽哉！

---

① 巽艮为乾坤之位，见蛊卦象。坤乾，地天泰也。
② 艮为思也。

礼数

三代制礼，悉本于数。故今日俗语，尚有礼数之称。《王制》《月令》，如明堂太室冕旒车旗之制，与朝贺祭祀重器服物之显合于象数者无论矣。齐民敦族，制无大小，亦无不悉协乎度数。礼莫大乎尊亲，尊亲之义，本于一身。由一身等而上之，为高曾祖祢。由一身等而下之，为子孙曾玄。合本身为九。以三为五，以五为九，上杀下杀而五服三党，分亲疏，别远近，正合于九九八十一方数，正合于乾元用九之数。由此推之，礼之源可知。泥于天泽之说者，其诬《易》也甚矣！

《周官》皆本于《易》

周礼之制，立官分职，详备无遗。后人不察，疑为伪书。又因阙冬官，有以《考工记》补之者，可谓无知妄作矣。今以《周易》卦象，与周礼相参考，则一官一职，无不悉合乎卦象卦数。司空之空，向多莫解其义。证以卦象，始知值后天乾无之位，为戌亥数空之地。得此一字，更足显明古人定制之郑重。一名一义，决非如后人之以意为之者。端木鹤田《周易指》，为图甚详，未及备举。学者即以《周官》与卦象，参互并观，亦甚显而易见，然后知分职之由来，非末学所能妄议也。

愚一录易说订

愚一录易说订序一

吾海宁弹丸地，百年内得名世者二人焉。前有李级秋先生善兰，后则吾畏友杭君辛斋是也。李以算学名，欧美学者，未能或之先焉。著有则《古昔斋丛书》，并译《几何原本》后六卷。文笔清刚拔俗，为算学所掩。以诸生荐授工部郎中，充同文馆天算教授。俸结与客卿等，都人士皆称为异数。惜吾不及见。而辛斋则吾兄事者垂四十年，幼同闾闬。初学为文章，即追随恐后。同应童子试，君五冠其曹。一时杭慎修之名大噪，而君歉然若不足。游学京师，从陈书玉李莼客两先生游。充文渊阁校对，得尽窥秘籍。肄业同文馆，习天算理化，而学益进。乃尽弃举子业，以天下之重自任。觉世牖民，锄奸去恶，直声震海内。而吾以家贫亲老，奉檄江右，风尘仆仆。诵"天下何人不识君之句"，不禁感慨系之矣，辛亥鼎革，吾亦弃官归。浙省光复，一夕成功，兵不血刃。而驻防五千人，负隅抗命，遂开战衅。弹雨横飞，全城震动。或劝增韫修书招降，而使者半途中弹死，书不得达。众知旂人素重君，环请入营招抚。君慨允无难色，于是效叶公之免胄，驰汾阳之单骑，冒险突入，片语解纷。城市居民，得免兵燹祸，君之力也。君未尝言功，功亦不及。次年当选众议院议员入都，襆被萧然，无改书生本色。于是始知君修养之有素，固非纯盗虚声者比也。帝制议起，网罗密布。君负重名，居虎口，人皆为君危，而君夷然不屈如故。吾时宰太康，拟聘君修邑志。为避地计，书未发而君被逮之报已至。惊魂失措，顾无可为力。幸吉人天相，转祸为福。翌年都门握手，恍如隔世。而君室中插架堆案几席卧榻无非《易经》，而每出必捆载以归。贾人叩户送书者，亦无非《易经》，而君每得一书，必尽阅之。恒达旦不寐。始知君狱中得易学之秘传，故致力之勤如此。比年以来，中外言易学者，必首君无异词者。千秋不朽之业，与李级秋先生可谓后先辉映矣！而《易》道之大，非算学可比，则此中又不无轩轾也。吾既不习算，又不知《易》，何敢赞一词？第君之生平，则吾知之较详。所述虽一鳞一爪，要皆真实无妄，当亦论世尚友之君子所乐闻也欤？

民国纪元十有二年春正月通家弟陈守谦识于京师

愚一录易说订序二

《周官·太卜》：掌三《易》之法，一曰《连山》，二曰《归藏》，三曰《周易》。顾炎武氏谓夫子言庖羲始画八卦，不言作《易》，而曰"《易》之兴也，其于中古乎？"又曰"当殷之末世，周之盛德耶？当文王与纣之事耶？是文王所作之辞，始名为《易》，《连山》《归藏》非《易》也。而云三《易》者，后人因《易》之名以名之也。"其说甚是。但既同掌以太卜，又均称之曰《易》，而经卦别卦之数又同，自必同为衍卦之辞。故桓谭谓《连山》八万言，《归藏》四千三百言。今虽无传，而秦汉以前，必有其书。且不仅《连山》《归藏》已也。《周易》之为书，亦非一种。余杭章太炎氏，谓《易》之为书，广大悉备，然常用止于别蓍布卦，与三兆三梦，同掌于太卜。自仲尼赞《易》而《易》独贵，故《六艺略》有《易经》十二篇，《数术略·蓍龟家》复有《周易》三十八卷。此为周世有两《易》，犹《逸周书》七十一篇，别在《尚书》外也。观此可知三《易》源流。《周易》固卜筮之书，而孔子所赞，则自为一书。虽具卦爻象数，实所以明道立教，非为占卜之用。故"十翼"仅《大衍》一章，言揲蓍布卦之方。占事知来，明极数定象之用。此外未尝一言及于卜筮。而其神妙莫测者，则不言阴阳五行，而无一言不与阴阳五行相合。无一言及于气连飞伏，而无一爻不与气连飞伏相符。此所以为造化之笔而韦编三绝者也。汉人去古未远，京孟所传卦气纳甲、八宫飞伏，要必有所自，或为《周易》别本，或为《连山》《归藏》之遗，皆未可知。孔子所谓法象莫大乎天地，悬象著明莫大乎日月者，亦可知古《易》取象之梗概。京虞之学未尝或畔于孔子也。魏晋而降，汉《易》浸微。王弼扫象，唐学黜郑。南宋以后，言象数者，又杂以《皇极经世》。于是易学遂分汉宋两派。门户之见，水火日深。千年以来，其病未已。有清一代，经学称顾。盛①、黄②、毛③、胡④诸氏，博极群书，力辟宋学，足一洗空疏之弊。而邵氏先天之数，虽别树一帜而其图书及先天卦象，要皆与本经《说卦》及纳甲相互证，未可一笔扶煞，谓华山道士伪造也。其后调停于汉宋之间，称折中派者，亦鲜有发明。所同病者，以经学道统为头衔，俯视一切，谓术数小道不足以言《易》。宁《易》理之不明，终不愿小道异端之分吾片席，为千秋俎豆之玷焉。所谓贤者过之，愚者不及。乾简坤易之道，百姓日用而不知。先儒固执之咎，无可讳焉。《愚一录易说》两卷，象州郑小谷先生全集经说之一种，其立论皆有根据，不为空谈。宗汉而不囿于汉，亦近今《易》说之善者也。手写一帙，以实吾《易说丛钞》。适议政多暇，并附拙见以后，为同学之商兑。壬戌之秋，《学易笔谈》《易楔》诸书，既先后铸板，以应各方同志之需求。并以此书附印，就正有道。或更能订吾说所未当，庶刮垢磨光，理以辨而益精，于易学不无微末之畀也。

壬戌冬十二月辛斋识于海上研几学社

---

① 林亭。
② 黎洲。
③ 西河。
④ 东樵。

愚一录易说订卷一

郑小谷先生，西南朴学巨子也。与德清俞荫甫先生，年齿科名相先后者无几，而文学亦不亚于俞。顾僻处五岭以南，又不求闻达。名山掌教，不与朝士巨老通声气。致江左以北，鲜知其名者。所著书亦罕见。余客羊城，于徐君久成处，得其《全集》，高可等身。于群经诸子，皆有论著。博雅渊懿，各有心得。假读一过，良惬素心。版本亦佳，坊间存书颇多。余方专事《易部》，力不能兼蓄群书，乃手钞其《愚一录易说》二卷。间有异义，或意有未尽者，逐条疏订，并附拙见，以资商榷云尔。戊午冬日辛斋识。

汉人谈《易》皆明象，宋人谈《易》皆明理，而转关者魏王弼也。《唐志》七十六家《易》，有卜商、孟喜、京房、费直、马融、荀爽、郑元、刘表、董遇、宋忠、王肃、王弼、虞翻、陆绩、姚信、荀辉、蜀才、王廙、干宝、黄颖、崔浩、崔觐、何允、卢氏、傅氏、王又元、王凯冲、韩康伯、谢万、桓元、荀谚、荀柔之、宋褰、任希古之注。又有宋明帝、梁武帝、张该、萧伟、萧子政、张讥、何妥、褚仲都、梁蕃、刘献、孔颖达、陆德明、阴洪道之义疏。又有元宗、张璠、钟会、范氏、应吉甫、邹湛、阮长成、阮仲容、宋处宗、宣聘、乐肇、袁宏、杨乂、沈熊、薛仁贵、王勃等之杂著。以及李鼎祚、东乡助、僧一行、崔元佐、元载、李吉甫、卫元嵩、高定、裴通、卢行超、陆希声之不著录者。而张璠《集解》二十八家，又有向秀、庚运、应贞、张辉、王宏、王济、卫瓘、杜育、杨瓒、张轨、宣舒、邢融、裴藻、许适、杨藻数人。别见李鼎祚《集解》者三十余家，又有何晏、侯果、翟元、崔憬、沈驎士、焦赣、伏曼容、姚规、朱仰之、蔡景君、延叔坚数人别见。又《释文叙录》除已见姓名外，又有尹涛、费元珪、袁悦之、卞伯玉、徐爰欢、顾明、僧绍、李轨、余邈、周宏正等。计可考者不下百人。而今所传不过数家，可惜也。前明多谈宋《易》，本朝渐求汉《易》。如郑元之注、虞翻之注、荀爽之注，尚可从《李氏集解》采辑成卷。周氏之说、褚氏之说、庄氏之说，尚可从《孔氏正义》摘取成帙。其余散见《释文》者，不过音读字句之略异而已。此惠定宇、毛西河、孙渊如所以广为掺辑，一字一句，不胜宝贵者。

辛斋按：郑氏此节，但就《唐志》所载，暨曾见于李孔诸氏所纂录者而言。若论两汉《易》师，即班、范两书所著录，而今皆不可考者，尚不下百余家。《易汉学·师承记》，亦未尽录也。济南马氏《玉函山房》掺辑所得，亦只八十余家。辛斋于《三礼注疏》及《文选注》、《类聚道书》中偶得者二十余条。然皆单辞只义，或亦足补李孙二家之阙也。

《诗正义》引孟氏"说天子驾六"，《王度记》亦言"天子驾六"。五经异义，郑元驳之。谓时乘六龙，指乾六爻，非真驾六龙也。不可以汉制为礼制。案乾爻言龙者五，不言龙者一。《说文解字》：戊中宫也，象六甲五龙相拘绞也。段懋堂引《汉书》"日有六甲"以解"六甲"，是也。引《水经注》之"五龙见教"以解五龙，则非也。江节甫谓天数五，地数五，自甲至戊其数五。居十之中，故曰中宫。以天干加地支为六甲。天干之五行，各分为二。地支之五行，土居其四。辰属季春，春为苍龙，五龙者五辰也。六甲之中，惟甲寅无子。六甲之中，亦惟甲午无辰。汉时有《古五子书》，犹之五辰义也。据此六龙之说，可以释《易》，不可以制礼。五龙之说，可以解字，亦可以谈《易》。世儒皆泥六龙义，故辨之。

辛斋按：六龙者，乾坤阴阳六。五曰飞龙。《说文》：龖，飞龙也。从二龙即一之义也。马八尺以上曰龙，故乾曰龙，坤曰马。皆震象。皆乾坤合德，出震致用之象。世儒泥乾坤以龙马，均无当也。天五地六，故曰五德六位。五龙六龙，无足辨也。《古五子易》，今《玉函山房逸书》辑存一卷。义与五龙无涉。

乾乘六龙，所重在六。以九用六，阴阳合德。辛斋因此悟阳顺阴逆之数，皆乘六之数。乾数一三五七九，故象只五龙。以一三五七九乘六，图数详《易数偶得》。

为其嫌于无阳也。① 为其兼于阳也。② 按《释文》云：郑作谦，荀作嗛。考王伯厚所采郑注，引《诗·采薇·正义》，云慊读如"群公溓"之之溓。古书篆作立心，与水相近，读者失之。故作慊。溓，杂也。阴谓上六也，阳今消息用事乾也。上六为蛇，得乾气杂似龙。据此则郑本作慊，读作溓。《释文》谓作谦者讹也。又《集解》引《九家易》荀爽说曰：阴阳合居故曰兼。阳谓上六，坤行至亥，下有伏乾。阳者变化，以喻龙焉。据此则荀本作兼，且无"无"字。《释文》谓作嗛，亦讹也。今所刻《释文》多有误。竹垞《经义考》，亦仍其误。且有与今本绝远者。如晋六五之"失得勿恤"。竹垞云：按《释文》所引《虞氏易》"若得失勿恤"，则同郑氏本。按今《释文》引孟、马、郑、虞、王肃皆作"矢"，《李氏集解》亦引虞云"矢古誓字"，则虞本断非作失可知也。又如损初九之"已事遄往"。竹垞云：《释文》"虞本已作纪"。按今《释文》引"虞本作祀"，"李氏集解"亦引"虞本曰祀"。祭祀，又曰祀，旧作已。则虞本断非作纪，又可知也。不审竹垞所据是何本。

辛斋按：此条辩晰极精。坤上六"嫌"字，诸家字虽互异，而义皆可通。"失得""失"字，本假借字，亦可两存。惟"已事"《释文》音以，本亦作以，虞作祀。按虞注曰：祀祭祀。坤为事，又曰祀。旧作已也。王注、《正义》皆作已。王训已为已往，《正义》训竟。程《传》、朱、《义》张子与吕氏大临、游氏酢、朱氏震、张氏根，皆训已为止。惠氏士奇曰：辍所为之事，训已为止，是废事也。窃所未安。来瞿塘曰：已者我也。盖本于陆氏希声。是

---

① 王弼本。
② 《集解》本。

此一字，凡分四说。字与义皆截然不同。后人无所适从。此非求诸象数，更无准的。夫甲乙丙丁戊己，子丑寅卯辰巳，皆第六数。《易》用甲乙己巳诸字，无不万象。此已字，与大畜有利利已之已，象数正同。由此求之，则诸家之纷，皆可解矣。

师贞丈人。《子夏传》作"师贞大人"，《集解》引崔憬曰"并王者之师也"。案《象》云：师众贞正也。能以众正，可以王矣。故老子曰：域中有四大，而王居其一焉。由是观之，则知夫为王者必大人也。岂以丈人而为王哉！故《乾·文言》曰：夫大人与天地合德，日月合明，则先天而天不违，后天而奉天时。天且不违，而况于人乎？况于行师乎？以斯而论，《子夏传》作"大人"是也。今王氏曲辞大人为丈人，臆云庄严之称。学不师古，匪说攸闻。既误违于经旨，辄改正作大人明矣。按《释文》郑云：能以法度长于人。史氏《口诀义》：陆绩曰"师为众，首长而行"。是前人如郑、陆亦同今本也。李氏以为学不师古，匪易攸闻，未免太过矣。而其解实不可《易》。

辛斋按：《释文》"丈人"绝句。晁氏曰：崔憬、李鼎祚皆云《子夏传》作"大人"说之。案扬雄作"丈人"，是不仅郑与陆为然也。其规李氏甚当。但谓其解实不可易，则仍不免为李所误矣。师"众"大有"众"，皆出于天在阴阳自然之象数。郑注丈之言长，确为古训。乾元者，善之长也。乾"长人"元，师"丈人"帅。《兵法》地生度，度生量，量生数。丈人，丈度也。周制：寸尺咫寻常仞诸度，皆以人之体为法。故丯法度也。从彐从一。寸者，法度所起。丯从彐持十，起于寸从一，具于丈持十。数起坎子一至兑酉十。故坎兑曰节。节以制度。丈一至十，丈人仗天地节以制度数。太公《阴符》及《遁甲》诸术，俱出于此。与师出以律，相承一气。改为大人，六爻之象义皆乖矣。

《释文》所载，各本异字。及集解所存，各家异说。如祐多作右，祥多作详，与多作车，他多作它，国多作邦，①皆无甚同异，不必撫取。惟其迥然别出者，如小畜之尚德载，《集解》引虞翻说作尚得载；否之不可荣以禄，《集解》引虞翻说作不可营以禄。（说以坤为营。）萃之赍咨涕洟，《集解》引虞翻说作赍资涕洟。（说以赍为持，资为赗，啬称赗。）《说卦》之为狗，集解引虞翻说作为拘。（说以指屈伸制物为拘。）所说皆别有义，《释文》未及收，故诸家未及论。其有为陆德明所摘，仅载异字，未载异义者，今略记数条于此。

辛斋按：尚德载之德，《子夏传》京房皆作得，不独虞也。荣，荀亦作营。狗，虞作拘。曰旧作狗。上已为狗字之误。拘与狗义固大别，至德与得、营与荣，古字犹为通用也。

大有"匪其彭"，《释文》"虞作尫"明辨晰也。《释文》"虞作折"。按《集解》引"虞翻曰匪，非也。其位尫，足尫体行不正，四失位折震足，故尫。变而得正，故无咎。尫或为彭，作旁声。字之误也。折之离，故明辩折也。四在乾则尫，在坤为鼠，在震噬肺得金矢，在巽折鼎足，在坎为鬼方，在离焚死，在艮旅于处，言无所容，在兑睽孤孚厉。三百八十四爻，独无所容也。"

辛斋按：《说文》：尫，曲经人也。晰，郑作遰，读如明星晰晰。此皆当时所传之本互异。尫之与彭，晰之与遰，皆相去甚远。无传讹之理也。

坎"樽酒，簋贰，用缶"，《释文》读也。"樽酒簋，贰用缶"，旧读也。樽，陆音尊。牖，陆音酉。又云"陆绩作诱"，如是而已。考《集解》则与旧读同，而与所解异。虞翻曰：震主祭器，故有尊簋。坎为酒。簋，黍稷器。三至五有颐口，震献在中故为簋。坎为水，震为足。坎酒在上，尊酒象。贰，副也。坤为缶。礼有副尊，故贰用缶耳。又曰：坎为内也。四阴小，故约艮为牖。坤为户。艮，小光照户牖之象。贰用缶，故内约自牖。得位承五，故无咎。

---

① 辛斋按：汉人因避讳，邦字多改国字。后人有未及改者，故多异同。

又引崔憬曰：于重险之时，居多惧之地。近三而得位，比五而承阳。修其洁诚，进其忠信，则虽祭祀省薄，明德惟馨。故曰尊酒簋贰用缶内约。文王于纣时行此道，从羑里纳约，卒免于难。故曰自牖终无咎也。据此以纳为内，又别义矣。

辛斋按：簋音轨，顾氏曰古音九。《说文》簋古作匦，徐锴九声也。盖以簋与缶牖为韵者也。然依释文句读，酒与缶、牖为韵亦叶。纳，京氏及一行皆作内，与《集解》同。

睽"先张之弧，后说之弧"，《释文》："京、马、郑、王肃、翟元，说之弧作壶。"按《集解》引虞翻曰：谓五已变乾，为先，应在三。坎为弧，离为矢，张弓之象也。故先张之弧。四动震为后，说犹置也。兑为口，离为大腹，坤为器。大腹有口，坎酒在中，壶之象也。之应历险以与兑，故后说之壶矣。若不见《集解》，只看《释文》，则几不可解。

辛斋案：《释文》后说之弧，本亦作壶。京、马、郑、王肃、翟子元作壶。晁氏曰："当作壶。"此节所引，盖小误也。古人箭服亦曰壶，《左氏传》"纳之壶中"是也。虞注必以坎酒在中释壶，似反多一支节也。

夬"苋陆"，《正义》引《子夏传》马融、郑元、王肃说、董遇说"皆草名也"《释文》引宋衷虞翻说"亦草名也"。不过有一草二草之分耳。董遇曰：苋，人苋也。陆商陆。虞翻曰：苋蕢也。陆商也。余考之《集解》所引，恐《释文》有误。按彼引虞说云苋说也，苋读"夫子苋尔而笑"之苋。陆，和睦也。震为笑言，五得正位，兑为说，故"苋陆夬夬"。大壮震为行，五在上中，动而得正，故"中行无咎"。旧读言苋陆，字之误也。马君、荀氏皆从俗言苋陆，非也。按此注系苋作莞，陆作睦。《释文》于苋字有"一本作莞"，华板反之音。于陆有"蜀才作睦，亲也通也"之解，正是此一注之旨。乃云"虞曰苋蕢，陆商也"，殆不可解。

辛斋按：虞注《集解》，采载甚详，无"苋蕢陆商"之说。《释文》必以他人之注，误为虞氏耳。惠定宇宗虞说，谓莞作苋，陆古文睦，见汉《唐扶颂》及《严举碑》。苋陆者，笑见于面，与九三壮頄相反，所谓说而和也。虞说盖本孟《易》之义而推广之。孟曰：苋陆，兽名。夬有兑，兑为羊也。虞氏和悦之意，实本诸此。项安世曰：莞音丸，山羊也。陆，其所行之路，犹鸿渐于陆之陆。吴草庐曰：苋字上从艹，羊角也。中从目，羊目也。下从几，羊足也。故宽从苋声。皆推广孟义，于象最洽。详拙著《学易笔谈二集》。

艮其限，列其夤厉熏心。《释文》：夤，郑作臏，荀作肾，熏，荀作動。不载虞本。考《集解》虞注，则列作裂，熏作阍。曰：限，要带处也。坎为要，五来之三，故艮其限。夤，脊肉。艮为背，坎为脊，艮为平。震起艮止，故裂其夤。坎为心，厉危也。艮为阍。阍，守门人。坎盗动门，故厉阍心。古阍作熏字。马因言熏灼其心，未闻《易》道，以坎水熏灼人也。荀氏薰为勳，读作动，亦非也。此解甚新，取象亦确。荀之以薰为动，不观此亦不了然也。

辛斋按：《释文》：夤，引真反。马云：夹脊肉也。郑本作臏，徐又音胤，荀作肾。晁氏曰：夤孟京一行作胂，考《说文·夕部》：夤，敬也，肉部。胂，夹脊肉也。是本字当作胂，夤乃假借字。《玉篇》胗、臏并云"脊肉也"，《说文》无臏字。胗瘢也。郑之作臏，或亦胂字之误。《乾·九三》"君子终日乾乾夕惕若厉无咎"，《说文》引《易》作"夤厉无咎"，即与此夤字爻义，互相发明者也。详《学易笔谈初集》。

妇丧其茀。《释文》《子夏》作"妇丧其髴"。干云"马髴也"，郑云"车蔽也"。荀作"绂"，董作"髢"。按诸说皆未见，惟郑注尚可考。《集解》则载翻虞说"茀作髴"，与《子夏》同。曰"离为妇泰坤为丧"。髴，鬒发也。一名妇人之首饰。坎为元云，故称髴。《诗》曰：鬒发如云。乾为首，坎为美。五取乾二之坤为坎，坎为盗。故妇丧其髴。泰震为七，故"勿逐七日得"。与睽"丧马勿逐"同义。髴或作茀。俗说以髴为妇人蔽膝之茀，非也。

辛斋按：《释文》：茀，方拂反。《子夏》作髴，荀作绂，董作髢。《集释》马氏曰：首饰也。郑氏曰：车蔽也。两说不同。然饰之与蔽，义亦相近。惟训首饰者，当从《子夏传》作髻。马虞诸说是也。训为车蔽，应作茀。《诗》曰"翟茀来朝"是也。王辅嗣本既作茀，又从马训为首饰，两失之矣。

《说卦》震为龙，释文如字。虞、干作駹。虞云苍色，干云杂色。艮为狗，《释文》于上出云音苟，下不出必如字也。兑为羊。《释文》虞作羔。按《集解》引虞翻说曰：羔，女使。皆取位贱，故为羔。旧读以震駹为龙，艮拘为狗，兑羔为羊，皆已见上。此为再出，非孔子意也。震已为长男，又为长子，谓以当继世守宗庙主祭祀，故详举之。三女皆言长中少，明女子各当外成，故别见之。此其大例也。

辛斋按：震为龙，郑氏曰龙读为龙，取日出时色杂也。虞氏翻曰：苍色。震东方，故为駹。旧读作龙。上已为龙，非也。朱氏震曰：龙当作駹。《国语》：日月会于龙駹。孟春日月会于娵訾，斗建寅，旦见尾中，播种之时。无妄益乾变震之象乎？余详《学易笔谈初集》。

陆氏《释文》所载各本，惟《李氏集解》间存各说，其无从校勘者正多。然有不标虞本而适与虞同者，有明出今本而乃与今异者。又有《集解》之字，参差同异，不收于《释文》者。其与虞本同者，若"三襫"云：郑作挩。"三驱"云：郑作敺。"其墉"云：郑作庸。"哀多"云：郑、荀、董、蜀才作捊。"得与"云：董作德车。"多识"云：刘作志。"日闲"云：郑人实反。①"之牿"云：《九家易》作告。"祗既平"云：京作禔。"丽乎土"云：王肃作地。"振恒"云：张作震。"鼯鼠"云：子夏作硕鼠。"牛掣"云：说文作觢。"甲坼"云：马、陆作宅。翔也。郑，王肃作祥。"鲜矣"云：郑作尟。"礼卑"云：蜀才作体。"裁之"云本又作财。"错之"云：本又作措。"包牺"云：本又作庖。"以佃"云：本亦作田。

---

① 辛斋按：日闲，即日閒与卫。今本作日閑。

"以渔"云：本亦作鱼。"击柝"云：《说文》作欜。"暴客"云：郑作虣。"为叟"云：本亦作叀。"寡发"云：本亦作宣。"则饬"云：郑、王肃作饰。此皆《集解》中虞本之字也。其与今异者，如"不易世不成名"，《释文》出"不成名"三字，今本多两"乎"字。"君子以经纶"，《释文》出论字，今本作纶。"无平不陂，天地际也"，《释文》出"无平不陂"句，今本是"无往不复"。"篇篇"，《释文》出此二字，今本作"翩翩"。"圣人神道设教"，《释文》出此句，今本多"以"字。"剥无咎"，《释文》出此句，今本有"之"字。"樽酒簋"，《释文·大象》出此句，今本联贰字。"惩怨"《释文》出征字，今本作"惩"，未光也。① 《释文》出此句，今本多志字。未光大也。② 《释文》出此句，今本少"大"字。"丧牛之凶"，《释文》出此句，今本作"于易"。"承匡"，《释文》出此二字，今本作筐。"默而成"，《释文》出此三字，今本多之字。"莫善蓍龟"，《释文》出此句，今本作莫大。"何以守位曰人"，《释文》出人字，今本作仁。③ "为罟"，《释文》出此二字，今本作为罔罟。"挎木掞木"，《释文》出此二字从手，今本皆从刀。④ "以全身也"，释文出全身，今本作存。⑤ "死其将至"，《释文》出此，今本作期。⑥ "灭趾"，《释文》出止，今本作趾。"尟不及矣"，《释文》出尟，今本作鲜。"以烜之"，《释文》况晚反，今本作烜。⑦ 此皆非王弼本字也。盖《李氏集解》，杂取诸本，而择录一说，不必用某说即用某本。而《经典释文》，乃随唐初本，至开成刻石经，已多不同。后人刻王注，不复参正，所以相校而不一耳。其《释文》未收，《集

---

① 萃九五。
② 噬嗑九四。
③ 辛斋按：此仁字，非王弼本，乃王肃、卞伯玉、桓元明、僧绍本，《集解》《正义》因之。今本仍作人。系朱子从吕氏古本改正。
④ 辛斋按：《释文》此二字下有"本又作刳，口孤反。徐又口沟反。亦作剡。以冉反"。
⑤ 辛斋按：《释文》云"本作存"。
⑥ 辛斋按：《释文》云"亦作期"。
⑦ 辛斋按：《释文》况晚反，本又作烜。今通行本仍作烜。

解》显异者，如履之"眇能视，跛能履"，及归妹之"眇能视，跛能履"，与乾卦之"始能以美利"能字，《集解》皆作而。"而况于人乎"，《集解》作"况于人乎"。屯之"满盈"，《集解》作形。噬嗑之"腊肉"，《集解》作昔。大畜之"能止健"，《集解》作"能健止"。大壮"大舆之輹"，《集解》作腹。离之"自昭明德"，《集解》作照。益"固有之也"，《集解》作矣。鼎"其形渥"，《集解》作刑。归妹"未当也"，《集解》作位未当也。"有以见天下之赜"，"探赜"，《集解》皆作啧。"是以君子"，《集解》作是故。"夫《易》何为者也"，《集解》作何为而作也。"亹亹"，《集解》作娓娓。"掘地"，《集解》作阙。"屈也"，《集解》作诎。"不劝"，《集解》作不动。"不惩"，《集解》作征。"而不可掩"，《集解》作弇。"知小力小"，《集解》俱作少。"天地䌇缊"，《集解》作壹壶。"初率其辞"，《集解》作帅。"物之始生也"，《集解》作万物。"有大者"，《集解》作大有。"然后可畜"，《集解》作物然后可畜。"物不可久居其所"，《集解》作物不可以终久于其所。"必反其家"，《集解》作必反于家。夬"必有所遇"，《集解》作必有遇。"小人道忧"，《集解》作道消。此诸字有辑以补《释文》者，亦可观也。又"履虎尾不咥人亨"，《集解》下有利贞二字。萃卦"聚以正也"，《集解》下亦有"利贞"二字。复卦"其来复吉"之上，《集解》有无所往三字。①《序卦》"物畜然后有礼"之下，《集解》有"礼者履也"四字。②"履而泰然后安"，《集解》此句无而泰二字。"萃亨"，《集解》卦下无亨字。《释文》于离卦未收，王肃本多二句。于《说卦》未收，《荀九家》逸象三十六，而独不屑及此。

辛斋按：此段可补陆氏《释文》之阙。而《集解》异文，有为古义所仅存者。如能之为而腊之为昔，人罕注意。不知《六书》之旨，悉透于《易》象。不明古训诂通壶之用，终无以识经传文字变化之妙也。至今本《易经》，已久非王肃之旧。自朱子据吕氏本改

---

① 辛斋按：此三字当因解卦而误入之者。
② 今人注。

订字句，亦有改从古本者。后人复因此以改注疏本。而所谓今本古本者，遂无从釐然画分。今据《集解》所存，唯虞氏原文，尚多可见。其录诸家之异字，未必尽为当日之原文矣。

范谔昌《易证坠简》言，《震·彖》"出可以为宗庙社稷主"上，脱"不丧匕鬯"四字。王申子《缉说》言《屯·彖》"天造草昧"下脱"勿用有攸往"五字。《韩诗外传》引谦"亨君子有终吉"多一"吉"字。《说苑》引"立象成器以为天下利"多一"象"字。皆于文义为足。至其字句之倒置，点读之歧异，则《革·九三》"征凶贞厉"四字，在"革言三就有孚"下。《夬·九三》"君子夬夬"四字，在"若濡有愠"下。此胡安定《口义》之说也。"改邑不改井，乃以刚中也"，此二句上接"巽乎水而上水"在先；"无丧无得，往来井井"，此二句接"井养而不穷也"在后。此王申之《缉说》之本也。又"汔至亦未繘，未有功也，井羸其瓶"，"井"字在"未有功也"之下，不在"亦未繘"之下，此《李氏集解》之读也。

辛斋按：各家《章句》不同，意义亦别。邓氏《问心录·周易解》，采摭颇详，为讲《易》者所不可不知者也。至古书所引经文有字句先后倒置者，则以著者一时误记，偶未及检，时或有之，未可尽据以为古经异文之证也。范谔昌传希夷之学，为刘牧之师，宋天禧中为毗陵从事，著《易证坠简》一卷，今已无传。此所引者，见《困学纪闻》。

汉《易》有书，自田何始。《易》家著书，自王同始。皆不传。今所传有《子夏易传》，或云丁宽作，或云馯臂子弓作，或又云杜子夏作，大都皆汉人，不至如唐人之伪作也。① 散见《释文集解正义》中者，如元始也，亨通也，利和也，贞固也；潜龙曰龙所以象阳也；师丈人作大人；并王者之师也；先甲三日，后甲三日：先甲三日，辛壬癸也，后甲三日，乙丙丁也；帝乙归妹，谓汤之归妹

---

① 今传本乃张弧伪作。

也。右五条见《集解》。城复于隍，隍是城下池也；说辕，辕车剧也；咸其脢，在脊曰脢；见善则迁，雷以动之，风以散之，万物皆益；苋陆木根草茎，刚下柔上也；包瓜作杞匏瓜。右六条见《正义》。地得水而柔，水得地而流，故曰比。^①亢龙：亢，极也；屯如辞也；乘马音绳；无眚妖祥曰眚；孪如作恋如，云思也；愬愬恐惧貌；篇篇作翩翩；隍作堭；谦作嗛，云谦也；其彭作其旁；盱豫作纡；盍簪亦作撍；乾肺，肺作脯；月几望，几作近；戋戋作残残；束帛五匹为束；三元二纁象阴阳，灾眚，伤害曰灾；妖祥曰眚；逐逐作攸攸，拂经作弗；云辅弼也，寘于，寘作湜；戚嗟，戚作喊，咸其拇，拇作踇；肥遁云肥饶裕；臏鼠作硕鼠；夷于夷作睇，用拯拯作抍；其牛掣作觢，一角仰也，牵羊，牵作擎；金柅，柅作鈮；包瓜，包作苞；徐徐，作荼荼；射鲋，谓虾蟆也；甃，云修治也；沛作芾；见沫，云沫星之小者；资斧作齐斧；用拯拯作抍；其茀作其髴；繻作襦；袽作茹。右四十一条见《释文》。又程迥《古占法》解"有他"，云子夏曰"非应曰他也"。

辛斋按：《子夏传》今有两本：一刻于照旷阁及《通志堂经解》，一为玉函山房所辑《逸书》。玉函即采自《说文》《集解》《释文》及他经注疏，与诸子所引者，虽非卜氏作，尚有古意。经解所刻，不但非汉魏人所作，亦非六朝人文字，大类宋人语气，所谓伪而又伪者也。

《施氏易》不传，《梁丘易》亦不传，间存者孟与京而已。汉《易》四家，惟见二家。而京氏流入术数，孟氏似主义理。今即散见《说文》《正义》《释文》者摘出。《礼记疏》引孟喜说《易》有周人五号：帝，天称，一也。王，美称，二也。天子，爵号，三也。大君者，兴盛行异，四也。大人者，圣人德备，五也。《诗疏》引孟喜曰"天子驾六路"，史注引孟喜曰"苋陆兽名。夬有兑，兑为羊也"。《大衍历》引孟喜曰"自冬至初，中孚用事。一月之策，

---

① 《集解》有之，《释文》亦引。

九六七八，是为三十。而卦以地六，候以天五，五六相成。消息一变，十有二变而岁复初"云云。《李氏集解》"阴疑于阳必战"引孟喜曰"阴乃上薄疑似于阳，必与阳战也"，《丰·上九·象》引孟喜曰"天降下恶祥也"。陆氏《释文》："利物"，孟喜作"利之"；"颊舌"，孟喜作"侠"；晋，孟作齐；失得，孟作矢；窒，孟作恎；欲，孟作浴；偏辞，孟作徧；则戾，孟作稷；见斗，孟作见主；尔靡，孟亡彼反；而命，孟作明；隤然，孟作退；大宝，孟作保；包，孟作伏；牺，孟作戏；耒耨，孟云耘除草；像也，孟作象；《杂卦》，孟云杂乱也。又许氏《说文·序》曰：其称孟氏《易》，皆古文也。据此，则许氏所引，必孟氏之本。如：夕惕若夤；忼龙有悔；乘马驙如；再三黩；禔既平；百谷草木丽于地；以往遴包宎用冯河；僮牛之告；泣涕滂如；其牛觢；天自剬；君子豹变，其文斐也；噬乾奥；明出地上；晉齍邑艮楷恒凶；枊马壮吉；衮升大吉；履虎尾，虩虩；实其屋；日厎之离；需有衣袽；夫乾崔然；天地壹壹捊牛乘马；参天两地；重门击欜；燥万物者莫暵于离；杂而不遽为驳颡。又引：地可观者，莫可观于木；井法也；撜魩埶饪。今《易》所无，或亦孟说①之词也。

辛斋按：汉《易》于今既无完书，叔重去古未远，所引必有可据。惟汉人引书，不必定属经文。引《易》传、注，亦往往称《易》，厥例甚多。是以所引之辞，恒有出于经文之外者，不可不知也。孟解：杂，乱也。此乱字有二义：乱治也。乱乐之卒章也。"既济初吉终乱"，乱有终义。故"十翼"之卒曰《杂卦》。卦相杂，谓之文，皆非不美之名。后人误解乱字为纷乱，去古义远矣。

康成《诗笺》多改字。其注《易说》改字，王伯厚曾摘之，惠定宇又辨之。愚以为《释文》所载某字郑作某者，其传本异也。其余则一有某读如某之例，一有某当为某之例，并未改字也。如：履霜，履读为礼。慊字，读如群公溓之溓。需卦，需读为秀。包荒，

---

① 辛斋案：此说字，当易字之讹。

荒读为康。明辨遭遭，读如明星晣晣。扨谦，扨读为宣。冥豫，冥读为鸣扨。之牙，牙读为𣏌。摧如，读如"南山崔崔"之崔。皆甲宅，皆读如人倦之解。① 一握，握当读为"夫三为屋"之屋。羸其瓶，读曰累。为龙，龙读为尨。或曰读为，或曰读如，皆别音求义，非改字取义也。至包蒙当作尨；顺以巽也，巽当作逊；衹既平，衹当为抵；劓刖，当为倪仉；天际祥，际当为瘵；道济天下，道当作导；至啧，啧当为动；有功而不置，置当为德；研机，机当作几；因贰以济，贰当为式；为乾卦，乾当为干。或曰当作，或曰当为，亦别字为义，非改字从义也。至枯杨生萇，注枯音姑，谓𣏌姑山榆；萇木更生，谓山榆之实；直是其本稊作萇，故为别解。锡马蕃庶，谓蕃遮禽也。亦是其本庶音遮，故用别字，亦非改字比也。②

辛斋按：古人传经，尚赖师说。师说不同，文字遂异。即同一师说，传写之间，亦不能无少差别。此古经所以多异文也。郑氏初习京《易》，后更习费《易》，此其文同而读异者，或即京费传本之差别也。遮者，语助辞。至唐人诗中尚屡见遮莫、奢遮等字，或古代俗语所习用者耳。

颜延年《庭诰》云："马陆得其象数，取之于物。荀王举其正宗，得之于心。"宋时已渐轻汉《易》，故汉注十三家皆失传，而王注千百年独传。夫《易》以辞变象占为道，汉人凿于四者之中，王注超于四者之上，宋③人又索于四者之先。读《略例·明象》一篇，与《辩位》一篇，如剑斩乱丝，如绳引觉路，如铖起废疾，诚为古今快事。然《易》中理数极博，词象亦奇。必尽去卦气纳甲爻辰之说，而又不言互卦，不求变卦，不问来卦，④则圣人明白立言，何

---

① 皆本作解从孙氏改。
② 周幹臣案：惠氏《九经古义》曰：《管子·侈靡篇》云：六畜遮育，五谷遮熟。则蕃遮犹蕃育也。辛斋案：此乃古时通俗之语也。
③ 辛斋按：此宋字乃谓前宋。
④ 辛斋按：宋人未尝不言变卦来卦，特未得当耳。

必远取诸物，近取诸身？若是之斑驳陆离而不厌耶？①

辛斋按：典午以后，虽王弼之《易》，盛行江左。然如郭璞、关朗、一行、李鼎祚、刘梦得辈，均能研求象数，不尚空谈。即王昭素、司马温公说《易》，亦非祖尚玄虚者。至《程传》盛行，汉学始绝。而同时康节数学，已倾倒一时。朱子已深悟空谈名理之不足以尽《易》，所撰《本义》，程邵兼从。而《启蒙》更尽从邵说，遂开图书说《易》之宗。而汉宋之蹊径，亦由此判矣。

京氏谓二至四为互体，三至五为约象。《左传·庄公二十二年》："陈侯筮，遇观之否。曰：风为天于土上，山也。"杜注："自二至四有艮象。艮为山。"此节论互体之祖也。王弼专讥互卦，而注《睽·六二》曰："始虽受困，终获刚助。"睽自初至五成困，即互体也。②朱子不用互卦，而注大壮云："卦体似兑，有羊象焉。"亦论互体也。故朱子发曰：需利用恒者，需之恒也。蒙顺以巽者，蒙之观也。乾九四乾道乃革者，乾之小畜也。小畜之中，又有离兑，故曰革。是谓天下之至变。然则不但于本卦中求互，出于《易》之自然。即于互卦中求互，亦出于《易》之自然。推之蒙曰困蒙，履曰夬履，临曰咸临，小畜曰复自道，夬曰壮于顺，离曰履错然，咸曰执其随，兑曰孚于剥，鼎曰鼎耳革，泰曰帝乙归妹，皆可为互卦之证。王弼之注，程子之传，虽属正宗，彼琐琐者亦非外道也。

辛斋按：互体自《易》中之一义，固不可废。然此所引，则各有其义，非互体所能尽也。《易》有通，有变，有互，有伏，执一例以概之，未有能通者也。③

反对之图，《易》中所有也。相生之图，《易》中所无也。然

---

① 周幹臣案：晁氏说之曰：江左祖尚元虚，弼学始盛。然晋专立郑学，宋元嘉王郑两立，颜延之为祭酒而点黜置王。又案：《隋志》，《王弼易》下附注魏散骑常侍《荀辉易》十卷，殆以其近王弼之学，故附之。延年所指，当是荀辉。何义门以为荀爽。则爽本象数之学，与弼不同，恐误也。

② 辛斋按：王注未有此文。且初至五互节，非互困也。

③ 蒙、履、临、夬等卦，有为上下易及对卦者不尽互体。详《易楔》。

《易》象如讼曰刚来而得中；贲曰柔来而文刚；蛊曰刚上而柔下；咸曰柔上而刚下；噬嗑曰刚柔分；节亦曰刚柔分；晋曰柔进而上行，睽亦曰柔进而上行；以及无妄之刚自外来，而为主于内；涣之柔得位乎外而上同。曰来曰行曰上下，曰分曰进曰内外。是玩辞之中，本有观变之旨。故损六之言"三人行则损一人，一人行则得其友"，是周公已自言其变也。① 仲翔释比曰：师二上之五得位。蜀才言此本师卦六五降二，九二升五。是汉人亦共发其变也。② 后人择之不精，推之不详，如虞仲翔、李挺之之图成，③ 而窒碍者杂见。致四阴四阳之卦，与二阴二阳之卦，重出者八。其主变属之临遯乎？属之大壮观乎？抑兼属之乎？其说有时而穷也。即以《象传》证之，如无妄之刚自外来，遯之初三相易，皆在内卦，非外来也。晋之柔进上行，观之四五相易，皆在上卦，无所谓进也。睽之柔进上行，大壮三上相易，柔为下行，非上也。蹇之往得中，观三上相易，不得为中也。总之刚柔等语，或以卦言，或以爻言。随文立义则通，执此暨彼则阂。胡氏朏明，著有《易图明辨》。专攻世之以图书谈《易》者，真卓识矣。

辛斋按：卦变有升降，有旁通，有消息，非一端可尽。自李挺之始著反对、相生等图，后人踵之者百数十家。愈变而窒碍愈多。黄梨洲《象数论》，胡朏明之《易图明辨》，胡沧晓之《周易函书》，与顾亭林、毛西河诸家，论之详矣。而沧晓自为之说，亦未可尽通。盖《易》道变化无穷，古人言变之最详者，莫过于《焦氏易林》。然亦只四千九十六卦，尽其象，仍未能尽其数也。数变而象无不变，则象亦尽而未尽也。又孰能以一图尽之？夫《易》象八八，与算数九九，变化相似也。然则但言六十四卦之变，只等于八十一数之九九。有谓九

---

① 辛斋按：周公爻辞，无一非言其变者。独损之六三所言，则非仅一变字所能尽之。精理奥义，非言所能罄。故孔子《系传》以"天地纲缊男女媾精"拟之。乃阴阳变化之极机，六十四卦之秘钥。已略见于《笔谈初集》。

② 辛斋按：此言升降未足以尽卦变。况汉人言卦变者，更不仅此也。

③ 虞仲翔未尝有图。今传虞《易》之图，出于钱辛楣、张皋文诸家所拟订。未可竟谓虞氏之图也。

九数之足以尽加减乘除之用者，人必笑其愚矣。即广之为九九八十一归除，数之变化仍未尽也。况算之变化，简单者也。数之外无数，卦之变化，复杂者也。象之外又有数有气，又各有其理。夫安得执一图以概之哉？然数虽无尽，九九之数，固不可废。彼八八之图，亦何妨并存？苟能心知其意，得鱼而忘筌可也。必断断然为汉宋之争，执丹非素，伸己诎人，吾未见其能真知《易》者也，《易图明辨》，辨则辨矣。若谓之明，吾斯之未能信。

咸其拇，咸其腓，咸其股，咸其脢，咸其辅，取诸身者五爻。艮其趾，艮其腓，艮其限，艮其身，艮其辅，取诸身者亦五爻。① 推之剥则以足以辨以肤，噬嗑则灭趾灭鼻灭耳，明夷之入于左腹，丰之折其右肱，夬曰臀无肤，姤亦曰臀无肤，既济曰濡其首，未济亦曰濡其首，以及遯尾，鼎耳，壮頄，贲趾，皆取诸身之象也。于草，则蒺藜，葛藟，茅茹，莽也，苋也。于木，则枯杨，苞桑，杞也，果也。于鸟，则鸿也，雉也，鹤也，隼也。于兽，则鹿也，狐也，虎也，豹也。于虫鱼，则龙也，鱼也，鲋也，龟也。于六畜，则牛也，马也，豕也，羊也。他若金柅玉铉、张弧说輹、涣机剥床，皆取诸物之象也。谓如《诗》之兴体，无关《易》之取象。岂足以服汉诸儒之心耶？然必字字附会，物物牵合。求之本卦不备，又求之互卦。求之互卦不备，又求之变卦。则慎矣。

辛斋按：此所谓模棱之论也。夫既知《易》之有象矣，求之不得，而又不欲深求，此《易》象之所以终不能明也。孔子曰："《易》广矣大矣！"岂仅本卦互卦变卦所能尽？并此而不求，则无殊学算者。但求加减，而不问乘除。尚侈语于人曰：自一至十，吾已尽识。天下之数，孰能外此？彼乃求之加减不已，更求诸乘除。乘除不已，更求诸少广微积。是亦不可以已夫！朱晦庵以后之言象数者，大率类是。

《乾凿度》曰："乾阳也，坤阴也，并如而交错行。乾贞于十一

---

① 辛斋按：咸四憧憧往来，亦取诸身心不可见，故曰思不仅五爻也。

月子，左行阳时六。① 坤贞于六月未，右行除时六。②"此即郑注爻辰所本也，《周礼·太师》注，与《国语·周语》注合。盖十一月黄钟，乾初九也。十二月大吕，坤六四也。正月太簇，乾九二也。二月夹钟，坤六五也。三月姑洗，乾九三也。四月中吕，坤上六也。五月蕤宾，乾九四也。六月林钟，坤初六也。七月夷则，乾九五也。八月南吕，坤六二也。九月无射，乾上九也。十月应钟，坤六三也。以十二爻值十二月，故何妥《文言注》，即以初九当十一月，九二当正月，九三当三月，九四当五月，九五当七月，上九当九月也。顺行十有二月，又上值二十八宿。左行者，初九为子，上值虚危；九二为寅，上值箕尾；九三为辰，上值角亢；九四为午，上值星柳；九五为申，上值参觜。上九为戌，上值奎娄：是也。右行者，初六为未，上值鬼井；六二为酉，上值毕昴；六三为亥，上值壁室；六四为丑，上值牛斗；六五为卯，上值心房；上六为巳，上值翼轸，是也。郑注用爻辰数处，比初六曰爻辰在未，上值东井；泰六五曰爻辰在卯，春为阳中；坎六四曰爻辰在丑，丑上值斗；上六曰爻辰在巳，巳为蛇；离九三曰位近丑，丑上值弁星；明夷六二曰爻辰在酉，酉是西方；九三曰爻又在辰，辰得巽气为股；困九二曰辰在未，未为土，上值天厨；九四爻辰在午时，离气赤为朱；中孚六三曰爻辰在亥，亥为豕；六四曰爻辰在丑，丑为龟鼈。至其注《小过·象》，则直用《乾凿度》，曰中孚为阳，贞于十一月子；小过为阴，贞于六月未；法于乾坤。凡汉儒解复之七日，临之八月，其义皆出于此。

辛斋按：此言《周礼·太师》注，与《乾凿度》合，殊误。盖一以合声言，一以相生言。故顺逆之序各异。详《学易笔谈初集》。汉人《易》注，有语似极拙，而细按之甚有深意者。而《乾凿度》所传，精意尤多。如以中孚小过为法于乾坤，所以指导后人者尤多。此汉《易》之所以可宝也。

---

① 子寅、辰午、申戌是也。
② 未酉、亥丑、卯巳是也。

愚一录易说订卷二

卦象图①

自复至咸，八十八阳，九十二阴。自姤至中孚，八十八阴，九十二阳。咸至姤，凡六日七分。中孚至复，亦六日七分。②此阴阳自然之数也。《是类谋》云：冬至日在坎，春分日在震，夏至日在离，秋分日在兑。四正之卦，卦有六爻。爻主一气。余六十卦，卦主六日七分。八十分日之七。③岁有十二月，三百六十五日四分日之一。六十而一周。《后魏书·律历志》推四正卦术曰：十一月未济、蹇、颐、中孚、④复，十二月屯、谦、睽、升、临，正月小过、蒙、益、渐、泰，二月需、随、晋、解、大壮，三月豫、讼、蛊、革、夬，四月旅、师、比、小畜、乾，五月大有、家人、井、咸、⑤姤，六月鼎、丰、涣、履、遁，七月恒、节、同、人、损、否，八

---

① 辛斋按：卦象图即孟氏卦气图。
② 辛斋按：此说本王伯厚《困学纪闻》，可见孔子《上系》起中孚，《下系》起咸，实非偶然。而卦气用事之法，其传甚古，亦于此可见矣。
③ 辛斋按：上句既言七分，此六字为衍文矣。
④ 子中。
⑤ 午中。

月巽、萃、大畜、贲、观，九月归妹、无妄、明夷、困、剥，十月艮、既济、噬嗑、大过、坤。四正为方伯，中孚为三公，复为天子，①屯为诸侯，谦为大夫，睽为九卿。升还从三公，周而复始。

辛斋按：卦气用事，相传甚古，非孟京所能创造。与爻辰合律，皆三代以前所有。观《伶州鸠》及《梓慎裨灶》所论列，皆与《易》象吻合，而后世术家之为用，更无能外此。子云《太玄》、邵子《皇极》虽各极其数，而玄图与先天图，皆不能适用。此中蕴义甚深。后人以字义求之，无怪其莫能通矣。

纳甲图：坎离日月也，戊己中土也。晦夕朔旦，坎象流戊。日中则离，离象就巳。三十日会于壬，三日出于庚，八日见于丁，十五日盈于甲，十六日退于辛，二十三日消于丙，二十九日穷于乙，灭于癸。乾息坤成巽，十六日也，艮二十三日也。二十九日而坤体就。出庚见丁者，指月之盈虚而言，非八卦之定体也。甲乾乙坤，相得合木，故甲乙在东。丙艮丁兑，相得合火，故丙丁在南。戊坎己离，相得合土，故戊己在中。庚震辛巽，相得合金，故庚辛在西。天壬地癸，相得合水，故壬癸在北。汉人郑注多用爻辰，京氏多谈卦气，虞氏多注纳甲。自王注既行，《本义》共守。相与寻河洛之图，讲陈邵之旨者，流入术数呆法。而于此等学有师承，理有会通者，反茫然不得其解。

辛斋按：此以纳甲爻辰，为学有本源，理有会通。以河洛为术，右汉而左宋，仍不脱门户之见。不知河洛之与纳甲，同出一源。陈邵之学，皆渊源于《参同契》，与爻辰合律。既象数悉合，纳甲更无论矣。何庸扬彼抑此哉？夫术数与非术数，在其学，在其人。果得其道，虽术数亦形而上者也。不得其道，即非术数，亦形而下者也。彼精于术数者，纵未闻道，尚不失为膳夫之调味，犹足供人之饔飧。若空谈名理者，直画饼耳。

以老庄之隽词，解周孔之名理，王注所长也。其注《大有·六

---

① 辟卦。

五》曰："不私于物，物亦公焉。不疑于物，物亦诚焉。"注复曰："凡动息则静，静非对动者也。语息则默，默非对语者也。"此真名言，可阐奥旨。① 其旨别无家法，亦少音释。惟大过注曰："过音相过之过。""丰大也"注曰："大音阐大之大。"② 案"过"字有两音，亦有两义。"大"字有两音，却无两义。其音不似赘耶？或曰泰韵大字徒盖反，音近代；个韵大字唐佐反，音为驮。今世通读徒亚反，应入祃韵。《淮南子》："宋康王世，有雀生鹯。占曰：小而生大，必霸天下。"大与下叶，则似古有泰韵，有个韵，亦有祃韵矣。王特释此字，即主此音，亦未可知也。

辛斋按：王弼扫象，为世诟病，至有"辅嗣学行无汉《易》"之语。然读其注，名理超卓，所谓得意忘象，非不知象也。神游物外，天地亦刍狗，何有于象？是其所以能名震一时，风行江左也。后之崇王注者，但取其扫象，而不求其意。且指摘其隽语以为谈玄，曰此王注之疵也，更专取其无疵者，又王之糟粕矣。买椟还珠，亦王弼初意所不料也。

赵汝楳曰："揲蓍策数，凡得二十八，虽乾亦称七。凡得三十二，虽坤亦称八。"其说是也。顾亭林衍之曰："乾爻皆变，而初独不变，曰初七潜龙勿用可也。坤爻皆变，而初独不变，曰初八履霜坚冰至可也。"此则误会其说，而强为之词者。案《易》于乾坤二卦，明示乾坤二用，曰用九，则必不用七矣；曰用六，则必不用八矣。今筮得静爻，则只有爻位，并无爻词。安可以系于九六者，移而系于七八耶？《左传·襄公九年》载"穆姜筮得艮之八"，《国语·晋语》载"董因筮得泰之八"，皆不引爻词，只引象词，可证也。又《晋语》"公子筮得贞屯悔豫皆八"，本卦为贞之卦为悔，此似不可解。盖初四五动者三爻，何以言八不言六者，得毋占者各以意为主耶？然既云之八，则不可解以之六。故司空季子曰"吉，是在

---

① 辛斋按：此所谓自做文章，非注经之体也。
② 辛斋按：阐大二字必当时极通行之语，人所习知者。

《易》皆利建侯"。下文引"故曰屯其膏曰元亨利贞勿用有攸往利建侯",又引"故曰豫其曰利建侯行师",皆《彖》词也。韦昭注上文"皆利建侯"而引《屯·初九》、《豫·大象》误矣。皆由不知《易》皆九六之词,无七八之词也。

辛斋按:爻占九六,卦占七八。九六七八,各有其词。八卦之变,六十四卦;六爻之变,四千九十六卦。吴仁杰《古周易》谓:"羲《易》以卦变,文王以爻变,故乾坤于六爻外,更有用九用六之辞。"其说颇可采也。夫六爻之变,为卦已四千九十有六,而爻则六十四其四千九十有六矣。《易》卦《彖》六十有四,爻象三百八十四,安能尽之?但发其凡,举其例云尔。故曰"书不尽言,言不尽意"。圣人立象以尽意,孔子已明示之矣。乃后之讲《易》者,辄以经传所已言者为断。既不容言外以求象,更不能求象以证言。然则圣人之意,又安能尽耶?

《庄公二十二年·传》陈敬仲筮遇观之否,六四爻变也,故引观国之光。《僖十五年·传》伯姬筮遇归妹之睽,上六爻变也,故引刲羊之词。《二十五年·传》晋文筮遇大有之睽,九三爻变也,故引用亨之词。《襄二十五年·传》崔子筮遇困之大过,六三爻变也,故引入宫之词。《昭公五年·传》昭子筮遇明夷之谦,初九爻变也,故引不食之词。《昭公七年·传》孔成子筮遇屯之比,初九爻变也,故引建侯之词。《十有二年·传》南蒯筮遇坤之比,六五爻变也,故引黄裳之词。《哀公八年·传》阳虎筮遇泰之需,六五爻变也,故引帝乙之词。盖惟动而成九六,故有此爻词。若静而为七八,则并无此爻词。此固《周易》定例也。占者即或杂取之卦名义,断不兼之卦爻词,而后人乃云并两爻占,误甚矣。至《闵元年·传》毕万筮遇屯之比,亦初九爻变,而不引初九爻词,但曰"屯固比入,吉孰大焉"云云。《二年·传》成季筮遇大有之乾,亦六五爻变,而不引六五爻词,但曰"同复于父,敬如君所"云云。所占似有不同。若《僖十五年》:秦伯伐晋,卜徒父筮之,其卦遇蛊。曰"千乘三去,三去之余,获其雄狐"。《成十六年》:晋侯伐楚,筮之，史曰：吉，其卦遇复，曰"南国蹙，射其元，王中厥目"。皆似繇词，而非今《易》象词。且此系无变之卦，似可云七八？而又不行七八，皆未可臆解者。

辛斋按：全《易》爻辞，只三百八十有四。若占者每事举一爻为断，则只应三百八十四事，而辞已尽矣。《易》道之广大，决不如是也。《启蒙》占例所引古法，不能尽通，乃以己意增益之。而所谓前十卦，后十卦者，更无根据。余于《笔谈初集》，论之详矣。盖占筮自有占筮之法，掌于太卜。今既不传，非可臆测。孔子赞《易》，以明道立教，非专为占筮也。故"十翼"未详其法，只《大衍》一章，以存著法而已。然阴阳消长之理，进退存亡之道，象数毕赅，为古今言占筮者所莫能外，而未可以此求占筮也。医者欲于《灵枢》《素问》中求方剂，固尽人而知其妄。然但知方剂，不读《内经》，医决不精。《易》之与卜筮，亦若是焉已矣。

左氏凡筮得某卦者曰遇，其但引某卦者，则曰在。若《宣十二年》邲之战，知庄子引"《周易》有之，在师之临"，取初六爻，"师出以律"也。而不云师之初六。《成六年》伯廖之称子曼曰"其在《周易》，丰之离"，取上六变爻。"三岁不觌凶"之义也。而不云丰之上六。《襄二十八年》子太叔称楚子曰"《周易》有之，在复之颐"，取上六变爻。迷复凶之义也。而不云复之上六。又《昭公二十九年》蔡墨与魏献子论龙，曰："《周易》有之，在乾之姤，曰潜龙勿用。又曰坤之剥，曰龙战于野。"不称乾初九，不称坤上六，而云之姤之剥，其中举乾爻，亦曰其同人，其大有，其夬，其坤，都不用九二、九四、九五、上九之词。疑古者引《易》，皆指其变，不指其静。而后可举九与六之爻耳。

辛斋按：此论精确，非但可见古人行文体例。而九六之词，亦可由是隅反而知所指也。

言古《易》者五家，吕氏、晁氏、王氏、吕氏、周氏。其后又有二家，程氏迥、吴氏仁杰。皆分别"十翼"，各列十篇，以复古十二篇之旧。愚谓此不必改正，如必欲改正，当以吴仁杰为协。① 案《乾·文言》《坤·文言》，先儒谓郑氏割附本卦。是古本别为一篇。然未有仅言此二卦而止者，② 而"系辞"两字叠次两篇，又不知所系何辞之属，殆不可解也。③ 吴氏则以诸卦之《象传》为一篇，以诸卦之《大象传》为一篇，而各爻《小象》，统名"系辞"，④ 分上下二篇。今之《系辞》，并为《说卦》，分上中下三篇。⑤ 内抽《上系》"鸣鹤"一爻，为《中孚·文言》。"同人"一爻，为《同人·文言》。"白茅"一爻，为《大过·文言》。"劳谦"一爻，为《谦·文言》。"不出户庭"一爻，为《节·文言》。其"亢龙"一爻，重出不录。"负且乘"一爻，为《解·文言》。"自天祐之"一爻，为《大有·文言》。又抽《下系》"憧憧往来"一爻，为《咸·文言》。"困于石"一爻，为《困·文言》。"公用射隼"一爻，为《解·文言》。"屦校""何校"两爻，为《噬嗑·文言》。"苞桑"一爻，为《否·文言》。"鼎折足"一爻，为《鼎·文言》。"介于石"一爻，为《豫·文言》。"不远复"一爻，为《复·文言》。"三人行"一爻，为《损·文言》。"莫益之"一爻，为《益·文言》。合乾坤二卦《文言》二节，共为《文言》一篇。⑥《序卦》一篇，《杂卦》一篇，以此足"十翼"确甚。盖由郑氏以乾坤《文言》附本卦，而余下十七条无所归。王氏以各卦小象附本爻，而所谓二系者，又无所统，乃杂取《文言》搀入《说卦》，而以意分上下二篇。又另裁出

---

① 辛斋按：吴仁杰《古周易》一卷，论用九用六最详。余但绘一图列其说耳。今刊入《通志堂经解》。

② 辛斋按：先儒无有解"文言"之义者，宜其为此言也。

③ 辛斋按：系辞者，即文王周公所系卦下爻下之辞。而孔子所作则系辞之传也。故汉人亦称曰大传。今本于辞字下脱传字，于是以谓不可解矣。

④ 辛斋按：《小象传》均有本象可附，安得名为"系辞"哉！

⑤ 辛斋按：《说卦》以说卦象，与《系传》截然不同。朱子不从其说殊有卓见。不料千载下尚足惑后学。是以君子立言不可不慎也。

⑥ 辛斋按：此所谓无知妄作，以经文为儿戏者也。致后儒如明之乔中和、黄元御，清之任钧台等，均肆然改窜经文。而来知德亦谬有改定之举。皆仁杰始作之俑也。

《说卦》，以足篇题，所以致讹如此。① 吴氏所考，虽亦无所据，② 然其大概，可推想而信其然也。③

辛斋按：昔儒纷议不决，总由不解"文言"二字之义。以致疑《系传》之十七爻，亦为《文言》，而妄为移易。不知《文言》专为乾坤两卦而作，他卦则爻皆相杂，已自成文，无庸更著《文言》。已详《学易笔谈二集》，兹不复赘。至孔子《系传》，字字皆根据象数，无一言虚发，无一字泛设。而章句之前后，均各有意义，断断不容妄加窜改。程子望文生义，擅自移易，已属不当。况为颠倒错乱，妄改名称，如吴仁杰者乎？郑氏误信其说，由于向习考据训诂，于全《易》名理象数，未知深究，故有此说。后之人幸毋为所惑也。

遁卦"肥遁"，九师道训作"飞遁"，见《后汉书·张衡传》"利飞遁以保名"句，注按王弼云："扰患不能累，矰缴不能及。"则王本亦本是飞字。

辛斋按：姚令威《西溪丛语》肥古作悲，与蜚字同，即今飞字。宋本亦作飞。曹子建《七启》云：飞遁离俗。注引九师道训云：遁而能飞，吉孰大焉？当为此说所本。然王注下文，明是以肥遁作，与无不利也。未可谓王本之本为飞字也。

---

① 辛斋按：《说卦》三篇后出，何得与《系传》合一而为王氏所裁出哉？郑氏此说不免以讹传讹，而又以不讹者为讹。其贻误后学，实非浅鲜。
② 辛斋按：既知其无据，又从而信之，盖因学不足以辨是非，而又以好奇之心中之也。
③ 周幹臣按：王氏应麟曰：元丰五年及郡吕大防始定《周易古经》，分《上经》《下经》《上象》《下象》《上象》《下象》、《系辞》上下，各二篇，《文言》《说卦》《序卦》《杂卦》，各一篇。凡十二篇。靖国中嵩山晁说之亦注古文《易》，并十二为八。以《卦》《爻》《象》《象》《文言》《系辞》《说卦》《序卦》各为一篇。睢阳王氏、东莱吕氏亦各定为十二篇。其后九江周燔又自改定次序，与诸家之说不类。故言古《易》者为五家。吴仁杰集为一卷，亦分为十二篇。董氏真卿、程氏迥作《古易考》，凡十二篇，与康节《百源易》次序同。然朱子多取程说，而于吴则云"既画全卦，系以彖辞。再画本卦，而系以爻辞"。似涉重覆。又《彖传》释彖辞，《象传》释爻辞，《系辞传》则通释卦爻之辞，故统名之曰《系辞传》。恐不可改《系辞传》为《说卦》，盖《说卦》之体乃分别八卦方位与其象类，故得以《说卦》名之。《系辞传》两篇，释卦爻之义例，辞意为多，恐不得谓之《说卦》也。

姤卦以杞包瓜，子夏传作以杞苞瓜。按王注：包瓜为物系而不食者也。《正义》：苞瓜系而不食。则王本亦本是苞字可知。

辛斋按：《释文》："包本亦作苞，同白交反，下同。"郑"百交反"，虞云"白茅苞之"，荀作"胞"。王注曰："杞之为物，生于肥地者也。包瓜为物，系而不食者也。九五履得尊位，而不遇其应，得地而不食，含章而未发。不遇其应，命未流行。然处得其所，体刚居中，志不舍命，不可倾陨，故曰有陨自天也。"此辅嗣之解九五一爻，虽从《子夏传》"苞瓜"之义，而注九二九四之"包有鱼"，以包为"庖厨"，则又从虞义。后先互异，又安见王本之为苞字哉？考据家专以检阅书籍为引证，不暇详读全文，往往有此失也。

渐卦女归吉也。《释文》：王肃本作女归吉利贞。按下文"进得位，往有功也"，是释利字。"进以正，可以正邦也"，是释贞字。似王肃本是。

辛斋按：女归吉利贞，本彖辞原文。下文即释"利贞"二字，亦所以释经，又何必于本传"女归吉"下，更出利贞二字乎？安见王肃本之为是也。以上三条，偶撮一二字之异同，无关要义。而考据又未能详确，徒充篇幅而已。

《象传》言"刚柔上下"如咸恒，言"大小往来"，如否泰，皆以卦言，不必以爻言。至如讼之刚来而得中；随之刚来而下柔；无妄之刚自外来，而为主于内；噬嗑之柔得中而上行；谦之地道卑而上行；晋睽鼎之皆柔进而上行；及贲之柔来而文刚，分刚上而文柔；涣之刚来而不穷，柔得位乎外而上同；则所有往来词，又有行进字，有上下字，又有内外字。其必兼乎词象变占求之，参互错综，而后二气之迭用，六爻之旁通，乃可得而悉其旨也。①故首扫卦变之说者，莫如王弼。至注贲之《彖传》，则亦曰坤之上六，来

---

① 辛斋按：此说颇有见地。视专以卦变言往来上下者，尚高一筹。如谦之地道卑而上行，非但以卦象言，且以卦位言，非言卦变者所能梦见也。详《学易笔谈二集》。

居二位，柔来文刚之义也。乾之九二，分居上位，分刚上文柔之义也。最辟卦变之说者，莫如程子。至传损六三爻词，则亦曰下兑之成兑，由六三爻变也。上艮之成艮，自上九之变也。虽不明出自某卦，亦隐示由某爻变矣。①愚尝求其说而不得。窃以为古之初画卦者，只画八卦，何尝尽画六十四卦？即为重卦者，亦只重八卦，何曾别凑六十四卦？是二篇之卦，皆由八卦来。八卦三十六画，只由三画来。所谓奇为阳成乾，偶为阴成坤也。由是而二气迭用，六爻发挥。坤具体而交以乾一爻，则成三子。乾具体而交以坤一爻，则成三女。八卦既成，重卦即成。乾坤重而为乾坤，乾坤交而为否泰，推之于六子，莫不皆然。岂有先成某卦，又生某卦？既生某卦，又转成某卦？如所谓巽反自遁，中孚来兑；反自大壮，中孚来震；反自临，颐来艮；反自观，颐来坎；又自临，观来，离又自遁大壮来之颠倒者乎？曰：然则《彖传》所谓刚来柔上者何指？曰：自乾坤者是也。天本先乎地，阳本上于阴。惟自其重而交者言之，则乾交必主内卦，无妄曰"刚自外来而为主于内"，谓初九得乾之初九也。坤交必主外卦，旅曰"柔得中乎外而顺乎刚"，谓六五得坤之六五也。故阳爻曰"刚来"，阴爻则不曰"柔来"，以阴本在下故耳。贲之"柔来"又别义：阴爻曰"上行"，阳爻不曰"上行"，以阳本在上故耳。蛊之刚上又别义：若贲之柔来而文刚，分刚上而文柔，从上文刚柔分取义，谓以其柔者来文刚。义主刚，仍若刚来也。分其刚者上文柔，义主柔，仍若柔上也。蛊之刚上而尚贤，②则义指上九，不指上行。此核之全《易》而不误者。上据上卦，下据下卦；内据内卦，外据外卦。注上下其偶有以往来为说者，若讼若随若涣若无妄，皆可以此推之。其或有以上行为说者，若谦若晋若睽若鼎若噬嗑，亦可以此推之。何必妄衍为卦变图，相反不可通？则求之相生，相互不可通。又求之相错，如异学之汗漫缭绕破

---

① 辛斋按：王程二家之说，实多未当。
② 辛斋按：蛊曰刚上而柔下，刚上而尚贤，乃大畜《彖传》，非蛊也。

碎，而会无当于经学耶？且如其说，此卦必自某卦来。则凡卦皆由变卦来，而何以六十四卦之内，言刚得中四，自讼之刚来而得中也？外若渐之刚得中，节之刚得中，中孚之刚得中，未尝言刚来也。言"柔得中"者八，自噬嗑旅鼎睽之上行。外若同人之"柔得中"，小过之"柔得中"，既未济之"柔得中"，未尝言"上行"也。而且蒙曰"刚中"，师曰"刚中"，比曰"刚中"，小畜曰"刚中而志行"，临曰"刚中而应"，坎曰"刚中"，萃曰"刚中而应"，困曰"刚中"，井曰"刚中"，兑曰"刚中"，不言往来。其无妄曰"刚中而应上"，先有"刚自外来"句。升曰"刚中而应上"，有"柔以时升"句。不过二卦耳。小畜曰"柔得位而上下应之"；大有曰"柔得尊位，大中而上下应之"；同人曰"柔得位得中而应乎乾"，不言"上行"。惟涣曰"柔得位乎外而上同"，上先有"刚来而不穷"句，只一卦耳。盖五为阳位，二为阴位，居二五者皆曰"中"，而以居于五为"大中"。凡刚而居九五者，为得中，不必言得位。五本阳位也。师临大过升涣五卦，得中在九二，余皆九五。惟遯特言刚当位而应，不言刚得中而应，是其变例柔而居六五者亦得中，不可言得位。五非阴位也。小畜之得位，涣之得位，指六四。同人之得位指六二，惟大有特书柔得尊位。不但言柔得大中，是其变例，至未济之虽不当位，刚柔应也。则谓九二九四上九初六六三六五，既济之刚柔正而位当也。则谓初九六二九三六四九五上六，若小过之柔得中。刚失位而不中，则谓柔得二五两爻，得中未必皆得位。刚居三四两爻，失位而又不中也。《易》中大旨，本无奥义。而近人竞言古法者，若毛西河之《仲氏易》，观变玩占，可云博通。而拘文牵义，不得要领。则病在知卦变之非，而为反易图，为对易图，又为移易图，遂至昔之自二卦来者，增为至四卦来。而其例由是日纷矣。焦孝廉之《易通释》，观象玩辞，可云巧密。而株连影射，不可究诘。则病在知卦变之固，而为旁通图，为时行图，又为相错图。甚至尽传中所谓柔得中，亦概为刚得中。而其说由是日幻矣。用力虽劳，用心虽苦，蒙窃无取焉。

辛斋按：此节言卦变皆出自乾坤，说本《程传》，固自可通。惟卦变之与画卦，实不相干涉。所谓某卦变某卦者，非谓画卦之始，由某卦而画至某卦。乃八卦既成，阴阳迭用，消息进退，各有其象。乃即卦以次其升降变化之序，孟氏所谓"伏羲十言之教"。最初之卦变，本如是也。汉人注《易》，其言卦变虽有升降旁通，或交易之不同，然其大致不越乎是。后人拟之为图，因其未能尽合于诸说也，又各出其意而通变之。于是为图日多，而说日纷。不知卦变之说，原未可尽通于六十四卦，亦不必尽通于六十四卦。与《易》之彖辞，更不尽相关。又乌能执一例以求之哉？故泥卦变以说《易》者固非；其知卦变说《易》之非，又臆为之说，以期与《彖》《象》之偶或相合，亦未为是也。至刚柔上下，论之者百数十家，《周易函书》言之尤详。然欲求一说足以为例，而与各卦一无抵触者，未之有焉。上下无常，刚柔相易，不可为典要，唯变所适。孔子已明诏之矣。哓哓者盍自反乎？

"拔茅茹以其汇征吉"，否泰同词。①"或益之十朋之龟"，损益同词。"臀无肤"，夬与姤同词。濡其尾，既济未济同词。"王假有庙"，萃涣同词，家人别言"王假有家"。"乃利用禴"，萃升同词。困九五别言"利用祭祀"，此犹曰非反覆卦，即反对卦也。乃一"匪寇婚媾"，而屯贲睽三卦同词。一"月几望"，而小畜归妹中孚三卦同词。一"不富以其邻"，泰与谦同词，而小畜别言"富以其邻"。一"舆说輹"，小畜与大畜同词，而大壮则言"壮于大舆之輹"。"密云不雨"，见于小畜，又见于小过。"帝乙归妹"，见于泰，又见于归妹。"或从王事无成"，见于坤，又见于讼。"用拯马壮"，见于明夷，又见于涣。"三岁不觌"，见于丰，又见于困。"小人勿用"，见于师，又见于既济。"利建侯"，见于屯，又见于豫。"利御寇"，见于蒙，又见于渐。"致寇至"，见于需，又见于解。"七日得"，见于震，又见于既济。"利见大人"，凡七，讼蹇萃巽在

---

① 辛斋按：泰曰征吉，否曰贞吉，不同也。

《彖》，乾在两爻，而升又为"用见大人"。"利涉大川"，凡九，同人蛊益涣中孚需在《彖》，颐未济在爻，而谦又为"用涉大川"。讼《彖》颐爻，又言"不利涉大川"。"眇能视，跛能履"，履九二合见，归妹初二分见。"其童仆"，"其资斧"，旅两爻并见，巽上九则一见，此皆不同卦而同词者也。至蛊之"先甲三日，后甲三日"，巽之"先庚三日，后庚三日"，随之"王用亨于西山"，升之"王用亨于岐山"，虽有异字，亦无异义。而且同人"三岁不兴"，与渐之"三岁不孕"，非类也。而坎又言"三岁不得"，颐之"十年勿用"，与屯之"十年乃字"，非类也。而复又言"十年不克征"，以及大壮曰"丧羊于易"，旅曰"丧牛于易"，解曰"田获之狐"，巽曰"田获三品"，师曰"田有禽"，恒曰"田无禽"，① 乾曰"无首吉"，比曰"无首凶"，比曰"有他吉"，大过曰"有他吝"，② 与夫"否之匪人"，"比之匪人"，"需于酒食"，"困于酒食"，"艮其腓"，"咸其腓"，"晋其角"，"姤其角"，"艮其趾"，"贲于趾"，③ 皆若故为回互明示交易者，此皆汉人象数之《易》。所以论对，卦论互卦，论错卦，至于求之汗漫而卒难合也。今即以经之文为证，乾曰"乾道乃革"，坤曰"由来也渐"，艮曰"不拯其随"，巽又曰"随风巽"，离曰"履错然"，坤又曰"履霜"，兑曰"孚于"剥，此乾坤六子之互有诸卦也。同人曰"上乾也"，④ 萃曰"上巽也"，⑤ 渐曰"离群丑也"，未济曰"震用伐鬼方"，此六子之分著诸卦也。故蒙曰"困蒙"，履曰"夬履"，临两曰"咸临"，颐曰"观颐"，至小畜曰"复自道"，讼曰"复即命"，睽曰"勿逐自复"，泰曰"无往不复"，解曰"其来复吉"，乾曰"反复道也"，一"复"乃见于七卦。需曰

---

① 辛斋案：井又曰"旧井无禽"。
② 辛斋案：中孚又曰"有他不燕"。
③ 辛斋按：夬又曰"壮于前趾"，噬嗑又曰"屦校灭趾"。
④ 辛斋案：同人无此文，有曰乾行也。
⑤ 辛斋案：蒙六五曰顺以巽也，井曰巽乎水，鼎曰以木巽火。

"利用恒"，豫曰"恒不死"，家人曰"行有恒"，益曰"立心无恒"，①归妹曰"以恒也"，一"恒"见于五卦。蹇曰"以中节"，鼎曰"刚柔节"，家人曰"失家节"，未济曰"亦不知节"，一"节"亦见于五卦。讼曰"利用行师"，②复曰"用行师"，泰曰"勿用师"，同人曰"大师克相遇"，一"师"见于四卦。夬曰"壮于前趾"，明夷曰"用拯马壮"，涣曰"用拯马壮"，姤曰"女壮"，③一"壮"亦见于四卦。遁曰"畜臣妾"，离曰"畜牝牛"，师曰"容民畜众"，一"畜"见于三卦。丰曰"遇其夷主"，涣曰"匪夷所思"，一"夷"见于二卦。而且随已在艮在巽，而咸曰"执其随"，则又见于咸；履已在坤在离，而大壮曰"非礼勿履"，归妹"跛能履"，则又见于大壮与归妹。鼎已有节，而一曰"鼎耳革"，一曰"利出否"，则又兼两卦。同人已有师与乾，而一曰"升其高陵"，一曰"困而反"，则亦又兼两卦。推之，革已通乾通鼎，而遁"执之用黄牛之革"，则又通于遁；离已通履通畜，而小过曰"飞鸟离之"，则又通于小过。④豫已通恒，而曰"由豫大有得"，豫又通大有。豫既通大有，而"思患豫防"之豫，又通既济。睽已通复，而曰"厥宗噬肤"，睽又通噬嗑。而"颐中有物"，噬嗑又通颐。且师已在谦，而谦曰"裒多益寡"，谦又通益。⑤师已在泰，而泰曰"帝乙归妹"，泰又通归妹，⑥兑已有剥，而剥曰"观象也"，则剥又通观。⑦丰与涣已有明夷，而明夷曰"已蒙大难"，则明夷又通蒙。总而计之，通者过半。互为核之，不可通者亦半。而说者必欲一一求合则

---

① 辛斋按：益曰立心勿恒。
② 辛斋按：讼无此文，此谦上六之文也。
③ 辛斋按：夬又曰壮于颀。
④ 辛斋按：此与渐之离群丑之离同。
⑤ 辛斋按：小畜寡也此。寡字即小畜也。
⑥ 辛斋按：泰归妹与师已在泰不相联贯。
⑦ 辛斋按：观不仅见于剥也。凡观其所感，观其所恒，观其所聚，诸观字无一非观也。

支矣。①

辛斋按：《易》之辞，六十四卦，无不相通。有直接相通者，有间接相通者。有通于此，更通于彼者。有两卦相通，别出一义而更与他卦相通者。所谓系辞焉而命之，变在其中。参伍错综，非可执一例以求之，据一字以解之者也。此所引各卦，皆系于卦名，其义尚显而易见，实不仅此也。凡乾马坤牛震动兑说巽股艮手，凡取诸物取诸身之各象，而见于他卦者，亦即其象之相通者也。此犹三画卦之象也。即六画之卦，如临与、观求、屯见、蒙杂、咸速、恒久之类，凡各卦之有与求见杂速久之辞者，亦即临观屯蒙咸恒之义所互见者也。昔之讲《易》者，皆就卦言卦，即象言象，能举其辞，已尽能事。相通之义，既乎未闻。焦氏《易通释》，始举六十四卦相类之辞义，一一比而合之，会而通之。虽未能悉当，而确有合于经旨，符于象数，为前人所未发者，十恒四五，未可以株连影射，及时行失道等图之未当，而一笔抹煞之也。张乘槎氏之《易解经传证》，研求字义，附会更甚。然披沙检金，亦不乏精到之语。更参以《太玄》《元苞》《皇极》《洪范》及《易象正》《周易指》诸书，与纳甲爻辰声律气运，互相考证，庶阴阳消息盈虚。可得端绪。而始知经文与"十翼"之一字一义，皆含至理，而无不互相贯串者也。只摘其一句一字，望文生义以求之，浅矣。拙著《易楔》，于理象气数辞五者，已略举一隅。正望人之言《易》者，能博采群说，一一求合于经，庶《易》道或有昌明之一日。若墨守宋儒之说，谓能如《程传》《本义》之所云，亦已足矣。则余又何言。

乾通者二卦，② **坤通者二卦，**③ **蒙通困，小畜通复，讼通复，需**

---

① 卦之互文见义皆非意无，参观《易楔·卦别》一章可隅反矣。
② 革复。
③ 渐履。

通恒，履通夬，泰通二卦，① 同人通者四卦，② 谦通者二卦，③ 豫通者二卦，④ 临通咸，噬嗑通颐，剥通观，复通师，颐通者二卦，⑤ 豫通者二卦，⑥ 临通咸，噬嗑通颐，剥通观，复通师，颐通者二卦，⑦ 离通者二卦，⑧ 咸通随，遁通者二卦，⑨ 大壮通履，家人通者二卦，⑩ 师通畜，睽通者二卦，⑪ 蹇通节，益通恒，夬通大壮，明夷通蒙，解通复，萃通巽，鼎通者三卦。⑫ 艮通随，涣通者二卦，⑬ 丰通明夷，明夷通者二卦。⑭ 归妹通者二卦。⑮ 巽通随，兑通剥，小过通离，未济通者二卦。⑯

辛斋按：此节，即本前文征引诸卦所谓通者过半者是也。然非通论。乾坤为六十四卦之宗，岂仅通革复渐履四卦哉？即如其所说，随卦无巽，未可云通。随而井曰巽乎水，鼎曰以木巽火，何又不言通巽，与巽通乎？惟读《易》者能于此等处留意，一字一义，不致随口滑过，自能渐有心得，不复盘旋于他人脚下，亦进步之始基也。

《周礼》："太卜掌三《易》之法，其经卦皆八，其别皆六十有四。"疏中论重卦甚明。

---

① 归妹师。
② 乾师升困。
③ 益师。
④ 恒大有。
⑤ 益师。
⑥ 恒大有。
⑦ 观节。
⑧ 履畜。
⑨ 革畜。
⑩ 恒节。
⑪ 复噬嗑。
⑫ 节革否。
⑬ 壮明夷。
⑭ 蒙大壮。
⑮ 履恒。
⑯ 震节。

辛斋按：《周礼》太卜所掌，皆占筮之法，今已无一传者。焦氏十筮之说，亦皆臆度之词。疏中所论，实与所掌者似无涉也。

沈氏改正揲蓍法

沈氏改正揲蓍法序

《周易》揲蓍之法，因传文"五岁再闰""故再扐而后挂"两语，解释不一，异论纷然，各执一理，千余年来，迄未有贯彻数理详释经旨以明厥指归者。致《大衍》一章，卒未能见诸实用。自唐以后，如孔颖达、一行，叶梦得、张辕，及程伊川、张紫阳、邵康节、庄绰，说各不同。朱晦翁特作《蓍卦考误》，据虞仲翔注"初变为奇者三，为偶者一。再变、三变，为奇者二，为偶者二"，从孔颖达之说。今见于《易学启蒙》。《周易折中》等书，亦皆采用，遵为定论者也。然疑义甚多：其用余策之数，定阴阳老少，显与经文乾坤策数不符。① 后人如郭兼山、张理等，各有异义，皆未能象数悉符，一无窒碍。推其原因，皆由于再扐后挂，与挂一象三之挂，为一为二，无从取决。诸家揲法，不外三种：初挂而再变三变不挂一也；三变皆挂二也；三变皆挂，初挂算入数内，再变虽挂，不算入数内三也。无论如何，策数合，则阴阳之变量多寡不伦。阴阳变量略等，则策数又余正不符。且五岁再闰一语，皆为具文，与揲数全无关系。下文三百六十当期之日，皆为赘文矣。辛斋致力本浅，对于前人揲法，不敢妄下断语。而按诸经文，准诸象数，又未能以诸家之说为确当。故自习讲习，与卦变诸说，均阙而不言。因未能始终贯彻，不敢人云亦云，强不知以为知，自解以欺人也。同

---

① 邵子固以正策之数定卦者也。朱子尊邵说，此独异。

学顾子才中将乃斌，得《需时眇言》一书，驰使相闻，并以一帙见贻，为桐乡沈善登著。沈字谷人，清光绪初年翰林院庶吉士，闭户读书，不营仕宦，著书满家。成此书时，已双目失明，因曰《眇言》。其写录者未必知《易》，故述语繁复，而与所载之图，先后甲乙，均不相符，阅之颇费思索。书凡十卷，原《易》，原象，原数，原筮其纲也。然其心得，独在于数。以勾股推太衍，合求一术，悟八卦方数根数，以合太衍分两挂一，揲四归奇，五岁再闰，再扐后挂四者。阴阳分合，滴滴归原，是不仅以大衍言《大衍》，盖以六十四卦爻本数积数为体，而以大衍为用，是以全《易》象数言《大衍也》。故视旧有诸说，较为详密。而一字一句，均有着落。特节录其原，筮之说及揲蓍图谱，辑订一卷。缘曰《沈氏改正揲蓍法》，期海内之，专精数学，与深明卜筮之原理而长于推算者，取以试验参改。果能谐古义而见实用，则所谓通变化而行鬼神者，庶不徒托空言。而两千年来聚讼不决之悬案，亦得一旦解决。凡世之摸索于象数之中者，咸有豁然贯通之一日。其幸快为何如哉！

壬戌十二月雪夜海宁杭辛斋识

沈氏改正揲蓍法

《系辞》第八章，释《大衍》疏义，文凡四节。《孔疏》谓明占筮之法，揲蓍之体，显天地之数，定乾坤之策，以为六十四卦，而生三百八十四爻是也。自紫阳《本义》窜乱原文，[①] 颠倒章节，并文义有不可通处，而读者亦漫不加察，非小失矣。今谨录注疏本于前，逐节略说大意，并取首两节句梳字栉之，别为《揲蓍图说》殿焉。

大衍之数五十，其用四十有九。分而为二以象两，挂一以象三，揲之以四以象四时，归奇于扐以象闰。五岁再闰，故再扐而后挂。

右第一节。八句，四十九字。总说《大衍》筮法。

天数五，地数五。五位相得而各有合。天数二十有五。地数三十。凡天地之数五十有五。此所以成变化而行鬼神也。

右第二节。八句，四十四字。申明四揲，每揲以五，余策为奇，象二五合十生奇。《图谱》详之。

乾之策二百一十有六，坤之策百四十有四。凡三百有六十，当期之日。二篇之策，万有一千五百二十。当万物之数也。

---

① 按：移易经文出自《程传》，《本义》徒《程传》之误耳。

右第三节。九句，四十五字。申明四揲象四时，及以卦当岁，以爻当月之义。皆推论重卦以起下文。

是故四营而成《易》，十有八变而成卦，八卦而小成。引而伸之，触类而长之，天下之能事毕矣。显道神德行，是故可与酬酢，可与祐神矣。子曰：知变化之道者，其知神之所为乎①？

右第四节。十二句，六十六字。申明四营成《易》。

《春秋传》曰：道之所贵者时，其行势焉。时者，心光流行之界，势则爱恶攻取相激而成者也。时之未至，势必不行。天应人，圣人应天，惟其时也。随时之义大矣哉！有其时，必有其事，故随蛊相次。蛊者，事也。时止则止，时行则行：天人合发，机缄相符。以行止始终，为时之升降，而数生于其间矣。数即人心缘历事物之次第，显之以象，次之以数。图、书其总镜也。② 是故画卦一时事也，造历一时事也。重卦作《易》，又一时事也。先圣后圣，若相待而实无待。众感圣应，顺以动而已。至《易》作而参天两地，道器一原，于是又生《大衍》之法，推明天人之际，即日月之行。见数实生于人心，其得失皆自己求之也。此《易》所以神道设教，为因势利导之微权，故三代重之。孔子生群圣数千百载后，时丁大过，道终不行。退而依经作传，一归于谨严。又历叙其事，并其制作本原，以备王道，成六艺，而于大衍章节始末尤加详焉。学者试顺文寻绎，各以其时考之，恍然见人心之动，蓍策象之数之。而凡古今世宙穷变通久，无往不复之故，在人不在天。则庶乎有当垂教之深心，而可以言《易》矣。

孩提五六岁，思路开通，率先明数，生民之初犹是也。屈指计之，两手即二五，毕屈而还起一，近取诸身至《易》矣。伏羲之去

---

① 辛斋按：北宋刻王弼注本"子曰知变化之道者其知神之所为"乎两句联下文，不与此节相属。

② 犹算法公式也。

盘古远矣。生民日众，更事日多，文明渐启。结绳而治，将有所不胜，于是河出图示其象。以五位积十五，包方数五十有五，伏羲知之。因取一以画阳，取二以画阴。① 乾坤各三画，隐以其方赅五位之积。② 而六子震坎艮三阳数皆九，巽离兑三阴数皆六，相对亦各十五数。又含洛书四十五数，八卦共数六十。为大挠甲子所本也。此伏羲据图、书画卦，以开天立极，为随时之义也。

黄帝之世，屯蒙变而登临大观。仓颉造字，隶首造数，文教肇兴。时虽未有历法，而月行三五盈缺。十二盈缺约三百六十日。而寒暑气候，数终更始，固久历而熟习矣。于是本卦画方数，命大挠作甲子以迎日推策。十干阴阳各五，天数五位之终也。十二支阴阳各六，地数五位之终也。干支相配一周，得六甲五子，共六十日，与五六天地中合互乘之数相符。而分之象月行盈缺各再，与卦象四阴四阳数各十五合，如是六周三百六十日，当月行十二盈缺。与卦画阴阳数各十二亦合也。此黄帝依卦造历，正名百物，为随时之义也。

唐虞之际，运会开泰，如岁之春，如日之寅。天下为公，大有而同人。文化光昌，而推历益进。其法当如书今文家说，察斗柄玑衡二星，以齐日月五星行度，定一岁三百六十日。岁首建子为天正，厥后渐推渐密。知日行昼夜周天过一度，无或差忒。三十周而月行才一周有奇，故三五相望，迟早都不相应。其差在月不在日。大率月行三十二周上下，当多一盈缺乃略相准。于是颛顼改岁首建丑为地正，而立闰法。③

至是推验愈密。乃总月行周天所过五度有奇，约六日弱，为五岁再闰之通率。而改岁首建寅为人正，取准于四仲月昏旦星中，当二至二分，中气交限，以置闰于季月。故尧命羲和而申结之，曰期

---

① 对乾成坤象气从光生。
② 一一如一是阳画三，二二得四是阴画十二。
③ 后人据刘歆《三统术》以殷历推颛顼历，于天算则精矣。更之虽用超辰，仍是殷历。唐虞以前，书缺有间，孰从而证之？

三百六旬有六日，以闰月定四时成岁。所谓举正于中，归余于终也。由是禹受舜禅夏正亦建寅。而三代改朔，三正迭用矣。此尧舜治历明时，以变通旧法为随时之义也。

历数定而五纪咸定，统和天人，元会世运当极盛矣。如日中天，如物生方壮，于数为五。盖伏羲神农黄帝尧舜五帝，①合一天时，为自一至五积十五数。故伏羲得河图五位而作八卦，以开天立极也。禹受舜禅，身际帝升王降极盛之会，为官天下局终，后世复古家天下局始。自禹至周穆王，绝地天通，三代合一天时，为自六至九，积三十五数当洛书上方。故禹得洛书，重卦为六爻，而三极道备矣。伏羲据图画卦，其六子方数，已含洛书九位四十五数如前说。故重卦乃据河图以参天两地，使图书互相发明。参天者图中位三奇，一三五共九数，阳爻用九也；左右位两耦，二四共六数，阴爻用六也。如是则八卦三画阴阳正对，各四十五数，共百八十。重为六爻，得三百六十，当周天度矣。黄帝据卦画方数，作六十甲子以迎日，六周而得一岁所过之度，是欲决正月行所过五度有奇之实，亦必用六开析可知。故即以六爻六位廿一数，两卦对正，阳九阴六之析，共三百十五，为月行所过五度十五分之实。八卦共廿一度，以日行所过相准，正合四岁。故蓍策用四十八，当八卦爻数，正以三五盈缺之赢缩迟早，如后世天算家所谓气盈朔虚者，皆由于月行差度故也。②故大衍之法，至巧至密。盖至是而画卦、造历、作《易》三事合一，图书象数九五互含亦合一矣。此大禹明天之道察民之故，以吉凶与民同患，为随时之义，而立百王之大法也。③

河图五位十五数，其方积包含天地之数。伏羲得之，取前两位

---

① 五帝之说，诸家不一。当以《系辞》为正。

② 此法极似立天元一算术，随所知数为根，推衍以得所求数。西人之借根方及代数术，皆原于此。

③ 辛斋按：大禹重卦之说，出于孙盛，沈氏宗之。因其数学推始于勾股，为大禹所创也。其实九章六甲皆始自黄帝。苟其时未有重卦六甲之用，何由而周尧舜垂裳取象？乾坤夫岂三画之卦哉！

以画卦。画三者，五位之中数也。卦八者，十五垛积之中数也。阴阳各十二画，其象阳一而实，阴二而虚。其数阳用九者，中央三位数。因为十二画，共百有八。阴用六者，左右两位数也。十二画共七十二，合百八十数，为开象数之原。洛书九位四十五数，夏禹得之而叙《九畴》。以其数加倍于河图，因而重卦，并推演图书象数。取图之后三位制为勾股算术，勾三股四弦五也。其象一横一直一斜，其数三四五各自乘方共五十数。推求现在可见诸象数，无不曲尽。故古称勾股术为衍。衍犹演也，言如水之流演，不盈亦不竭也。现在可见之象数，形下之器也。夫有形生于无形，故器从道生。而道还因器显，则即以此五十数为蓍策之数，合于卦画之一奇一耦方数，正得天数地数五十有五。其虚一挂一，以当已往之太易浑仑。实揲四十八策，以推求方来之象数。形诸卦爻四十八者，八纯卦重为六画爻数也，故曰八卦而小成。合挂一为四十九，见揲得阴阳爻正变四十九式，应洛书用事之数，所谓极象数之流也。阳爻诸式，数始于三，勾数也。①阴爻诸式，数始于四，股数也。②阳爻正变共五五二十五，弦方数也。勾方股方包于弦方，此以显天地之初，纯一太易，阳光而浑仑，气从光生之象也。故阴爻正变共四六二十四，为勾股互乘之数，亦为勾方股方互乘得百四十有四，合坤之策也。乾之策二百一十有六者，三四五各自乘再乘，体积立方数也。坤之策百四十有四者，三四五和，得十二，自乘面积平方数也。凡三百有六十，与八纯卦六画阳九阴六数合矣。勾股算法根数小而方数大，以其用方数揲蓍，故大其事名曰大衍，以别于常法。观韩康伯注及引王辅嗣说，知魏晋以前，分揲挂扐，本法尚未尽失，而已不能详其名义。至孔疏言四四揲之，及初揲得奇不五则九等说，乃浅人依附《火珠林》掷钱之法，以意会之。按之经文，都不可通。宋儒不察，仍讹袭谬，反割裂颠倒经文以迁就己意，而古

---

① 即气变数。
② 即形变数。

法与名义遂莫可踪迹矣。夫探赜索隐，钩深致远，以定天下之吉凶，成天下之亹亹者，莫大乎蓍龟。《系辞》固明言之，是圣人作《易》以前民用，专重卦爻。揲蓍而误，将所得卦爻象数皆误。而凡归妹鬼车貘牙狐尾诸辞，直同于语怪，无惑乎为外人所疑笑诟病矣。其失岂浅鲜哉！今将更正宋儒窜乱《大衍》章节次以复古本，而句梳字栉之，以贻好学深思之君子。

"大衍之数五十"者，算法用筹，筮用蓍策。将言四揲归奇之法，先明其为河图三四五位总数，为下文天数地数二五生奇张本也。旧解直以"演《易》"之演释之，以致五十虚一，聚讼纷纷。则文但言大衍用四十九策足矣，何必多此一句乎？

"其用四十有九"者，数体本静，动乃成用。一动一静，一奇一耦，乃发化机。动则三四互乘得二十四，而五五廿五不动，共成四十有九。如四五互乘得四十，而三二得九不动，亦共成四十九。故以七自乘方积为用数之极。以况重卦之法：八纯卦变，如乾一震二等，皆以七卦加本卦而纵横成列各四十八爻。其爻变六位，亦皆自初至上，历三七廿一数，至第七而还复初爻，为阴阳来复。① 故用七七之数而挂其一，实用四十八策当爻数。先后过揲共四十策，归奇合挂一以当一爻。以见筮得之六爻。爻爻皆本列四十八之一，亦即全《易》三百八十四爻之一。盖七之体积三百四十有三，加过揲以挂一，共四十一，正得三百八十四。圣人制作妙合自然巧密如此！至虚一以当太易，实含多义，下文详之。

"分而为二以象两"者，其数象二五也，其像象两地也。四十九策不可以拟天五地五之五十五数，故先明其象。两地本据河图之左右两位，故直称两。

"挂一以象三"者，象参天也。参天本据河图中央三位，今挂惟一，与分二之两亦不同。故变参为三以明之。既变一为三，即以例所探四十八策，当得百四十有四。分二则一以拟一岁十二月之二

---

① 京房卦气分宫亦至第七世自归魂复本。

十四节气，一以拟十二月之分七十二候，显然可知矣。

"揲之以四"者，以天地数五五揲之，凡四次共过二十策也。

"以象四时"者，每次五数，当一时三个月，通约九十日。河图固以五含九也。

"归奇于扐"者，归其二十策外之奇零，著于小指间也。

"以象闰"者，奇零即九十日中十八候之余分，盖四十八策初合后分，是一为十二月，一为七十二候，两者和杂，宛然气盈朔虚，潜移密运，猝莫端倪。则姑以奇零通约之。四揲总十二月，而一岁之大余小余积共若干分，仿佛象之矣。乃复合复分，五五揲之四次如前。使左右两数，气朔和杂之中，又迭相消息，以得其奇零，则又宛然通约前岁积日若干，积分若干，并法应何月置闰，亦仿佛象之矣。盖人心天心，本通为一。天以日月相推而生闰，犹人以心物相对而生吉凶消长之机。故精和圣制虽取象而必极数通变。曲畅如此。

"五岁再闰"者，申明所以取象置闰之故。天地本无数，揲蓍求爻，亦非竟以推步言《易》。然参天两地，原本河图五位，历法以气朔定月之弦望盈缺，适得三五，正与河图五位积十五数合，故直以五奇五耦为天数地数。四时生于历，历生于方，① 合两岁大小余积分而生闰。亦与算法开方合两廉而生隅之象同。故又直以二五之合而生奇象之。必再闰者，五岁积六十个月，六甲五子，天运一周，方与五六为天地中合之生奇相肖，而与前后一六三八四七二九之合，生二十四奇，共为天数。如是六爻十八变，大共得奇，亦正当万物之数矣。

"故再扐而后挂"者，足上意也。就算法言，前后四揲为所知数，奇为所求数，故文义奇与闰对，揲与扐对。言扐则揲可知。盖既揲左得奇，则已知右奇，不待更揲。知而故揲，玩渎已甚，故必复合复分而四揲之。然嫌于但揲左而即并算右奇，又嫌于复合复

---

① 《管子》语。

分，连挂一亦复合而再挂，故特言再扐，又特著而后字以明之。否则文直云两奇以象五岁再闰可矣。何用如此委曲乎？又挂一之三，一象历元，其二象气与朔，故三变得一爻，此一始终不动，所得之奇，必同归小指间为扐。至再揲得奇，即通合四十九策，以分二求第二爻矣。挂者，《易纬》言卦者悬挂物象以示人，故此称挂。正取悬挂虚空，象天垂象。三变成爻，初象太易三始之渐变气点，次象浑仑之气形质。三者渐具，末乃象浑混开辟，成三极矣。故一爻中此挂一不可著。案：旧解似皆误，读者审诸。

大衍虚一，实含多义。旧解每失之凿，孔疏直以为虚无非所用，安见其四十九为实有，此一独为虚无乎？尤不可通。按五十乃勾三股四弦五之方积，其象为蓍策两个五五二十五。方二十五为天数。卜筮占天，天道纯一不可分二。且图书诸数俱用方积，故置其一而用七七四十九方数，此一义也。五十方积二千五百数，为一百个天数。河图数止五，洛书数止九，百则十之自乘矣。与象法不合。① 且为盈数。天道亏盈，故虚其一而用四十九。此又一义也。用七为法，原本洛书。洛书重于河图三十五数，② 其方积一千二百二十五，合七七四十九个天数。此又一义也。四十九方积二千四百有一，挂其一，正是百倍二十四爻，得九十六个天数。即阴阳各三十二卦爻敷之半也。所揲四十八策方积二千三百有四，相较少九十六。在算术为一正一负，在卦爻即一阴一阳，正合三十二卦爻数一百九十二。此又一义也。

"天数五地数五"者，凡数有象必有位。上文明取象，此文申言之。先总定其位也。

"五位相得"者，如一与二，五与十，奇耦相得也。"而各有合"者，如二与九合，一与十合，皆二五余。"一也天数二十有五地数三十"者，次分列其数。如五奇一三五七九，五耦二四六八

---

① 此亦可为图书皆无实之证。
② 实加六七八九四位三十数，又从重五起合三十五。

十也。

"凡天地之数五十有五"者，既定位又列数，先总后分，文已明矣。又著此语，不已赘乎？盖申明所谓大衍之数五十者，非谓借算术以言象数，正谓天地之数原自二五相合，数成五十，而又生五个奇数也。

"所以成变化而行鬼神"者，即故更新曰变，自无而有曰化。如图生克相成之象也。"而行鬼神也"者，人生秉气受形，人心即太易光明。故今日之人心，即他日之鬼神。① 大衍之取象既明，乃可求数。著策四十九茎，分二挂一，两手之策，多少不过二三之间。即使分之甚不匀，至一为二十一茎，一为二十七茎而极矣。若一为二十茎，一为二十八茎，则其人粗心浮气之至，不诚可知。尚何问筮？故二五之合，先后生奇。虽多少无定，而共得奇若干，耦若干，则有定也。如初揲得三或五，次揲得五或三等，列谱于左。②

归奇四十九式图谱

九	三五	五三	二六	六二	一七	七一	两四	凡七数
七	一五	五一	二四	四二	两三	凡五数		
五	一三	三一	两二	凡三数				
三	两一	止一数						
凡阳爻十六								
八	三四	四三	二五	五二	一六	六一	凡六数	
六	一四	四一	二三	三二	凡四数			
四	一二	二一	凡两数					
共阴爻十二								
右正爻廿八。阳共得奇一百，阴共得奇六十八。如先后揲十数，是天五地五，数极而还变为一。故十以上为变爻。③								

---

① 辛斋按：沈氏此节解释《太衍》原文，理明词达，故备录之。其下论五行之数，未见心得，因其未知四二十八六之次，故无论如何终难强合也。其援据今文《尚书》，与《左传》所引，辨六府，水、火、金、木、谷。金木颠倒之误，与揲蓍无涉，故概不录。

② 辛斋按：四十九策分二以后，于二者之中取一，挂一于小指间。以二者或左或右，每五策为一揲。四揲则二十策所余者为奇，或一或七。如下图。

③ 辛斋按：图谱之数，皆并再扐而言。如九之三五，乃初揲得三，再揲得五，并挂一则为九。如七之一五，乃初得一，再得五，并挂一为七。余仿此。

(续表)

十一	三七	七三	四六	两五	六四	凡五数		
十三	五七七五	两六	凡三数					
十五	两七	凡一数						
共阳变爻九								
十	四五	五四	三六	六三	二七	七二	凡六数	
十二	四七	七四	五六	六五	凡四数			
十四	七六	六七	凡两数					
共阴变爻十二								
右变爻廿一。阳共得奇一百，阴共得奇一百廿四。①								

　　河图五位一二三四五，中含天地五十有五数。说已见前。羲画阳一阴二，大衍即用其三四五方积。故两揲得数，奇从三始，耦从四始。并挂一以分阴分阳，即奇耦相生之象也。其数仍本河图阴之生阳，为三五八数之合一。其一七二六以至极少之两一，皆此八数之盈虚消长也。阳之生阴，为四五九数之合一，其二七三六以至极少之一二二一，皆此九数之盈虚消长也。其所并挂一，即太易，即浑仑。太易浑仑，本一体而二名。并之而分阴分阳，宛然浑仑开辟分分地之象矣。天数极于九，地数极于十，惟其用八以合一，故先后两揲得正阳二八十六爻。惟其用九以合一。故两揲得正阴二九十八爻，而十以上为变爻。如右谱也。

　　由是观之，益信伏羲始作八卦，取法河图，所以明生天生地生人生物之于乾元。乾即太易也，对坤得名，犹太易之于浑仑也。大禹重卦取法洛书，洛书固不啻河图之重，亦犹浑仑之即太易，太易之含浑仑也。蓍德之圆而神，原本于此，故谱中各爻象数，都合此理。试观阴爻卦一共二十四茎，乃纯卦爻数也。其前后得奇一百九十二，亦阴阳各三十二卦爻数也。而合之即成乾之策二百一十有六，谓非统全《易》卦爻归本一乾之象乎？阳爻卦一共二十五，茎

---

① 辛斋按：正爻二十八，变爻二十一，合正变共四十有九。阳正变共得奇二百，阴共得奇一百九十二，除八策，本数正合三百八十四爻数也。

天数也。其前后得奇二百，明八卦皆乾所生，皆天数也。而合之即为河图五位体积二百二十五，当九个天数，谓非乾元用九原出河图之象乎？此分计之也。试更总计之：阴阳爻四百四十一数，与洛书之重于河图五位纵横二十一之自乘数合。爻共四十九，亦与洛书五位三十五自乘当四十九个天数合。且与大衍虚一而用四十九之理亦合。然则四营十八变数，皆天阳象，又纯乾象。蓍所以能知来藏往者，为其全体图书精蕴。而图书精蕴，全体一乾。一乾全体太易。实即全体人心光明，断可识矣。故曰"圣人于此洗心，退藏于密，吉凶与民同患"。又曰"明于天之道，察于民之故，是兴神物以前民用也"。夫如是而《易》道扶阳抑阴，与夫《杂卦传》末还复一乾之宗旨，可以微窥。善《易》者曷审思诸？毋专从二气求之也。①

"乾之策二百一十有六，坤之策百四十有四"者，三变成爻，三爻成卦。八纯卦阴阳各四各十二爻。乾用九，三九廿七；坤用六，三六十八；合四十五。即洛书九位积数，亦即河图五位含九数也。震坎艮三阳卦皆一九二六共二十一，巽离兑三阴卦皆二九一六共二十四，阴阳亦合四十五。② 故八卦大共一百八十，至重为六画卦，阴阳各二十四爻。蓍策用四十九而挂其一，实揲四十八策，以当爻数。故曰乾之策二百一十六，坤之策百四十四，凡三百有六十，乃合六画八纯卦四个九十也。下文云"八卦而小成"，是其明证。旧说谓乾一爻为四九三十六策，坤一爻为四六二十四策合成此数，盖亦误解"揲之以四"。谓每揲四策，而成四九三十六也。

"当期之日"者，《尧典》言"期三百有六旬有六日，以闰月定

---

① 辛斋按：沈氏言象，据《乾凿度》，以太易未见气，太初为气始，太始为形始，太素为质始。曰"太，大也"。太易者，太虚空一大灵光，湛寂常存，运行不息之谓，无称之称也。何以知其然也？既未见气，则空寂矣。使其为冥黑顽空，气安从生？生亦安从见？故知其为一大灵光也。曰初曰始曰素，皆命物起首之通称。物生皆先秉气，气聚见形，形坚成质。更溯气形质之起首，故亦加太字以别之。气始者先生热也，质始者物之受气而未成水。西学所谓气之质点是也。气形质且为浑沦，浑沦判为天地万物。然则气形质皆光所成。乾即含三始之光，坤即受光之气形质。气其最先也。故其书中屡言浑沦，言光，言气，与拙著"光为气始"之说亦合。词繁非兹编所及，故概略之。

② 辛斋按：一九二六者，言一个九，两个六也。二九一六者，言两个九，一个六也。

四时成岁"，是并大小余积分和计之。此以归奇象五岁再闰，故举成数，而并前后归奇为闰月之实数也。

"二篇之策，万有一千五百二十，当万物之数"者，万物之生，不外气变形变。气变以三，形变以四。爻数及归奇等散数不方者，皆气变；卦变及蓍策等方数，皆形变。以此分别推求，有多数相合。略举如左。

天数廿五地数三十，故参天三位，七十五数。① 两地二位六十数。② 合一百三十五。以六十四乘之，共八千六百四十。③ 阴阳爻各一百九十二。阳九阴六，共二千八百八十。④ 两数相并合此数。⑤ 阳爻天数，河图共三十四。阴爻地数，河图数共二十六。合六十数。是六画卦阴阳正对皆三百六十。⑥ 以三十二乘之合此数。⑦ 爻变数一千一百五十二。阳六之，阴四之，相并合此数。⑧ 四十八策方积二千三百有四。乾三之，⑨ 坤两之，⑩ 相并合此数。四十八方积，六十四方积，七十二方积，相并合此数，而余六十四。正当大衍虚一，象太易也。

洛书九位方积二百八十五，三十二乘之，得九千一百二十。以四十九方积二千四百有一加之，合此数而余其一。挂一所以象浑沦也。

乾坤策数三百六十，以三十二乘之，合此数。⑪ 七十二方积，⑫ 五千一百八十四。再扐得一万有三百六十八，以爻变量加之。合

---

① 每爻二十五。
② 每爻二十。
③ 此对待卦数。
④ 此对待爻数。
⑤ 卦阴阳各四，故五五揲之四次，以象四时。以四乘二千八百八十即此数。
⑥ 如乾、坤、屯、蒙、革、鼎。
⑦ 此与上条一分一合，为归奇，当万物数之根。下条三百六十，乃乾坤策数，与此异。
⑧ 此为重卦之叁两数，不可作十倍论。
⑨ 六千九百十二。
⑩ 四千六百有八。
⑪ 其三画卦阳九阴六，共一百八十，以六十四乘之。详见前。
⑫ 先后两揲，取象七十二候。

此数。

二五合而生奇。互乘得数，各自乘之，得万有七百三十六。揲蓍得奇之数，① 即象所生之奇。今适揲得四十九爻，是四十九策挂一。策策周遍，穷变极数矣。② 故归奇得之百九十二，合八个四十九。③ 为形变以四之数。④ 分阴分阳，当再倍之，为七百八十四。相并合此数。

"再扐"象五岁再闰，而成一爻。五岁共六十个月，月建甲子一周，阴阳爻各一百九十二。以六十甲子乘之，合此数。

以上诸数，盖为五岁再闰。则三十年当十二闰，共万有一千一百六十日。余三百六十，又为一年日数，则是一世有一年象。贞下起元，生生不已也。⑤ 其归奇并挂一共四百四十一数。盖又以三百六十象一年日数，而余八十一，略当岁差年数云尔。

"五岁再闰"密合大衍之数。重卦阴阳共十二爻，即三四五勾股弦数。用其面积五十五，衍阴阳爻之五数，名曰"大衍"。以勾股弦之一横一直一斜，实能曲包一切象数。故三四五和数十二之面积，百四十有四为坤之策，其各为体积二百一十有六为乾之策，正合三百六十度，每当一日也。故五五揲之。当每卦初至五之五爻，余一爻为奇，是即勾股弦各体积二百十六之总结。因以见六十四卦归结一乾，即《杂卦》终于"夬刚决柔"之义也。必用二百十六数者，是有两义：一以当日，约八个月日数。⑥ 实约小建七个半月，以爻位共一归除之，各得十日十七分有零。⑦ 四揲共过二十策，是奇为廿一分之一。再扐归奇，共廿日又三十四分，约当四岁中小建

---

① 如前图谱式。
② 辛斋按：正爻廿八，变爻廿一，共四十九爻也。
③ 下文言八卦而小成，此亦确证。
④ 气变形变皆每进加倍。初为四十九，次则九十八，三乃一百九十六。
⑤ 《乾凿度》以阳九阴六之析当日，以爻当月，以三十二对卦当岁。则以上十条之数，正是三十二年日数耳。
⑥ 凡两岁八个月置一闰，共三十二日。
⑦ 即日行一度共六十分中之十七分，约钟漏四时许。

日数。扣足三百六十日，为所以必五岁再闰之本义矣。故直以再扐策数通作两闰，但分奇偶不论多少，盖以四揲之四，归除二百十六，各得五十四，正似天地之数而余其一。则其为二五合生之奇甚明矣。一以当度，三百六十度，共一万一千六百分。今取百分之一为率，当三百六十度，廿一归除之，各得十七度八分半有零。再扐共三十四度十七分，并上日数通计之，约共五十五六日为两闰，则约十九年七闰为一章。而略举其凡。韩康伯注可信也。所以如此密合者，以揲余八策，阳九阴六，正合两月日数。而八卦阴阳正对各廿一位，九六乘之得三百十五，正合五度四分度之一，① 为周天分度实数也。圣文述古，其义纤意密如此。

"先后归奇"少或一而多至七为限者，数始于一而二五合而生奇，非谓每合其数实余一也。乃阴阳多寡相消，故奇必始一。若四揲适得二十，或二十八策，则为不合不生。或十九策，则并不满四时，皆为不诚，不得更渎矣。限于七者，时三位四，重卦六位三七廿一数，卦卦阴阳正对，共三百十五数，为七个四十五也。阳爻少止三多至十五，② 阴爻少止四，多至十四，皆共四十八。四乘之各得七十二，为一岁七十二候也。③ 盖乾坤策数三百六十，当期之日者，以参天两地法数计之，实乾得三个七十二，坤得两个七十二，隐指五岁之气候矣。四十八策共揲得四十九爻，合于七七用数。阳爻正变共二十五者，即《洪范》"五叙畴，一五行，二五事，四五纪，八庶征"，凡五。九五福，合二十五。阴爻正变共二十四者，为三八政，六三德，七稽疑，凡七。九威用六极，合廿四。皆用事之数也。

凡数有义有量，自一至十百千万皆名也，虚位也。因数生量，因名生义。占筮但论数，其量与义，则随所占之事物而生。全

---

① 三百十五分。
② 皆并挂一算。
③ 故十八变而成卦，八卦共一百四十四，为阴阳卦变公共之数，不独坤策。犹一百九十二为阴阳爻公共之数也。说《易》者往往相混，故辨之。

《易》之取象，及吉凶悔吝等，皆是也。如乾之策二百一十有六，用九之析其量也。当期之日为百三六十度，十之六其义也。而以六十分开全度为二万一千六百分，乾策正得百之一，① 则又因名生义。在《易》言《易》，为三百八十四爻，统于一乾之义矣。卦爻六位廿一数，四十八策揲之。余八策当奇，为六十度。是于爻于度于策，皆六之一。一爻当廿一度者，六十度之三五，即爻位六之一。在人则眼耳鼻口身体之有心，显然明矣。② 数必用六者，六之体积，赅括一切数根，故取六之一为占。当万事万物几动之微，根于心之一念也。

故洛书四十五数，而重三画卦为百二十八。得六画六十四者，全《易》已成之卦也。犹太易还复浑沦，重分天地，势固不可悉取三百八十四爻为策，一一冥索而布列之，故用四十八策，当八纯卦爻数。四营之以象卦之迭相上下，出生五十六卦而成全《易》。故曰"四营而成《易》"。③ 又因以一卦与七卦相上下，必并本卦成六画百二十八卦，是重之又重。故全策皆兼阳九阴六，以当此重数使分为二，左右各半，皆为全《易》也。先后过揲四十，则余奇必为八策。惟其兼阴兼阳，无可取证，故不计多少，但合挂一为定数。奇则左右皆奇为阳数，耦则左右皆耦为阴数。统八策以成一爻，然后此爻为八纯，神明变化新生三百八十四爻中之一。其数极而其象定，较然无复疑矣。盖两卦正对当周天全度外五度有奇，开为三百十五分者，以洛书用七为法，合七个四十五也。八卦共廿一度为千二百六十，分筮得之卦六爻，共百二十六度。在数正得十与一之比例，与乾策同也。全《易》三十二正对，共一百六十八度，为万有八十分。筮得之卦八之得千有八度，在数亦当十之一，与乾策亦同。于天则分变为度，于《易》则爻变为卦。盖一爻变为四十八

---

① 每度六十分，乃就后世割圆密率言之。当时但以日行一昼夜所过天象历三百六十昼夜为一岁，而以六十甲子分明一昼夜之行次耳。今称之为分，以便称引。
② 佛家以眼耳鼻舌身意为六根，言意不言心，以心为全体，其义至精。
③ 旧解以分揲挂扐为四营，误也。

爻，一卦变为四十八卦，则八卦变为三百八十四卦，① 当二千有八度。以《易》准天，以卦准度，② 仍是一卦当两度三十七分半，两卦当五度十五分。于大衍算位起点，未尝增减毫厘。用能数与象符，显微无间，至巧至密，而一出于自然。故曰"天下之能事毕矣"。③

---

① 其爻二千三百有四，正合四十八自乘方数。
② 辛斋按：《易》与天地准，准诸数也。
③ 辛斋按：蓍法之聚讼不决，皆以揲四、归奇、再扐、后挂未能确合。且五岁再闰及当期之日皆无着落。今沈氏不违四揲之义，以五五揲之，则数象皆合。而再闰当期各有密合之数可征，并万有一千五百二十之数亦非泛论空言，均有着落矣。原书词繁意复，而精义反晦。披沙检金，略取数节，已足为改正揲蓍法说明矣。